JN063178

反骨の争議屋

「東京ユニオン」物語

高井晃
TAKAI Akira

論創社

参議院選挙で改憲と軍拡止めよう！
物価高と賃金低下ストップの行動を

酔眼鳥瞰図その258

二〇二二・六・二二(水)

高井晃こと・紅の新宿豚

長らくご無沙汰いたしました
大腿骨折→人工骨移植手術経て
リハビリ通院中の後期高齢者は健
在です　今年も夏山目指します！

　4月6日夜半、自宅玄関上がり框で、足下に潜り込もうとした老猫を避けようと大転倒。左足大腿骨頸部骨折し、自力で救急車を呼び入院。

　コロナ危機管理下にある病棟で、まずはPCR検査実施。陰性確認のうえで、手術準備に入る。

　感染症対策で個室ベッド室に差額料金なしで入室。一日2万円の差額は、ゼロ円に。僥倖というべきか。

　手術は4月12日9時から、痛み激しく、点滴続く。前夜は全く寝られず。9時執刀開始。ものの見事に大腿骨頭部骨折で、人工骨移植しか法なし。

　脊椎への麻酔注射で胸から下は感覚なし。いやあ、麻酔の威力に感心した。麻酔医リーダー女医と会話しつつ、手術というか骨削ったりする「工事音」聞きながら、雑談。

　高見順の「いやな感じ」にある性病治療について、会話弾む。わたくしも性器に管を通されているが、麻酔で無感覚、なので洒落てみた。

　執刀チーム、麻酔チーム、コメディカルチームらのチーム医療というが、組織的連携作業に、少しく感動した。二時間で手術完了、病室で何本も管につながれ、左足を上方に固定、アハハ！と笑い、読書とテレビに没頭する。個室で「快適」な日々を過ごした。安彦良和の「虹色のトロッキー」ほか漫画と山関係の本がほとんど。

　ほらほらこれが僕の骨だ。人工骨が白く輝いている？

　昔風にいえば19針縫ったが、今はホッチキス。19針はずした。

　一か月で退院、目下リハビリ通院しながら、もたもたと、この文を描いている。人工骨との折り合いのつけ方が、まだまだ馴染んでこない。

　この5月に75歳を迎えた。後期高齢者となったが、残りの人生、「光輝」高齢者で過ごせるか、人生まだ捨てたもんじゃない、の心意気です。

ショーとして消費される「戦争」

　テレビではニュースもワイドショーも、ロシアのウクライナ侵略を流している。米英の情報システムがロシアの不利を流し、ロシアはプーチンが内政を締め軍隊を鼓舞する。

　何が真実か、見極めることが難しい。情報がばらまかれ、真偽も定かでないまま、悪者非難が増幅する。

「武器供与」？

　ウクライナへの「武器供与」はNATOはじめ次々に拡大している。アメリカは「在庫一掃」とばかり旧式装備から供与、徐々に新式装備へ展開している。日本は「武器供与はしない」という建前だが、ドローンや「防御用具」など、実質的な武器を提供している。今日の日本政府は、もはやNATOの一員であるかの如きふるまいだ。

　さらに日本国内では、「軍備拡大」「防衛費GNP2%」増強など、好戦的論議が沸騰し始めている。今回の参議院選挙は、「戦争できる国」への決定的な別れ道となる。

　世界の難民は、ついに一億人越えになった。ウクライナの人たちは世界に移動を強いられている。

　テレビでは、日本のいろんな自治体が、ウクライナ難民を受け入れの「美談」が報じられている。そもそも「政府専用機」で難民を連れ帰るなど、「破格」の対応だ。日本は、難民受け入れが極端に少ないことで、世界的に有名だ。

別格の「ウクライナ難民」

　ところが「ウクライナ難民美談」が連日マスメディアを流れる。

　日本は難民にやさしい国になったのね。ならば、ミャンマーの民や多くの難民申請を拒否し続けている国策をきっちりと変更すべきだ。

　名古屋入管で非業の死を遂げたスリランカ女性ウィシュマさんの死亡の責任を、政府は問うべきだ。

　検察は「不起訴処分」として入管側の責任を闇に葬り去ろうとしている。妹さんの言葉「私たちが貧乏な国からきたから」こんな扱いをされているとしか思えない―重く響く。ウクライナ難民を支援することは大切なことだ。おなじように、アジアはじめ世界の難民にも門戸を開くべきだ。ダブルスタンダード＝二重基準は許されない国策だ。

　六月20日は「世界難民の日」だそうだ。政府の外国人政策は、一貫して「リターン政策」と呼ぶものだった。つまり、労働力は欲しいが「人間と家族はいらない」、働かせて追い返す、リターン政策だ。

　実態が暴露され、悪名たかい「技能実習生制度」など、その最たるものだ。こんな非人道的政策、ただちに改め、外国人労働者の人権を大事にしようではないか！

　ウクライナ難民受け入れ、大いに結構。さらに、すべての難民に支援の手をさしのべよう、同じ人間、同じ仲間だよ。「人として」接する。

日本に迫る戦争と改憲の危機
ロシアのウクライナ侵略に便乗する「核共有」「軍備増強」改憲論議

　自民公明は言うに及ばず、この国を危険な道に引きずり込もうとしている輩がいる。「維新」という右翼ポピュリズム集団が、全国に跳梁跋扈し始めている。

　関西ローカルを脱しようと、議員なりたい病の有象無象を集めて、大量立候補を展開している。大阪府・市の維新統治は、公的分野の切り捨て労働組合弾圧で、あやうい地域状態をもたらした。わたしたちは、維新という右翼ポピュリズム勢力の危険さを、凝視し批判し続ける。

　日本はいま、すべてが「戦争できる、核も使える」国へと傾いている。

「連合」はどこへいくのか

　連合は今回の参議院選挙では、野党の連携を作れなかった。これだけ長い間賃金が上がらず、非正規が増え、格差が拡大し続けた日本社会。そこへもってきて物価高、円安が進行する。加速度がつき、生活苦が大規模に進行する。

　労働運動は物価高騰に対抗する緊急賃上げ行動を起こそうではないか。連合は先頭に立つべきだ。自民党と食事してる場合ではない。

　昔「狂乱インフレ」時代、労働組合はストライキで賃上げを勝ち取った。戦いを忘れた労働運動は無用な長物、民衆運動の阻害物ともなる。

不戦の誓い　いまこそ新たにしよう
安倍国葬反対　カルト統一教会放逐！

酔眼鳥瞰図その260

二〇二二・八・二五(木)

高井晃こと・紅の新宿隊

安倍銃撃死から統一教会の闇があぶりだされる　歪んだ「反共」勢力・カルト集団の跋扈許すな！

侵略から半年がたった。「第三次世界大戦」の危機さえ、現実性を帯びている中での「敗戦の日」。明治維新から敗戦まで77年、敗戦から今年まで77年。日本はこの77年は戦争しなかった。

明治の若い遅れてきた帝国主義は、列強に肩を並べようと富国強兵、海外侵略に血道をあげた。神風思想に憑かれた日本軍国主義は、沖縄戦で民衆を殺戮し、二度の原爆投下でやっと敗戦を認めた。戦後、平和憲法の下で戦争をしないで77年、それが今年。だが、ロシアのクライナ侵略で、世界秩序は大きく流動化している。世界は新たなブロック化に揺れ動いている。単なる対米追随で片付くほど事は単純ではない。

平和を基軸にした外交が問われるのだ。日本の戦後が「不戦」であることの意味は大きい。

かつての「保守」自民党には「不戦」主義者がたくさんいた。自ら戦争を経験した人たちだ。

田中角栄、大平正芳、後藤田正晴、野中広務、そして古賀誠ら枚挙にいとまがない。

だが岸信介や瀬島龍三など上級戦争指導者たちは、戦後きな臭い復活を遂げた。ＣＩＡのエージェントとなったといわれる岸の流れが安倍晋三らの右翼潮流となる。

自民党の主流は「保守」から「右翼」に変わった。

安倍たち「戦争を知らない政治家たち」。さらに岸—安倍は「反共」を第一に掲げ統一教会・勝共連合とずぶずぶ相互浸透してきた。

戦後の政治過程で「右翼・中曽根」の「新保守主義」(新自由主義の走り)から小泉—安倍の流れは、労働法制規制緩和の格差拡大の大河となり日本社会を覆いつくした。

その結果、日本は超格差社会となった。非正規雇用労働者は4割を超え、女性労働者は6割が非正規雇用である。先進国中で最低の低賃金水準、そしてジワジワと上がっている物価、スタグフレーション(景気停滞下のインフレ)の様相すら帯びている。すさまじい生活破壊の嵐が吹き荒れ始めている。

増加しているのは大企業の内部留保と国債(国の借金)だ。

いまこそ労働運動は体を張って戦う時ではないか。すべての働く人とその家族たちのために、誰もが希望を持って生きていける社会の構築へ全力を尽くそう！

道々の輩　酔読伝九〇

「ソ連兵へ差し出された娘たち」　平井美帆　集英社

中国残留孤児問題にこだわりつづけてきた著者による乾坤の一冊。日本の「満州」侵略の果てに、満蒙開拓団という植民構想が破綻。ソ連軍、中国民衆、中国八路軍と国民党軍による内戦開始、混乱とむき出しの暴力が吹き荒れる。

天皇の軍隊は国民を守らなかっただけでなく、われ先に逃げた。

中国東北部・満州の農民の土地を召し上げて、岐阜県の黒川開拓団が村を作った。日本敗戦により現地農民は報復に出る。その暴力に耐えかねた村指導部は進駐してきたソ連軍の武力に頼ろうとする。

そして、村指導部はソ連兵に「接待」を思いつく。

未婚の娘たちを選んで、ソ連兵への性的接待の相手をさせるのだ。

本書の中心的な登場人物「玲子」「善子」「久子」への徹底した聞き取りが、すこしづつ「闇」をこじ開けていく。善子は、「接待」のときは年下の子たちをかばい、数多くの犠牲を引き受けた。心情を綴り「乙女の碑」の詩を残した。

久子は善子の5歳下の妹。善子のおかげで「接待」から外されたが、医務室で娘たちの洗浄や消毒係をさせられた。

平井が引き出した彼女たちの声。

「私は敗戦で、男ってこんなことをやるんだって知ったんだから。男が始めた戦争で、女は捨てられるって知った」(玲子)。

平井は「戦争で虐げられた女の声は、馴れ合いで成り立つ男社会を根底から揺さぶる。あらゆる決めごとを一方の性だけで行ってきたこの国は、自省をこめて戦後を歩んできたのだろうか」と日本の男社会を撃つ。田中優子は「本書は、変わることのできなかった日本人の問題として哀しいことに全く色褪せていないのである」と開高健ノンフィクション賞を評した。

山遊記　三五

復活の?・乗鞍岳三〇二六m

たくさんの方々から骨折を気遣うお便り・電話をいただきました。人の情けがじんと身に沁みました。さて本格的に、山歩きに挑戦。

8月9日乗鞍岳三〇二六m。コースとしては「初級」、今の私に相応しい。畳平からお花畑をめぐる。濃霧が濃い。風も強い。左足の具合は、今一つ。ゆるゆると登る。ストックは一本を長くして使う。マタギ風の使い方だ。なかなか良い。今は、左右のバランスがとりにくい。骨折し人工骨移植した左足は、大腿四頭筋が右よりもかなり細っている。左足の力が弱い

霧の中を肩の小屋から最高峰・剣が峰へ登る。遅いペース。ときたま霧の合間から雪田がチラ見え、晴れていれば絶景だろうなあ。

強風の中、剣が峰。神社奥の院は強風、吹き飛びそう。下って肩の小屋でドリップコーヒーを飲む。暖かい。「登頂証明カード」をもらった。畳平へひたすら下り、バスで愛車に戻る。テント畳んで撤収。

いい山行だったが、剱・立山大縦走にはほど遠いと悟った。しばらくは勝手知った雲取や奥秩父で左大腿四頭筋と対話しつつ徘徊する。いつまで歩けるか、楽しみだ。

民衆の困難の元凶安倍「国葬」許さない
カルト統一教会放逐！自民党は手を切れ

酔眼鳥瞰図その261

二〇二二・九・二二(木)

高井晃こと・紅の新宿隊

なぜ岸田首相は安倍「国葬」にこだわるのか　「聞く力」もない岸田政権は低支持危険領域に突入

閣議決定だけで安倍元首相の「国葬」を強行しようとする岸田政権。国民の反対の声はますます大きくなっている。

どの報道機関の調査でも国葬反対が過半数をはるかに超えている。反対に、岸田内閣支持率は下落の一方。9月19日発表の毎日新聞調査では内閣支持率29%と30を切り、危険水域に入った。そもそも、何のために誰のために「国葬」をやるのか。

岸田首相は弱い党内基盤強化を狙って「国葬」に猪突猛進したが、完全に裏目に出ている。さりとて、いまさらひっこめる勇気もない。自民党からも村上誠一郎議員が反対を明言。大義なく、法律根拠もなく、多くの国民の反対の大嵐の中で、岸田政権は突撃するのか。

さらに自民党のカルト統一教会とずぶずぶの癒着関係が、次々に明るみに出る。とりわけ安倍派に顕著に表れている。下村や萩生田など「安倍後継」をねらう輩は統一教会まみれ、いや統一教会そのものとしか見えぬ。健全な「保守」の要素を後景に退け、岸・安倍的な「右翼」好戦的政治にどっぷり右旋回してきた自民党政治。

村上衆議院議員のようなまっとうな保守民主主義者が、今の自民党には圧倒的少数になりつつある。三世政治家が跋扈し、政治を「稼業」とするお坊ちゃま政治家たちは、軍事をもてあそび唯武器主義の重武装国家の道をひた走る。

民意は国葬反対だ。自民党は「右翼」カルト政治から足を抜け。

安倍国葬問題は、改めて自公政治が民意からほど遠いことを教えた。アベノミクス新自由主義は大多数の国民の生活を困窮に追い込んでいる。非正規雇用労働者は4割を超え、女性労働者は6割が非正規雇用である。先進国中で最低の低賃金水準、アベノミクスなど何一つ評価できない。モリ・かけ・さくらの嘘答弁、良心ある赤城さんの死。虚妄と権力の政治が安倍の政治だ。なに、国葬どころか、死してなお責任追及されるべきだ。日本をダメにした張本人である。歴史は正しく検証されなければならない。

久しぶりの能登半島

従姉の四十九日で車を飛ばし能登半島へ。石川県かほく市高松は亡き母の実家。ここにプロレタリア川柳の鶴彬の生家がある。事実上、特高警察によって殺された鶴彬、いまは顕彰碑があちこちに立つ。私も鶴彬顕彰する会の会員、はじめて催しに参加した。以前、会報にわが一文が掲載されたことも。映画を上映していた。「わが青春つきるとも　伊藤千代子の生涯」。24歳で獄死した共産党員、東京女子大生、労働争議支援、反戦活動で特高警察につかまり拷問され病棟にうつされ死去。鶴彬と似て。

鶴彬顕彰会初代会長は死んだ従姉の亭主。かつて私が兄と慕った男。田中角栄に惚れ自民党員になり町会議長を長く務めた。鶴彬の映画作りにはスタッフの宿舎から飲み食い含めて私財を投じ力を尽くした。鶴彬は町の誇りだと。

久しぶりに酒を酌み交わし、安倍的なものは嫌だと意見があう。アカと呼ばれ親族も隠れていた「鶴彬」を郷土の誇りとして、公に明らかに。好漢ここにあり。

手と足を　もいだ丸太にして返し
ざん壕で読む妹を売る手紙
枯芝よ　団結をして　春を待つ

鶴彬の自由律川柳は、心に響く。

道々の輩　酔読伝九一

「私がつかんだコモンと民主主義　日本人女性移民、ヨーロッパのNGOで働く」岸本聡子　晶文社

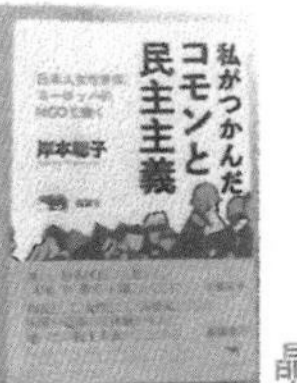

新しい杉並区長になった岸本聡子さんの最新著作。

「ロストジエネエネレーションに生まれた日本人女性である私が、日本人とオランダ人の国際結婚に葛藤しながら、ヨーロッパの移民として、学歴もお金もないところから働いて、子育てして、「自分のことは自分で決める」を貫いて生きてみた記録だ」1974年東京生まれ、団塊ジュニアとかロスジエネとか呼ばれた世代。さらに「就職氷河期世代」とも言われた。

岸本は水問題政策研究者として知られ、新自由主義政策による水道民営化に真っ向から反対し続けてきた。日本の新自由主義路線でも水道民営化策がとられ、その失敗は明らかとなっている。公共財を利益の対象にして投機的に民間に丸投げする。公共財、すなわちコモンは営利の対象とすべきものではない。ヨーロッパでは水道再公営化が進んでいる。岸本は著作で紹介している。（水道再び公営化！欧州・水の闘いから日本が学ぶこと　集英社新書）

岸本は「気候危機」環境問題を地球規模で足元から徹底して考察し行動してきたNGOスタッフメンバーだ。物怖じしないのがいい。

地球を股にかけた彼女は、各国の若者世代と連帯行動してきた。いまや「同時多発的な市民運動の時代に」ある。ところが杉並の市民たちから要請を受けて、22年4月、いきなり草の根市民選挙に突入した。そして、現職区長をわずか187票の僅差で破り、区長になった。「(略)都市の公共財(コモンズ)民主主義を地方政治に取り戻そうとしているのです。利権を恐れず、国政やEUからの政策圧力を恐れず、移民や難民を助けることで国から制裁されることを恐れない。(中略)私たちは、皆に必要な公共サービスは民営化や市場化するのではなく、民主化するべきだという信念を共有しています。私はSATOKOが国際的な豊かな経験から、杉並で実行力を発揮すると信じています」アダ・コルーラ(バルセロナ市初の女性市長新しい政党バルセロナ・コモンズ)

自転車で初登庁の岸本区長、女性たちが中心となって草の根の手作り選挙で生まれた、公共財を住民の手に取り戻し、新たな自治運動の歩みが始まる。希望がある。

「敵基地攻撃能力」軍事費倍増をごり押し

「戦争する国」突っ走る岸田政権を退陣させよう！

酔眼鳥瞰図その二六四

二〇二二・一二・二二(木)

高井晃こと・紅の新宿豚

「閣議決定」で専守防衛の国是を捨て去る　独断専行の岸田メ政権

アベ政権の承継のみならず、何にも聞かない「聞く力」の詐欺キャッチコピー。

つくづく岸田という政治家には、あきれ返る。政界のねずみ男と呼べば水木しげるに失礼か。

アベ政治の承継のみならず「聞く力」の詐欺的キャッチ、しらっと原発政策逆走させ再稼働新設の強引路線。高齢者福祉・介護保険の改悪は続く。さらなるマイナカードの強要と所持せぬものへの保険料引き上げ。悪代官かつネズミ男内閣は、軽口をたたくように平気で重大なことを変更していく。アベ・スガのような強肩剛腕上から目線と一見違うように見せて、実はこっちのほうがたちが悪い。しかも「閣議決定」のオンパレード。国会での議論なく重大な「専守防衛」の国是を踏みにじった。

そして、トマホーク１００発をさっさと買い付けた。この「斧」こそ敵基地攻撃、先制攻撃用の武器だ。

隣国からすれば、日本の「戦争やる気」のみが伝わるであろう。

外交努力なしに平和は保たれない　被爆国・戦後日本の非戦努力を踏みにじるな

チンピラやくざのチキンレースじゃあるまいし、相手がナイフならこちらはドス、武器のエスカレートで何も問題は解決しない。

やられる前にやる、やられたらやり返す、チンピラの喧嘩の理屈では平和は保たれない。

政治による平和とは外交努力が基本でなければならぬ。

原発列島日本、戦火が開かれミサイル飛び交えば、核戦争そのものの阿鼻叫喚の列島と化す危険が充満している。戦争準備態勢をなし崩しに実体化しながら、原発再稼働、なにを考えているのかキシダメさんは。ねずみ男政権は退陣してもらわなければならない。

来春闘は労働運動の勝負の年　賃上げ・生活向上はゆずれない

２３春闘が始まっている。

アメリカやイギリスなどストライキ闘争が闘われている。労働運動は、正念場にある。歌を忘れたカナリアであってはならぬ。職場から闘う体制を積み上げていこう。

友よ静かに冥れ

尼崎のターザンが逝った

十二月十八日、「小西純一郎さん偲ぶ会」へ尼崎に行く。尼崎地区労・平和人権センター事務局長、そして長く武庫川ユニオンを作り書記長・副委員長として戦い続けてきた。「ターザン」の愛称で慕われた。「ええ人生やった。悔いはない。やり残したことはあるけどな」６９歳最後の言葉だった。合掌。

韓国労働者連帯

小西純一郎さん

さらば純一郎　ええ漢(おとこ)やったな　　高井晃

「阪神大震災での雇用・労働ホットライン、雇用保険遡求加入の集団申請、そして被災労働者ユニオン結成、疾風怒濤の日々。地獄だって花は咲く、僕はそんな覚悟だった。純ちゃん、あんたの突破力が未曽有のことやったんやな。

カネテツ争議の座り込み、純ちゃんらしいと感服した。尼崎市役闘争、テント村やったな。いい闘いだった。派遣会社の参入は、全国ユニオンと派遣ユニオンで全部潰したなあ。勝利した。すごい闘いだった。

順番逆やで。僕は今年後期高齢者になった。そのうちそっちに行くから待っててや。僕はどう見ても地獄に落とされるが、地獄の邏卒どもを組織してユニオンつくって閻魔さんと団交するで。そんとき、純ちゃん天国から降りてきてくれ。一緒に団交やろな。楽しみに待っててや」

●小西純一郎追悼集に寄せて

阪神大震災・被災労働者ユニオン・解雇撤回、職場占拠の日々　疾風怒涛の日々を走った

彼との本格の出会いは９５年阪神淡路大震災。雇用労働ホットラインを開催する、当時ユニオン全国ネットワークの事務局長の僕は、寝袋を持って現地入り、手探りの活動で「雇用保険遡及加入」などの活動をすすめた。多くの労働保険未加入のパート非正規の労働者が雇用保険を受給でき、命をつなぐことができた。

その後９９年、東京ユニオン呼びかけ訪米団に小西さん参加、リビングウェイジの運動を学び、「尼崎市公契約条例」として成立。

０７年には市の住民票入力業務の女性派遣労働者たちの解雇と闘う。公園でテント村を張り無期限ストに入る。雇用継続を求めた。「人間を入札するな！」我々も支援にはせ参じ、派遣会社の入札をすべて阻止した。尼崎市は、やむなく彼女たちを直接雇用するに至った。史上まれな画期的な戦いだった。大衆性と戦闘性と、人々への愛にあふれた稀有のリーダーだった。

道々の輩　酔読伝九四

僕はウーバーで挫折し、山でシカと闘い、水俣で泣いた

斎藤幸平　ＫＡＤＯＫＡＷＡ

気鋭の若き研究者、斎藤幸平が二年間、毎日新聞に連載したものに加筆した。「現場で学ぶ」を不断に問い直すことで実践知をみがこうとした記録。

「人新世の資本論」で大ベストセラーを飛ばした彼は８７年生まれ、視点が柔らかい。

ウーバーの配達員経験から始まり、さまざまな現場を体験する。柔軟、謙虚で面白い。

私は彼がコミュニズムに希望を見出すのに共感できる。コミュニズムを「共産主義」と訳してしまってきたわが国左翼、私にはずっと違和感がある。コミュとはパリコミュンに源がある。

コミュニズムが「共産」というのは、違うなと若いころから思っていた。斎藤もそのようだ。彼は宇沢弘文に基本的に同意しつつ、宇沢の「社会的共通資本」が「上から」かすめ取られることを警戒する。徹底した自治と地域の民主主義に希望を見る。

「それにしても言葉の軽さよ「異次元の首相」」

「戦争する国」へ防衛費増税の岸田政権の退陣を！

酔眼鳥瞰図その二六五

二〇二三・一・二六(木)

高井晃こと・紅の新宿豚

ヘラヘラと　言の葉で遊ぶ権力者
ねずみ男も　かくは　軽からず

まあ、次から次と言いたい放題。「異次元の少子化対策」とぶち上げたかと思えば、国会演説では「次元の異なる」少子化対策と言い換える。おいおい、偉そうに言ったけど、何にも中身が無いよね。「少子化対策」というが、いったい何をどうするかという政策課題が、そもそも不明。

少子化現象は先進国共通の現象、問題とすべきは「十五歳以上六十五歳未満」の生産年齢人口だ。さらに言えば、子供を産み育てることのできる環境整備こそが問われるのであり、そのために教育費無償などの基礎条件整備から始めることがはじめの一歩だ。庶民目線で考えれば解る。

麻生という永遠の財閥お坊ちゃま政治家は、女性が晩婚化し高齢出産になっているのが原因だとのたもうた。こんな男への論評は時間と行数の無駄ではあるが、しかし、こんなのが政権の実力者というのが現実。安倍晋三も含め「銀のスプーンを加えて生まれてきた」「世襲政治屋」どもに民衆の苦しみはわかっていない。彼らの政治の原点は、権力の掌握と行使。パワーゲームに心地よさを感じ酔いしれているのだろう。喜び勇んでアメリカの下邊にはせ参じる。NATOにすら入りたがっているようにも見えてしまう。自民党、すでに終わっているが、しかし、対抗勢力が弱すぎる・・・ううむ。

いまや自民党は「保守」から右翼へと軸足が変ってしまった。統一教会などというかがわしい宗教勢力と繋がり続ける。かれらに国の舵取りは任せられない。

コロナ対策はなし崩しに変わる 新しい生活様式とつきあう生き方

コロナが地球上を覆い、三年が過ぎた。第八波となり、正確な感染者把握がなされなくなるなか、高齢者死亡数の多さが際立つ。次から次へと変異するウイルスのすざまじい能力を見るにつけ、人類の築いた「文明」をあざ笑っているように思える。

他方、ロシアのウクライナ侵略は十一か月が過ぎ、戦線膠着に見える。

第二次大戦後の米ソ冷戦が終わりソ連は解体したが、アメリカ一極もほころびを見せ始めた。トランプが自国中心のみならず「自国分裂」を政治結集の方法にした。米国のみならず、イギリスもブレグジットし、EUから離脱の道を選んだ。英国内政は安定せず、首相は交代が続く。

ウクライナ戦争を見てヨーロッパの中立国スウェーデンなどは中立から軍事同盟のNATOへと舵を切っている。新冷戦構造なのか？

南米では再び左派政権が復活しつつある。アメリカとどう向き合うか。私にはチリのアジェンデ政権の悲劇が頭をよぎる。〝米CIAによる反革命クーデタ「サンチャゴに雨が降る」は、私の生涯忘れえぬ悲劇だ。

国連の今の仕組みでは、平和な世界秩序を作り維持することは難しい。

結局、人類は過ちを繰り返しているだけか、と絶望しそうになるが、希望を捨てないで人生を続けようと相変わらず酔いどれて年頭に思う。

一九九五年の阪神大震災から二八年が経った。この年はまた日本の「ボランティア元年」とも呼ばれた。人々が他者のために動くボランティア活動が本格的に始まった年といわれる。もともと、日本社会には助け合う伝統があったが、新しい形で本格的に花開いたのがこの年だ。

前号で「被災労働者ユニオン」のことに触れた。魂が震える運動があった。生きている素晴らしさを実感したユニオン運動があった。

南海化学大阪本社抗議行動 ジャノメ高尾本社行動

富士アミドの親会社南海化学大阪本社への抗議行動が続いている。「小西さん偲ぶ会」に集った仲間や関西生コン支部トラック支部が全力で支えてくれている。大震災での被災ユニオン活動でお世話になりましたと、私に語り掛けてくれた仲間がいた。毎回、六〇人を超える労働者が社前を埋めている。有難いことである。

助けられたり、助けたり、労働者の連帯がここにある。いまはなき小西純一郎が導いてくれている。

ミシンと二四時間風呂「湯名人」のジャノメが労働者三〇〇人切り捨て、六八直営店の閉鎖を打ち出している。ジャノメは黒字である。派遣ユニオンジャノメ支部は全面撤回・顧客サービス継続を求めて闘っている。全国ユニオン首都圏行動で高尾にある本社に抗議行動を開始、私もマイクを握った。

南海化学、ジャノメともに新自由主義丸出しで資本の拡大のために労働者を切り捨てる。こうした経営者にとって、「企業」は一部の経営者と株主のための最大利潤追求の手段に過ぎない。企業に働く労働者と家族のことは念頭にないのであろう。国連などでは企業はステークホルダー(利害関係者)とともにあるというが、そんな社会規範は新自由主義に染まり切った企業には無縁のものであろう。労働運動が力を持たなければ、そんな言葉も空語だ。

ストライキや争議行動は労働運動の当然すぎる行動だ。実力行動なき労働運動は、何も得られないのだ。

道々の華　酔読伝九五

ヒトラーに傾倒した男 A級戦犯・大島浩の告白

増田剛　論創社

BSでの放送を見て、すごい歴史的事実の発掘だと感心。著者のNHK記者、増田氏と会う機会があり、本著を早速読む。

ドイツ大使としてヒトラーの信頼を勝ち取り、日独伊三国同盟の成立に腐心した男、大島浩。A級戦犯として逮捕され東京裁判の結果、一票差で絞首刑を免れて終身刑となる。恩赦を受けて釈放された。享年八十九。

陸軍大臣の子として生まれ徹底したドイツ崇拝の父に倣い陸軍幼年学校から大学を経てドイツ大使となる。日本を意図的にドイツと同盟を結ぶ方向へ仕向けた。情報操作も含んでいた。この大島の「告白」録音が出てきたのだ。ここでは「スターリン暗殺計画」にも関与したことを認めている。日本の世界大戦参戦に大きな影響を与えた。混迷のこの時代に大いなる「反面教師」としてこの著作は読まれるべきだ。

ウクライナ侵略一年、戦火を止めさせられない

戦争国家へと急傾斜する岸田自公政権

「敵基地攻撃能力」は先制攻撃そのものとなる危険

酔眼鳥瞰図その二六六

二〇二三・二・二三(木)

高井晃こと・紅の新宿豚

前宏池会会長の古賀誠は、現宏池会会長の岸田を「なんの定見もない男」と評したという。寸鉄、人を刺す評である。ヘラヘラとしつつ、内実は安倍と変わらない、いやそれをもしのぐ強権政治だ。

「なんの定見もない男」ヘラヘラしつつ、民意は無視

「異次元の少子化対策」も、中身が無い。それどころかLGBT差別に満ち満ちた官邸の体質が如実である。加えて、マイナカードを強制し、健康保険証を廃止するという。岸田政権にとって「公約」は、膏薬(こうやく)一枚の重さもない。

防衛三文書について、日本の戦後の外交・防衛の根幹を覆すものであるにもかかわらず、野党や世論の質問にまともに答えない。原発の再稼働・運転期間の延長も勝手に強引に決めてしまう。今までの政策の総括は一切ない。なし崩し的に国の進路を変更する、岸田政権の悪質さが際立っている。有り余る原発を抱えた日本列島。トマホークで「敵基地先制攻撃」だと。いったい何を考えているのか。戦争遂行能力づくりに前のめりで、アメリカのお古の武器をせっせと買い込む。バイデンがウクライナに行った、自分も行きたいとか。つける薬がない首相さまだ。

こんな為政者をのさばらせてしまっている私たち、恥ずかしいを通り越して、生存の危機ですらある。

こういう風潮に「気鋭の経済学者」という成田某が高齢者・年寄りは「集団自決みたいなことをするのがいいんじゃないか」と放言している。

文芸評論家の斎藤美奈子は「過激で変わったこと」をいって注目されたいという歪んだ承認欲求と喝破した。回転ずしのいたずらSNSと同レベルだと。確かに。しかし、こうした戯言が垂れ流されている。差別助長拡大、報道は死んだのか。

23春闘、生活防衛闘争だ！

東京ユニオン富士アミド闘争は労働委員会の和解で解決した。企業閉鎖は止められなかったが、そのなかでなんとか労働者の退職条件は確保した。長期にわたってじわじわ仕掛けられた企業閉鎖計画に、外堀を埋められ企業存続の基盤を蝕まれてしまった。企業の経営責任を問うことを全面に立てた闘いが問われる。

23春闘は、トヨタ・本田ら自動車大手の満額回答が始まった。だが、中小企業や、非正規労働へ連動する「春闘構造」ではなくなっている。

「暗い夜道はみんなで手をつないで一緒に歩こう」として始まった日本の春闘労働運動。抜本的に底上げする春闘が必要だ。とりわけ「非正規」とされる労働者の待遇の抜本改善が大切。「連帯」活動が必要だ。

だが、自民財界にすり寄るばかりの連合会長、目線はどっちだ。本気で非正規を含むすべての労働者の人間らしい生活と労働の改善に取り組むべきだ。連合会長は飾りではない。全労働者のために働いてこそ「連合会長」と呼ぶに値するのだ。

「安い国」日本は、いまや若年労働者の海外流出すら報じられる。

先日NHKでオーストラリアの介護労働に日本の若者が従事し、月給換算で八十万円を超える待遇だと紹介された。日本の介護労働者の低賃金・重労働は改善されない。介護保険制度が、業者の営利マインドに蝕まれ、いろいろ点数をいじっても現場労働者に反映されない。介護保険抜本改正なくして労働条件向上なし。良い介護環境のためにも必要だ。

追悼　宮里邦雄さん

私の尊敬する宮里邦雄弁護士が逝去された。一昨年、裁判所からの帰りに病気のことを打ち明けられた。それ以降、お会いすることもかなわぬまま訃報に接した。合掌。

宮里邦雄さん死去
元日本労働弁護団会長

日本労働弁護団の会長を長く務め、労働者の地位向上に尽力した宮里邦雄（みやさと・くにお）さんが五日夜、病気のため死去した。八十三歳。葬儀・告別式は家族、親族のみで行う。代表を務めた東京共同法律事務所と日本労働弁護団が後日、しのぶ会を開く。

一九八七年の国鉄分割・民営化に伴う国労組合員らのJR不採用問題を巡る訴訟では国労側の代理人を務めるなど、数多くの労働事件を担当した。日本労働弁護団のホームページによると、二〇〇二年から一二年まで会長。解雇やサービス残業、ハラスメントなどの問題に取り組んだ。

2023年2月8日　東京新聞

宮里さんの労働弁護士としての活動は、多岐にわたる。あまりに膨大な実績、しかし、自らを語るに控えめな宮里さんの全仕事をなんとか一冊にまとめたいと企画編集したのが労働弁護士「宮里邦雄」55年の軌跡(論創社)だ。私なりに資料を懸命に読み込んだ。米軍政下の宮古島から文部省の国費留学生として、パスポートをもって日本本土に入国。労働弁護士として生涯を貫かれた。労働者の権利闘争に大きな愛を注がれた。労働ユニオンの大恩人、感謝しかない。

道々の輩　酔読伝九六

墨子よみがえる

「非戦」への奮闘努力のために

半藤一利　平凡社

「日本の一番長い日」や「昭和史」の歴史著述家による墨子論。墨子は儒家を批判していたこともあり、中国史上では謎の多い思想家だが、「非戦」「兼愛」を説き、闘わずして平和を実現することを旨とした。「墨攻」酒見賢一(新潮文庫)の小説あり。

半藤の江戸っ子べらんめえの語りもあり、また文学や歴史への造詣の深さが縦横無尽に、やや脱線話も交え、語られる。読み応え十分である。アフガンで志半ばで命を絶たれた中村哲さんとの対談も収録されている。半藤は中村を「日本の墨子」と呼ぶ。いいえて妙である。

中村は最後に「気障なことを言えば、「情けは人のためならず」です。そしてあえて「女も度胸、男も愛嬌で行きたいですね(笑)。」任侠の徒・中村哲は火野葦平の甥、「花と竜」の玉井金五郎の孫にあたる。金筋の川筋者の熱い血が流れている。

福島原発事故から一二年，原発再稼働ＧＸの岸田政権を退陣させよう

口先三寸、口から出まかせ政治家には退陣しかない

酔眼鳥瞰図その二六七

二〇二三・三・二三(木)

高井晃こと・紅の新宿豚

フクシマはいまも涙を流している
原発再稼働・新増設など許さない

三月二十一日、サヨナラ原発全国集会・代々木公園に行く。

コロナ禍で久しぶりの大集会。主催者発表で約4千700人が参加。

集会は呼びかけ人でもあった大江健三郎さんへの追悼から始まった。

ノーベル文学賞も受賞した大江さんは、さよなら原発行動の呼びかけ人の一人としてデモの先頭に立ち続けた。この集会では落合恵子さん、鎌田慧さんらが大江さんへの感謝を心温まる思い出とともに述べた。澤地久枝さんは杖とともに、いつもながら諄々と語られる。こうしたひたむきな姿に接すると、頭がさがる。

鎌田慧は言う。「原発回帰」などという言葉じたいがおかしい。自殺者や避難途中の死者や離散家族の悲鳴。さらには取り返しのつかない故郷喪失。ムダに殺された牛や馬や小動物。それへの「回帰」などできっこない。「にもかかわらず、原発の新増設、革新炉の建設など何食わぬ顔で、岸田首相は『国が前面に立って』と采配する無謀無知。ペロンとした表現で」と厳しく批判する。(東京新聞　3／21コラム)

岸田政権は今国会で、原発の新規増設や六十年を超える運転を認めることを盛り込んだ「GX(グリーントランスフォーメーション)脱炭素電源法案」を成立させようとしている。まともに国会で議論せず「閣議決定」の連発で、歴史的政策転換を「軽く」進める。何でも横文字表現する時は、だいたいがいかがわしい。昭和人間の僕は警戒心が先に立つ。薄っぺらな横文字に真心はないのだ。

防衛三文書改訂は戦後日本の専守防衛を基本とする軍事・外交政策の大転換だ。それをも「閣議決定」で押し切り、野党の質問にもまともに答えない。なんとも、酷い権力者だ。安倍晋三のような強面ではないが、やっていることは慇懃無礼の極み、やりかたは政治家として最低、屑だ。

岸田首相「電撃」ウクライナ訪問
キーウへ　陸路で21日到達

岸田首相はインド訪問のあと、側近の少人数でポーランドに入って陸路をたどりウクライナ首都キーウに入った。日本以外のG7首脳はすでに訪れていて岸田首相が最後である。前号で、訪ウクライナを皮肉ったが、行きましたねえ、岸田さん。

さかんに「大国の」日本の責任として、の言辞乱発し支援金を約束。「大国」ってカネをばらまき、アメリカの中古の武器を買うことなのね。

アベノミクスという歴史的犯罪を
継承する岸田　異次元金融緩和を続
け格差を拡大、賃金低下続けるのか

アベノミクスの旗振り役だった浜田宏一米エール大学名誉教授は「トリクルダウン」が起こりみんな豊かになるとアベノミクスを礼賛していた。『トリクルダウン』とは異次元の金融緩和などによって社会の富が徐々に上から下へ滴り落ち、国民全体が豊かになる、という「理論」。

浜田はアベノミクスで「トリクルダウンは起こらなかった」と認めた。

十年間、「賃金が上がらなかったのは予想外」と御用学者の戯言だ。しかし、労働者とりわけ非正規雇用労働者は不安定・低賃金の苦海にしずめられたままだ。今春闘は大企業では近年にしては高い数字が出ている。しかし、四割を超える非正規雇用労働者には反映されるのか。

東京新聞コラム視点「非正規の賃上げ　同一労働同一賃金のフリでは」(3／24)。日本の同一労働同一賃金法などは政府側も非正規賃金上がらぬと「わかっていて導入した」もので格差縮小の道筋はみえないいまだ、と喝破。「全国ユニオンの関口達矢事務局長は同一労働同一賃金の効果などはほとんど聞いたことがない」「制度がだめでも組合活動で勝ち取りたい」と気丈に話す、と結んだ。

不可解なのは、岸田政権の経済財政政策だ。

岸田は「この30年間、想定されたトリクルダウンは起きなかった」と記者会見したが、ではどうするのか。「異次元の」と、いろんなテーマで連発するが、アベノミクス後追いは変わっていない。「政界のねずみ男」とかつて私は岸田を呼んだが、ますますその感を強くする。

なんの定見もない、政権亡者。

そして武市早苗を泳がせつつ、派閥遊泳して政権を保つ。何とも食えない政治家。森喜朗のコピーかよ。

自民党ハト派宏池会の誇りもプライドも、みじんも感じられぬ男。岸田首相、こんなのを政権から引きずりおろせない我らの非力を恥じる。

袴田事件　再審決定
検察は猛省せよ
日本の司法の根本改革を
死刑制度を撤廃せよ

袴田巌さんの再審開始決定に対して、検察がぐずぐずと異議を申し立てようとしていた。

多くの人々の声と、世論の力が後押ししたか、頑迷固陋な検察が断念、再審開始が決定した。

検察が「メンツ」で冤罪事件の再審開始を引き延ばす、この見慣れた風景事態はいまだ変わっていない。司法制度が変だ。

多くの冤罪被害のひとたちは、死刑の恐怖と相対しながら、貴重な人生を過ごさざるを得なかった。「疑わしきは被告の利益に」という法律本に書いてある金言は日本には存在していない。

死刑廃止議員連盟のこと

亀井静香は、死刑廃止議員連盟の会長だった。俺は警察官僚だった、冤罪でっちあげなんざあるに決まってるだろ。だから死刑はだめだ、取り返しがつかない、と自民党議員であっても議連会長になった。演歌好きの亀井静香らしい。

私は、一九六九年一月、東大安田講堂で逮捕され九か月を獄中で過ごした。独房生活の途中で拘禁反応に襲われた。精神と皮膚に反応が出た。思考能力が停止に近くなり、首筋に拘禁反応で大きなできものがいくつも出、苦しい思いは三か月続いた。独房生活の苦しさは筆舌に尽くしがたい。

もとより、袴田さんのそれとは、比べるべくもない。死刑囚として獄に拘束され、死と直面した毎日。いま私たちが袴田さんの姿を見られること自体、奇跡に近いといっても失礼ではないと思う。お姉さんの頑張りを見るにつけ覚悟を持った人の闘いを、尊敬の念で見続けている。

冤罪を死刑制度を無くしたい。

入管法改悪反対・人権を基礎に再考が必須
外国人労働者と共生できる日本社会を創る

酔眼鳥瞰図その二六八

二〇二三・四・二二(土)

高井晃こと・紅の新宿豚

政府が国会に提出した入管難民法改正案　廃案に追い込もう

日本の難民認定率の低さは名高い。認定率は1％未満、G7の他国は10～60％台、際立った低さだ。

在留資格がなければ難民申請者でも入管施設に収容する「全件収容主義」は、難民申請者を犯罪者扱いするものと、批判が大きい。

しかも、今回の政府案は3回以上の難民申請者は送還停止の対象者から外し、母国へ強制送還。強制退去に応じない人への厳罰化を加えた。

入管内での虐待行為が厳しい批判の眼に晒されているが、政府は真摯に答えようとはしていない。

クルド人男性への入管職員の暴行　国に賠償命令

東京地裁は四月二十日、牛久市の東日本入国管理センターで収容中に職員から暴行を受けたクルド人男性(トルコ国籍)が国を訴えた損賠事件で国に賠償金の支払いを命じた。

スリランカ女性のウィシュマさんが入管施設収容中に死亡した事件は入管の実態を明らかにした。

しかし、今回の入管法改正は新たな仕組みを打ち出している

「管理措置」がそれで、在留資格のない外国人を事情によっては送還まで家族や支援団体の監督下で生活させる制度。「管理者」は入管の求めに応じて報告する義務があり、怠れば過料十万円以下の罰則が科される。もちろん、こんな報告義務を課せられたら、「管理者」になる人などいないと思う。

国際人権規約にうたう「誰もが恣意的に抑留されない権利」とはほど遠い。日本の入管行政は、入管当局に巨大な生殺与奪の権限を与えすぎている。この入管行政の在り方を人権という観点に照らして根本から見直すべきだ。

技能実習生制度は廃止せよ　外国人労働者を人間として処遇しよう、単なる「労働力」ではない

悪名高い技能実習生制度は、その酷い実態が明るみに出て、ついに政府の有識者会議が廃止の方向を打ち出した。制度開始から三十年が経つ。

悪質な業者がはびこり、多額の借金を背負わされて日本に送り込まれる「技能実習生」。最低賃金以下で働かされる実態が浮き彫りになっている。人権侵害の巣窟ともいえる。

多くの支援団体、各地のユニオンなどが取り組んできた。

しかし、政府案は実質的に技能実習生制度の存続ではないかと批判の声が上がっている。「管理団体」や「送り出し機関を通じた民間の受け入れの仕組み」などは存続させようとしている。単なる看板の架け替えかよ。反省が足りなさすぎる。

日本の外国人労働者への対策は根底に「リターン政策」が根強い

「労働力」は欲しいが、「人間」はいらない。とっとと送り返すことを念頭に外国人労働の問題を組み立ててきたのが日本政府だ。国際人権規約など無視し、どこ吹く風で今まで来た。そろそろ頭冷やしたらどうだ。いまや日本は円安で「金満日本」ではない。ベトナム人たちの間では韓国を選んで働こうとの流れもあるという。

日本は外国人労働者から選ばれない国になりつつある

少子高齢化が驚異的な速度で進む日本、外国人労働者を適正に受け入れないでは持続不可能社会になっていく。排外主義的思考ではだめなことに気付くべきだ。二〇二二年十月時点での日本人人口は年間75万人減少した。この傾向は加速していく。失われた三十年、少子化と高齢化、産業も衰退へ、何処へ漂流するのかニッポン。根本的な外国人労働者との共生を考えずして、出口はない。ともに、人として受け入れあう、共生の社会が問われている。

山遊記　三七

於茂登岳五二六m　ハブに御注意

沖縄で一番高い山がこれ。石垣島にあるオモト岳、登山者はハブに注意とある。高度はたいしたことがないが、島にある山は屋久島の宮之浦岳のように海抜が低いところからすっくと立ち上っている山が多い。標高だけでなめてはいけない。四月十一日、夏の気配するなか、ほぼ直登で登った。藪をくぐりたどり着いた頂上はまた藪に囲まれる。なんとか青い海を眺めた。残念ながらハブには会わなかった。鳥の声を聴きながら、たらたらと降る。結構でした。

於茂登岳　頂上近く
ヤシの木　南国です

友人宅に寄宿、毎夜の飲み会。友は元大学教授、連れ合いさんは歌人。二人とも元新聞記者。毎夜の懇談が歴史、文学、和歌、川柳、猥談と知的かつ痴的興奮にあふれて愉し。僕は体の成分が泡盛に入れ替わった。車は友人が運転してくれ、私は朝から銘酒泡盛「於茂登」をなめる。うむ、うまい。

石垣島を経めぐり周遊、ハイビスカスとブーゲンビリアが華を競う。草原で、なんと野生のクジャクを三羽も見た。ビックリだ。太平洋と東シナ海も同時に見た。海の色が違う。

ほぼ日本最南端。サンゴ礁が蒼い。

石垣よりやや大きい西表島へは時速80キロの高速船で一時間弱。カヤックに乗って、マングローブの林を抜けさらに奥へ。ピナイサーラの滝まで登山道を歩く。インディジョーンズに出てきそうな立派な滝。滝つぼで友人は泳ぐが水が冷たい。後期高齢者の僕は泳がぬ。ガイドの爺さんのおにぎりほおばる。

おっ、冠鷲が飛行して見せた。

島はいつも風が吹く。雲と風と海が近い。花がきままに咲く。サトウキビ畑が屹立する。収穫のあとだ。

僕は1991年に石垣から客船で台湾に渡った。今はもう就航はない。密輸団と会い、手伝いしたことを思い出す。俄か日台連帯？悪事愉し。

その時は白保海岸のサンゴ礁をつぶし空港建設の話があった。反対の声が活きて、いまもサンゴ礁は健在だ。一時の金勘定で、自然破壊せぬ知恵。有数のサンゴ礁は石垣の財産として活きる。示唆に富む事実だ。

久しぶりの気まま旅。風に吹かれて南の果てまで来た。次は新緑の山々が待っている。気合が入る。

命短し　旅せよ　豚爺。

死ぬまで生きる光輝高齢者。

はじめに

「失われた30年」の帰結は、「安い国日本」の地盤沈下であった。「中流社会」は崩壊し、極端な「格差社会」が日本社会を覆いつくした。先進国最低の賃金水準と、40%をこえる非正規労働の使い捨てが日本の現実だ。

中曽根政治から始まり、安倍・菅・岸田政権へと続いている新自由主義政策は、日本社会の形をそれまでと全く違った容貌へと変化せしめた。「アベノミクス」は単なる新自由主義をこえ、「官邸独裁」という強権手法で日本政治を著しく劣化させた。国会の空洞化は著しく、議会制民主主義は機能不全に陥っている。軍事費は拡大し、世界三位の規模になりつつある。日本社会は根っこから壊死しつつある。日本社会の再生には下からの民主主義が必要だ。

日本の企業活動は「内部留保」ため込みに腐心し、新たなテクノロジーや未来への産業開発も極めて弱くなった。

そして、労働者使い捨て時代が到来し、非正規という4割の棄民労働が日本社会の今の姿だ。派遣労働は際限なく拡大した。大競争社会、格差社会が日本の現実。そしてそれはジェンダー平等とは程遠い。女性・マイノリティ排斥の差別社会。外国人排斥の排外主義社会という現実だ。

１９７９年に僕は32歳で東京ユニオン設立、委員長となって走り続けてきた。「反骨の争議屋」として闘い続けた。「石」は前からも、後ろからも飛んできた。

社会的労働運動、人権労働運動の旗を掲げて、さまざまな闘いに挑戦してきた。「志」という言葉を大切にして「派遣労働」「外国人労働者」など様々な新たな労働問題に取り組んできた。

そして今、76歳の後期高齢者となった。「シニアユニオン東京」の委員長でもある。いくつになっても労働者とともに、仲間とともに活動している。「光輝高齢者」を名乗り、酒も飲み、ヨタヘロだが山も歩く。

企業倒産との闘い、阪神・淡路大震災での被災労働者ユニオンの闘い、派遣労働者のやり場のない怒りを組織した闘い等々、「明るく・激しく・楽しく」闘い続けた。そして何より、そこには多くの仲間たちがいた。仲間とともに熱い志を持って闘うことは楽しい。

派遣労働への取り組みは、とりわけこだわった。中野麻美弁護士たちと「派遣労働ネットワーク」をつくり、今日まで取り組み続けた。１９８５年、「直接雇用・無期雇用」という雇用原則のありかたから「間接雇用・有期雇用」という真逆の法制度が派遣法成立によってできてしまった。

まさに「アリの一穴」（宮里邦雄弁護士の国会陳述）だった。

適正な雇用という堤防は、大きく崩れていった。

それ以来、日本の労働市場に派遣会社というエージェントがはびこり、労働市場を席捲（せっけん）している。労働の尊厳「ディーセント・ワーク」という言葉は、日本では死語なのか。

ＩＬＯは、「日本の登録型派遣システムは「雇用」とは言えない」と、伊予銀スタッフサービス事件（二〇〇〇年）の我々の提訴に答えた。

労働者が弊履（へいり）のごとく打ち捨てられる存在で在ってはならない。「派遣労働」や最近のプラットフォーム労働は、労働の原点を踏みにじる要素を内包している。

僕たちは日本の労働運動に「相談活動」を全面的に持ち込んだ。労働力の流動化が言われ、労働組合への組織率が低下をたどる下で、新たな労働者の組織化の方法として「電話労働相談」を開始した。

ここから、多くの組合づくりや個別労働争議が始まった。とりわけ、職場でひとりで孤立した存在だった派遣労働者の組合への組織化は、「相談活動」なしにはあり得なかった。

僕は、労働争議に勝つことで東京ユニオンの骨格を作り、全国のユニオン運動の潮流化を作り上げた。

闘えば勝つ、これは僕のユニオン運動の屹立（きつりつ）した旗印だ。

労働運動業界の一部から、僕はアナルコ・サンディカリストと呼ばれているという。言い得て妙である。アナルコとはアナーキーなということだが、日本のこの種の用語の翻訳は誤訳が多い。コミュニズムを「共産主義」としたり、アナーキズムを「無政府主義」と誤訳する。自治を求めゼネストで権力を倒し、自らの自治政権を作ることは「無政府主義」なものか。民衆じしんの自治政権は大いなる希望だ。

たくさんの労働争議に勝ってきたが、「なんのために・誰のために」闘うのかを不断に問うたことが根本にある。

困難にあって駆け込んできた労働者には「怒りを忘れず、恨みは捨てよう」と語ってきた。幸せになるために労働運動はある。情けは人のためならずだ。

そして尊敬する労働運動家、高野実（総評事務局長）のいう「戦略点」を見出しつつ、ユニオン運動を長期にすすめてきた。

一つひとつの闘いも大切だが、大きく局面を変化させる「戦略点」を意識して運動をしてきた。

そのことは新自由主義との長い闘いの記録から読み取ってほしい。

僕は、「草莽崛起」という言葉が好きだ。草の根の人たちが立ち上がり、人間の解放を求めて、次代へと闘いを紡ぐ。

リーマン・ショック、派遣村、京品ホテル闘争のころに、「世界的危機の時代のユニオン運動」の構えとして「想像力」「可視化戦略」「野戦病院の思想」を提唱した。

僕は映画「七人の侍」が好きだ。とりわけ志村喬は理想のリーダー像だった。野武士勢力を駆逐した侍のリーダー志村が言う。「勝ったのは我々ではない。百姓たちだ」と。「武士は風、百姓は大地だ」と。大地こそが主人公だ。僕はどんな「風」だったのだろうか。

普通の人々が立ち上がるのが、「変革」であり「革命」である。

僕の夢は見果てることがない。

ユニオン運動がつづくこと、そして「尊厳ある労働」(ディーセント・ワーク)が、普通のことになる世の中ができあがること……。

東京ユニオンの機関誌『GU』に、長期連載している「酔眼鳥瞰図」を、カラー判で巻頭に8頁、文中に8頁掲載した。無頼の徒たる僕が、毎月、頭から湯気を噴き出して書きなぐってきたものの一端を味わっていただければうれしい。本書刊行のきっかけは、毎月の連載を本にしたらどうかという声でもあった。

途中、大腿骨を骨折し入院、人工骨が左脚に入っている。今は杖も取れた。酒量も落ちることはない。そして、相当に速度は遅くはなっているが、山歩きに精出している。80歳での北岳再登頂が目下の目標だ。さて……。

遅々として筆の進まぬ僕を叱咤し、本書発行に導いてくれた20代からの友人、森下紀夫氏と内田清子さん、丁寧に校閲していただいた柳辰哉さんに心から感謝したい。

2023年8月15日、新たな戦前　78年目の敗戦記念日に

高井　晃

目次

第1章　社会を変革する労働運動を——全国ユニオン結成し連合へ乗り込む

全国ユニオンを結成し連合へ乗り込む

２００２年11月３日、東京・上野の池之端文化センターであらたなユニオンの全国組織、「全国ユニオン」（全国コミュニティ・ユニオン連合会）の結成大会が行われた。

会長は鴨桃代（千葉なのはなユニオン）、会長代理に設楽清嗣（東京管理職ユニオン）、そして事務局長には高井晃（東京ユニオン）が就任した。

僕はコミュニティ・ユニオン全国ネットワークの事務局長として全国のユニオン運動と連携し、１９９３年から２００２年秋までの10年間突っ走ってきた。

その間、阪神・淡路大震災での被災労働者ユニオン結成や97、98、99年の三波にわたる労基法・派遣法改悪ＮＯ全国キャラバン運動など全力で息もつかせず駆け抜けてきた。

中曽根、小泉らによる新自由主義の流れは、日本社会の形を変え、格差を拡大し労働者の使い捨てが公然と宣言される時代となってきた。

東京ユニオン設立は１９７９年だ。この年、イギリスでは鉄の女・サッチャーが首相についた。彼女は炭鉱労働組合への弾圧や公共企業の「民営化」などを徹底して進めた。多くの労働組合・労働者は国家権力による苛烈な弾圧攻撃を受けていった。

こうした新自由主義政策（当時は新保守主義と呼ばれた）は、１９８１年アメリカのレーガン大統領政権、そして日本では、１９８２年の中曽根政権から、94年村山政権、96年橋本政権、２００１年小泉政権と続いた。

小泉内閣は、「規制改革・郵政民営化」を掲げ「官から民へ」と新自由主義的政策を前面に打ち出した。これはさらに安倍政権へと引き継がれる。

東京ユニオン設立以来、僕の闘いは労働争議の現場指導、組合づくりとともに新自由主義が打ち出す雇用破壊・労働規制緩和との闘いに明け暮れた。

そのもっとも中心的な闘いの一つが派遣法改悪との闘いだった。１９８５年に成立した派遣法は、日本の雇用関係を大きく変えていった。しかし、労働組合・労働運動の取り組みは立法反対運動が終わってからは見るべきものはなかった。

１９９１年の派遣労働ネットワークの結成と派遣トラブルホットラインの開設によって、現在まで続く派遣法支配との闘いが開始されたのだ。

２００１年９・11ニューヨークへの同時多発テロは世界を震撼させ、アメリカは間もなくアフガン空爆を開始した。２００３年には米英軍によるイラク戦争が開始される。時代は大きく動いていた。

地球上を新自由主義という妖怪が覆いつくし、地上は格差と差別の坩堝となった。そして1パーセントの富裕層が99パーセントの人々の富より多くを支配する時代となっていった。日本でも「一億総中流」と言われた時代では確実になくなっていった。4割が非正規、女性は6割が非正規に。

今までの労働運動の枠組みでは、こうした苛烈な新自由主義政策の攻撃と闘うにはあまりに不十分で、根本的な闘いの戦略はみえていなかった。力が及ばなかった。

労働界といえば、89年11月に総評が解散し「連合」が発足したが、「ペーパー連合」と言われた時代もあったように、大衆行動はほとんど行われず、中小企業・非正規労働者の問題の取り組みはほとんどといっていいほど組織されないままだった。労働運動は人々の眼に見えていなかった。

たしかに、コミュニティ・ユニオンのユニオン運動はそれまで労働組合の主流から見捨てられていた中小企業労働者やパート、派遣などの非正規労働者の声を運動にして社会的に発信してきた。しかし、労働運動の全体の流れからいえば、いまだ傍流である。力が弱い。労働運動総体を動かすには至っていない。

企業別労働組合に特有の、労働組合の「塀の中のわが社」組合、企業意識を乗り越えていく社会的労働運動の流れは、力は弱く社会全体からは見えていなかった。一方で、後に新自由主義と総称される格差社会の流れは激しさを増している。

「ほかより少しはましな運動をしている」……小さな運動にありがちな、言い訳的な立ち位置は、僕のもっともよしとしないものだ。

労働運動全体の流れを変えなければならない。それには何より最大組織である「連合」の流れを変えたい。そのためには、連合に加盟する「産別組織」を作り上げ、「内部」から変革する道を拓く必要がある。いわば、連合に〝なぐり込む〟のだ。

「連合」は、笹森清さんが事務局長から会長に就任する中、2001年から「ニュー連合方針」として「社会的な労働運動」を標榜しつつあった。

連合事務局の中心を高橋均（サービス連合出身）、龍井葉二（元総評）、中島滋（自治労出身）ら僕の旧知の人たちが担うようにもなっていた。

後に見るようなプロセスを経て、「全国ユニオン」を結成し、「連合」に加盟した。もっとも旧ゼンセン同盟などの反対で6か月の間、参加を保留されるという異例の扱いではあったが。ちなみに同時期に加盟申請したヘルスケア労協は直ちに承認されていた。

ともあれ僕たちは、「全国ユニオン」結成で労働運動全体を動かす「梃子」を、手にしたのだ。新自由主義と真っ向から闘う「産別組織」ができたのだ。

東京ユニオン結成から数えて23年目のことだった。僕は55歳になっていた。

全国ユニオン結成さる

池之端文化センターでの結成大会には全国から170名が参加した。設立決議や人事・財政を確認して全国ユニオンは結成された。当初は8ユニオン5000人、後にユニオン三重が三重の大会決議を経て全国ユニオンに合流してくる。

結成大会のレセプションは、東京ユニオンの「ユニオンブラス」が演奏した。曲は、チリのアジェンデ政権がクーデターで倒れた時の抵抗歌やスペイン市民戦争を扱ったケン・ローチ監督の映画「大地と自由」でうたわれた「手紙をくれるなら」など、僕の趣味が丸出しの選曲だった。

翌11月4日は笹森清連合会長の記念講演「連合の社会的労働運動について」は、笹森氏の全国ユニオンへの期待を込めたものだった。


新たに結成された全国ユニオンは、ユニークなスローガンを掲げた。基調方針は「社会的労働運動をすすめ男女平等・共生社会を実現する」だ。そのうえで7つの基本スローガンを定めた。

①　パート等非正社員労働者の均等待遇立法闘争を推進し、合理的理由のない有期雇用の禁止を法制化する
②　パート、派遣、契約社員など非正社員のユニオンへの組織化をすすめる——パート差別・派遣差別をなくし、多様な働き方に権利を確立する
③　「あらゆる働き方に権利を」労働者が真に選択できる労働権を確立する
④　社会的賃金闘争の推進
　（1）　全国一律最低賃金制の確立を目指す
　（2）　各自治体にリビング・ウェイジ（生活保障賃金条例）をつくる
⑤　新自由主義「グローバリズム」のもたらす競争と差別に反対し、平和で公正・公平な社会をめざす
⑥　ジェンダーフリーなユニオン運動をすすめる
⑦　だれでも参加でき《よりどころ》になるユニオン運動を力強く作り上げよう

ジェンダー問題や均等待遇、リビング・ウェイジなどを前面に押し出した、今までの労働組合には見られない課題を真正面に掲げたのだ。

全国ユニオン結成に先立つ２００１年秋、三重の賢島で開かれたコミュニティ・ユニオン全国ネットワークの総会で、事務局長だった僕はユニオンネット全体としてナショナルセンター「連合」に加盟しようと提案した。議案内容は事前に各地のユニオンに配布されていたから，この提案に対して関西地方のユニオンからは「反対だ」とする意見が表明された。

２００１年、連合が「ニュー連合方針」として「社会的な労働運動」路線を掲げ始めたことをみて、僕は大きく日本の労働運動を変革するチャンスだととらえた。

連合は結成以来、当時の「労働四団体」の方針調整を経て、旧同盟系の意向が強く反映した運動組織方針だった。とりわけ、総評系が行っていた「地区労」運動に対する同盟系の警戒が強く、連合運動は「加盟組織」内での交流しか認めないという方針だった。つまり、内向きな閉鎖的運動体だったのである。

かつて総評系は、「地区労」という開かれた組織を各地域に作っていた。総評に加盟していなくても地区労に参加し、大きな意味では総評活動に参加していた。総評加盟人員にとどまらない地域労働運動の集団、同盟系はこれを恐れたのである。私は、労働運動は縦の糸＝産別労働運動と、横の糸＝地域労働運動が相まって成り立つ、と度々強調してきた。中島みゆきの「糸」ではないが、労働運動の必須条件だ。

連合で笹森清会長や高橋均副事務局長たちが中心となって「社会的な労働運動」路線を掲げたこのチャンスに、「外からヤジを飛ばしているだけでなく、一緒にグラウンドに立ってプレイすべきだ」と、私は全国の仲間に訴えた。パート・非典型労働者の取り組みも掲げ始めた連合、この方向性を広げ私たちの掲げている「社会的労働運動」の拡大・深化ととらえて、労働運動の前進を図るべき絶好の機会だ、ここでユニオン運動の一大社会潮流化をすすめる、その決断すべきは今だ、と全国に発信した。

コミュニティ・ユニオン全国ネットワーク（ＣＵＮＮ）は、非正規労働者でも一人でも誰でもはいれるユニオンの連絡組織である。しかし、組合費が安い組織も多く、５００円会費という考えられない組合費のユニオンも当初多かった。僕は全国ネット事務局長になってから全国各地のユニオンで講演する機会が多かったが、必ず「適切なユニオン組合費に引き上げるべき」と強調してきた。少なくとも、賃金の１％以上は必要だ、と。東京ユニオンの組合費は賃金の２％基準だ。

全国ユニオン結成には、連合加盟費と全国ユニオン運営費、併せて一人当たり200円会費という、最低限の会費設定をした。この金額でも支払えないという組織が多かった。だが僕は、主要組織リーダーを説得して「全国ユニオン設立」へと突っ走った。「この指とまれ」と各地に檄を飛ばし続けた。2001年三重総会での「連合加盟」方針提案から、一年間討議したうえで、翌2002年の大阪・信太山総会で決定することにした。しかし、ネットワーク組織そのままは移行できないとみていたので、僕は全国の有意のユニオン幹部を口説き、新組織結成の動きを強めた。

そして、2002年11月3日、全国ユニオン結成大会を開催した。

設立費用の一部にと、東京ユニオンから200万円をカンパして船出にこぎつけた。

それぞれのユニオンは財政が乏しく、連合会費の一人当たり200円強の上納会費は、大変な予算措置を伴う。しかも連合会費は労働省調査による組合員数で決定している。公平性を担保するためだ。ユニオンや合同労組は、自らの組合員数をアバウトに大きめに主張する傾向がある。組合員の出入りも、通常の企業別組合より激しい。

公式発表の数通りの連合会費を支払うのは、なかなか厳しい。東京ユニオンが800人、東京管理職ユニオンが600人分と両組織が目いっぱい会費を分担することで帳尻を合わせた格好であった。

全国ユニオンの事務所は当時の西新宿の東京ユニオン事務所に併設された。

翌2003年6月、連合内の議論を経て全国ユニオンの加盟は承認された。鴨桃代会長は「これから皆さんをどきどきハラハラさせるかもしれませんが、よろしく」と挨拶。さらっとすごいことを言ってのける鴨桃代会長の「大化け」が始まった瞬間ともいえる。

この直後の11月7、8日、僕は那覇で日本労働弁護団の総会に参加していた。新たな会長に宮里邦雄弁護士が就任した。この沖縄総会の場で鵜飼良昭弁護士は全国ユニオン結成に触れて、新しい運動の波が起こっていると紹介した。

鵜飼弁護士は労働弁護団幹事長として雇用調整ホットラインなどを仕掛け、総評解散のあと、総評弁護団から日本労働弁護団に衣替えをして方向性を模索しているときに新たな方針を示した人である。私は「労働弁護団中興の祖」と呼んでいる。私たちの「派遣トラブルホットライン」に参加し、相談活動の実際を見て取った。そして、個別相談から労働者の権利闘争への道筋を開いたのだ。宮里弁護士は11年間にわたって会長を務め、労働弁護団の今日の隆盛の礎を築いた（2021年に僕たちで『労働弁護士「宮里邦雄」55年の軌跡』

を論創社から刊行した)。

労働法制の分野では「解雇の金銭解決ルール」や「派遣の製造業への解禁」など、より一層の新自由主義的改悪が着々と企画されてきていた。わたしたちは、この新自由主義の大波に真っ向から立ち向かう隊列として、全国ユニオンが闘いの前面に立つ決意を固めた。全国ユニオンはさらに全面展開していった。

「労働委員会サポートセンター」の設立

全国ユニオンは、結成後直ちに労基法、派遣法改悪の反対行動を連日展開し、厚生労働省での審議会へのアクションを続けた。こうした連日の行動とともに、「甦れ労働委員会12・19集会」を2002年12月に開催した。このシンポジウムを契機に新たに「労働委員会サポートセンター」を結成、近年その機能を著しく弱めてきた「労働委員会制度」の再活性化を図る試みを展開した。同センターの代表には井上幸夫弁護士(現・労働弁護団会長)と中野隆宣(元・朝日新聞編集委員)の二名が就任、事務局長に設楽清嗣、事務局次長に高井が就いた。ただちに他の労働組合にも参加を呼び掛けた。東京ユニオンの案件をとらえ、学者の公益委員の「忌避」活動を行うなど、東京都労働委員会に大いに喝を入れることになった。なお、この時の労働委員会制度には「忌避」という手続きは存在していなかった。その後の労働委員会の法改正の後には忌避手続きは入れられた。手続き上は無くとも、多くの労働組合の連名で公然たる批判が起こったことの意味は大きかった。

ちなみにこの公益委員は、その後労働委員会活動に真摯に接し、後に中央労働委員会の会長になり、「名会長」だと、仕事ぶりが評価されている。

労基法・派遣法改悪反対闘争が続く

2003年は、労基法・派遣法改悪阻止行動がさらに大きく広がりを見せた。全国ユニオンは、首都圏部隊を中心にほぼ毎週、厚労省前行動を行い、これに各ユニオンの争議行動を組み合わせ毎週30人から50人が首都圏を駆け巡っていた。労働法制の改悪は、労働者の生活環境に大きな影響を及ぼすものだ。結成したばかりの全国ユニオンは、すべての労働者の生活と権利を守るための活動を激しく展開していった。

国会の委員会傍聴、国会前座り込み行動を連日展開した。2003年は春から夏、連日の国会行動を展開した。03年5月16日、派遣法国会での参考人に派遣労働ネットワーク代表の中野麻美弁護士、関根秀一郎全国ユニオン副事務局長が意見を陳述し、改悪反対を具体的な事実と法理論から述べた。

国会内でもしぶとく抵抗を続け、附帯決議をつけて歯止めとした。

連合中央委員会で正式加盟承認

こうした中、２００３年６月26日連合第40回中央委員会が早稲田のリーガロイヤルホテルで開かれた。連合の議案書には「新加盟組織の承認について」で「全国ユニオンは２００２年11月３日に８組合５０００名で結成し、２００２年11月５日に連合への構成組織として加盟の申請があった」「加盟承認を行う」として登録人員３０００名で正式加盟を承認された。鴨桃代会長は「パート・派遣など非正規労働者の思いを大切に頑張りたい。均等待遇を掲げる連合方針に共感し全国ユニオンは頑張る。これからも皆様をハラハラドキドキさせるかもしれませんが、明るく激しく楽しく闘っていきたい」と堂々と意見表明した。隣で聞いていた新聞記者は「新加盟の時にここまで堂々と演説ぶったのを初めて聞いた」と驚きの感想を漏らしていた。さらに鴨会長は「非正規労働者の声に耳を傾けない労働組合に存在意義はない」と挨拶で強調した。

帰りに笹森清会長は「これからだよ。頑張ろうな」と声をかけてきた。

ゼンセン同盟系などが全国ユニオン加盟に難癖をつけたといわれる中で、ついに連合加盟を実現し、日本労働運動全体の流れを変えるという志を果たすための第一歩を踏み出した。「明るく・激しくそして楽しく」というプロレスみたいな全国ユニオンの合言葉を僕が作り、広めた。「明るく・激しく」やるから「楽しく」なるのだ、この言葉は今でも全国ユニオンで使われている。

連合評価委員会のこと

この頃「連合」は、中坊公平弁護士を座長とする「連合評価委員会」の報告をまとめていた。「企業別労働組合主義から脱却し、すべての働くものが結集できる新組織戦略を」というもので、連合労働運動の欠陥を「市民的感覚」で鋭くえぐったものだった。労働運動の閉塞的状況を白日の下に晒したこの「報告」は、その後の経過をたどれば「神棚にあげられ」、お蔵入りとなったままである。労働運動の常識は市民的感覚の非常識、なのであった。

派遣春闘、人材派遣協会との交渉

２００３年には「派遣春闘」として人材派遣協会と全国ユニオン・派遣労働ネットワークの「ティーチ・イン」集会が開催された。名前こそソフトだが、実質的には対業界団体交

1992年6月10日第三種郵便物認可

GU

発行 労働組合 東京ユニオン　編集 GU編集室

東京都新宿区西新宿7-22-18 オフィスKビル1F

☎03(5338)1266　FAX 03(5338)1267

定価（1部）200円 組合員の購読料は組合費に含めて徴収しています

毎月一回一日発行 郵便振替口座00140-3-195908

http://www.t-union.or.jp/

E-mail:gu-net@t-union.or.jp

酔眼鳥瞰図 その五十二

二〇〇三・七・一二（土）

正式に連合に参加

全国ユニオン第二回大会 秋田・大館の地で開催

均等待遇立法化 非正社員組織化 社会的労働運動の大道進む

高井晃こと★紅の新宿豚

六月二六日連合中央委員会 全国ユニオンの加盟承認

鴨会長　均等待遇実現へ 熱い決意を表明

これからが面白いのだ

六月二六日、連合第四〇回中央委員会が早稲田のリーガロイヤルホテルで開催された。ほんとに久しぶりに早稲田界隈を歩いたが、随分様変わりしていた。馬場下界隈はファーストフードの店ばかりが目立っていた。

連合中央委員会の議案書中、「新加盟組織の承認について」の項で全国ユニオンからの十一月五日付加盟申請に対して「連合規約第7章第十五・六条に基づき加盟承認を行う」とされ、登録人員三千名で確認された。

中央委員の拍手のなか、旗をもつ山崎富美子（東京ユニオン執行委員）と、関根秀一郎副事務局長をしたがえた小柄な鴨会長が登壇した。

「ボーナスの日になると出社するのがつらいパート労働者の気持ちを大切にするユニオン運動でありたい。非正規労働者の声に耳をかたむけない労働運動に存在意義はない。微力だが労働運動の可能性によせる思いは大きい。連合とともに労働運動の未来を見つめて闘いたい。」と堂々と訴えた。

さらに「これからもみなさ[illegible]ドキドキ[illegible]させるかもしれませんが、明るくそして楽しく闘っていきたい」と結んだ。

異例に長くかかった全国ユニオンの連合加盟問題だが、なにごとも議論は大切である。

その間、03春闘、労働法制にと、全国ユニオンは全力を尽くして闘いを展開した。

小粒だが、存在感のある闘いを展開したと、自負している。結成方針に掲げた「明るく・楽しく・激しく」という〇〇プロレスにも負けないスローガンを、地でいく半年であった。

とりわけ職安法・派遣法改悪反対闘争では五波の国会前の座りこみ、衆議院での副事務局長の参考人発言、毎回の大量傍聴闘争など、非正社員の権利確立を真正面からかかげた全国ユニオンとして、フルスロットルの闘いだった。

社会的労働運動の旗かかげ 全国ユニオンは闘う

中央委員会が終了し、笹森会長から「これからだよ。頑張ろうな」と声をかけられた。まさに「これから」、もって瞑すべし、である。

秋田大館での第二回大会へ向けて、現地大館を中心に準備がすすんでいる。ふたつの特別企画がある。

①記念講演は「佐高信」さん

クビを切られた」という本の帯をいただいたり、設楽会長代理との共著もある。なにより「激辛評論家」として社会のご意見番第一人者である。

②さらに、花岡事件フィールドワークを開催する。

大館には「花岡」という地がある。ここがかの「花岡事件」の場所であった。

中国人強制連行、強制労働、それに対する怒りの「蜂起」そして、大弾圧、戦時日本の深部をかたる事件だ。おおだてユニオンのなかまは花岡事件に粘り強く取り組んできた。

わたしも、個人的に鹿島建設への朝ビラに参加したこともある。現地のとりくみに学ぼうという全国ユニオンとしての気合いの入った企画である。

まさに「戦争」の問題と向き合わずして平和はかたれない。

あらためてかんがえる 戦争と平和

ところで、結局のところイラク戦争に圧倒的に「勝利」した米英連合軍は、鳴り物入りで喧伝していた「大量破壊兵器」の「発見」に成功していないようだ。アメリカ・ブッシュは、そんなことは大したことではないとばかり、次の「悪の枢軸」「ならずもの国家」へとたくみに焦点をうつしている。英国・ブレアは政権内部からも批判を浴び、立往生気味である。

ク新法を拙速に成立させ、自衛隊派兵を強行しようとする。

日本の憲法がこれほど無視されたことはかつてあるまい。

ネオコンの剥き出しの力の論理が世界を支配する

ブッシュ政権の中枢を占める「ネオコン」（ネオコンサーバティブ）の主張はまさに剥き出しの暴力の論理である。

いまや「欧米」というくくりは存在しない。冷戦時代に着々と軍備を整え、弱い欧州を防衛しきった強いアメリカと、もはや戦争の仕方を忘れその能力もないヨーロッパでは自ずから行動原理が違って当たり前だと、ネオコン派はぶち上げる。勝つ戦争が出来る唯一の超大国アメリカにこそ正義が存在する、ネオコン派の論理は極めて明快である。

冷戦にかち、戦争・軍事力という競争にダントツの力をもつアメリカにこそ正義と神が宿っている、さあ！どうだ。文句があるか。くやしかったら戦争に勝ってみろ。論理としてはたかだかこの程度のものだ。得意満面なネオコンたちの著作を読めば読むほど、身の毛がよだってくる。この軍事力を裏打ちとして、グローバルスタンダード＝アメリカンスタンダードは世界に強要されているのだ。

われわれは、どうするのか

渉である。この頃、大手派遣会社からの闇献金事件で自民党の坂井隆憲代議士が逮捕され、派遣法スキャンダルとして発展しそうでもあった。

2003年3月12日の朝日新聞は「派遣社員も春闘」として「非正規労働者の間で、最低限の生活の保障を求める『もう一つの春闘』が続いている。派遣社員らでつくる『NPO派遣労働ネットワーク』は11日、業界団体の日本人材派遣協会との間で、年収300万円の確保と最低時給の1780円への引き上げを求める『派遣春闘』を実施した。企業に無料派遣する「お試しサービス」のようなダンピング行為もやめるよう要求した」と報じている。

この後数年にわたり対派遣業界団交が開催された。これまで派遣労働に関心を払っていなかった連合が、旬だと考えたのか俄に派遣業界と接触し始め、派遣業界との「共同声明」づくりというぬるい方針を打ち出してきた。業界はこれに飛びつき、「労働界の担い手としては連合さんと話し合っていきます」として、我々との「春闘」を拒否してきた。この状況は、今日に至るまで続いている。

イラク戦争反対行動

2003年アメリカ・イギリスによるイラク戦争が開始され、全国ユニオンは活発に反戦行動に取り組んだ。アメリカのブッシュ政権内では　ネオコンと呼ばれる右翼強硬派が跋扈し、強硬な戦争政策を推し進めていた。これに対して、日本全国で反戦行動が起こり全国ユニオンは常に闘いに参加していた。

2004年に学習運動・「草莽塾（そうもう）」スタート

全国ユニオンは熱心に学習運動を展開した。毎年の春闘セミナー、そして「草莽塾」と名付けた学習運動である。年二回、活発な学習運動を展開していった。「草莽崛起（そうもうくっき）」を志として、労働運動は変革を目指すとの僕の思いを込めたネーミングであった。一部の人からは「字がむずかしい、読めない」と言われたが、断固として貫いた。現在も全国ユニオンは春闘セミナーとオルガナイザー要請の「草莽塾」をそれぞれ年一回開催し続けている。

独自のメーデー

2003年からユニークな「パート・派遣メーデー」山手線一周ウォークラリーを開催した。

派遣法改悪・労働法規制緩和との闘いがますます激しさを増すなかであったが、連合はすでにメーデー中央大会の開催日を大型連休の入り口に移していた。しかし五月一日のメーデーには全国ユニオンは独自の取り組みを行っていった。このあとも、全国ユニオンは「メーデー」は五月であるとの信念を曲げず、5月1日の全国ユニオン独自メーデーを貫いて行動し続けている。MAY DAYなのだ。

連合加盟後はじめての全国ユニオン第2回大会を7月18、19日に秋田県大館市で開催。

この大館大会は当地でかつて起こった花岡事件のフィールドワークを大会終了後に行った。中国人労働者らの虐殺を含む花岡事件は、大館ユニオンに集う仲間たちが「花岡事件を記録する会」などで活動し、日本と中国を結ぶ地道な運動と裁判闘争でも世に問い続けてきたものだ。

大会は佐高信さんの記念講演があり、戦争と平和について考える集いともなった。

2003年10月、第八回連合大会が開催

全国ユニオンは初めて参加し、関根代議員が派遣労働者の組織化など質問した。草野事務局長は「ユニオンの皆さんの蓄積を連合にも反映させ前向きに取り組みたい」と答弁した。この大会は会長選挙が行われ笹森清さんと高木剛さんの対決となったが、笹森氏の圧勝であった。

国際交流もユニオン流で

全国ユニオン訪韓団は2003年10月15日から21日に韓国労働運動と交流した。この時には造船の韓進重工業が大争議中だった。進展しない争議に対して、組合委員長が大クレーンの上で抗議の自殺をした直後だった。葬式に日本からの弔問団ということで鴨桃代さんが弔問した。さらに大クレーンの上まで行って焼香した。クレーンの上の操作室で自決した委員長の亡骸が安置されていた。高くにあるその場所へ、鉄の階段を上って献花した。この頃は韓国労働運動は激しい争議が膠着状態になると幹部が自決するといったことがたびたびおこなわれていた。交流会で私は、そうした解決の仕方を断じてとるべきではない、と日本の友人として切々と涙ながらに訴えた。

また、11月10日にはアメリカからケント・ウォン氏が来日し、私たちの事務所を訪れた。彼は中国系アメリカ人で弁護士資格を持ったオルガナイザーとしてAFL－CIOでアジア系労働者の組織化に活躍した。そしてUCLAの教授として大学と労働運動をつなぎ、アジア系労働者の運動に深くコミットしている人物である。私たちの二回の訪米活動は彼との交流も大きな成果であった。

パート・派遣・請負ホットラインで非正規春闘

ますます深刻化する非正規労働者問題に対応すべく全国ユニオンは2004年2月12日から14日にかけて「パート・派遣・請負」ホットラインを開催し「非正規労働者春闘」のとば口を切った。

明治公園で行われた連合春闘総決起集会（3月6日）で鴨桃代会長は壇上から「誰でもどこでも時給1200円以上は高いですか」と参加者に問いかけ、「1200円の時給で2000時間働いても年収240万円です」と訴え、年収300万円にもいかないかつかつの収入だと強調した。会場は、水を打ったように静まり返った。「会場に参加した大産別の幹部は、度肝を抜かれた」と、某連合大幹部が私に漏らした。全国ユニオンという「異端」が、しつこく「正論」の問題提起をする。その効果が徐々に出始めたのか、非正規労働の問題に連合は取り組むことになってきたのだ。

2005年、連合大会会長選挙で鴨善戦

連合大会の会長選挙に全国ユニオン鴨桃代会長が立候補した。「談合」の役員選挙では人々の期待すら生まれない、との僕の思いは強かった。ゼンセン同盟の高木剛さんとの一騎打ちになって、善戦した。

06年、日本版ホワイトカラーエグゼンプション導入反対

新自由主義政策による雇用の劣化はますます激しさを増していた。「日雇い派遣」というとんでもない働かせ方がはびこっていることに対して、闘いを開始した。まず関根秀一郎や関口達矢らの全国ユニオンメンバーが現場に入り実態を掌握した。「フルキャストユニオン」を結成して全面的に日雇い派遣会社との戦いを開始した。さらに、業界最大手のグッドウィルでユニオンをつくった。この業界にはびこっている闇の慣習である「データ装備費」返還訴訟をグッドウィル相手に大衆的裁判闘争と社前抗議行動で鋭く激しく迫った。六本木ヒルズ前の抗議運動はテレビをはじめ大きく報道された。「データ装備費」という使途不明の手数料が一回稼働ごとに天引きされていた。この不当なピンハネは日雇い派遣各社の共通した手口であった。テレビや週刊誌も連日報道し、グッドウィルのオーナー折口氏は、若手経営者の星として経団連役員にもなったが、これをきっかけとして凋落していった。

2007年には高齢労働者の雇用労働条件のための「シニアユニオン東京」が結成され、全国ユニオンに加盟した。高齢者雇用安定法施行に伴う混乱に対する結成であった。私は副委員長として参加した。

労働者派遣法の立法運動の取り組みも開始した。派遣法廃

GU
発行 労働組合 東京ユニオン　編集 GU編集室
東京都新宿区西新宿7-22-18 オフィスKビル1F
☎03(5338)1266　FAX 03(5338)1267
定価（1部）200円 組合員の購読料は組合費に含めて徴収しています
毎月一回　発行 郵便振替口座00140-3-195908
http://www.t-union.or.jp/
E-mail:gu-net@t-union.or.jp

酔眼鳥瞰図その八七

二〇〇六・五・一四（日）

高井晃こと紅の新宿豚

風雲急を告げる労働法制
「労働時間」「労働契約法」「派遣法」の規制緩和が一気にやられる危機！！

厚生労働省は4月十一日の労働政策審議会の第54回労働条件分科会で「労働契約法制及び労働時間法制に係わる検討の視点」というペーパーを示した。

そして「6月一三日に素案」「7月中間とりまとめ」という強引かつ拙速なスケジュールを提案してきている。

このスケジュールどおりだと、9月パブリックコメント募集を経て、来期通常国会には「法案提出」となりかねない。一部の学者たちによる「報告書」を既成事実として法律改悪の下地を作り強行するという最近の小泉政権の手法そのままである。もちろん「背後」というか「頭上」には「規制改革会議」という超法規的な機関の存在がある。

派遣法についても、同様な展開が予想される。現在までに「フォローアップ作業」として前回の法改定の効果と実際を調査し、いよいよ「本音」の議論にはいる。

派遣法改訂における「本音」部分とは、規制改革会議の意見のことである。

規制改革会議（座長はオリックス宮内）は、派遣法見直しについて①「派遣労働者に対する雇用契約申し込み義務の見直し」②「派遣労働者の特定行為禁止の解禁」を閣議決定に持ち込んでいる。

いいかえると、①は常用雇用労働者の代替として、いつまでもずっと「派遣」のままで労働者を使えるようにする②派遣先が事前面接でき、好き勝手に派遣労働者を選別できるようにする、というもので、派遣法の立法趣旨を百八十度ひっくり返してしまうものだ。

これについても、同様なスケジュールで来期通常国会へ向けての急ピッチな作業展開が予想される。

圧倒的力関係の小泉政権の間に、規制緩和できるものはすべてやっておけ、ということだろう。

労働分野の規制緩和とはすなわち労働者保護法の解体であり二極化の拡大

4月十四日の「検討の視点」もそうだが、「就業形態・就業意識が多様化する中で創造的・専門的能力を発揮して自律的な働き方をする労働者が見られるようになっている」と、「新しい労働者像」を描き出し、したがってあらたな労働時間制度→適用除外（イグゼンプション）制度が必要だと、論を進めている。

この前提となる認識として規制改革会議に巣食う八代ら市場主義、競争主義一辺倒の学者らは、日本の労働者は弱い存在ではない、保護が必要な対象ではないと認識しているのだ。

こんな「認識」に、なんら学問的根拠があるわけでもなく、アメリカ型市場主義の持ち込みに過ぎないことは、いうまでもない。

一例を挙げれば、八年続けて年間三万人を超す自殺者たち、そのうち半数が経済的原因によるといわれているこの日本社会が、「強い労働者」でなりたっているという「理論」なんて、牽強付会としか言いようがない。

職場・地域からの運動を作り希望をもって働ける労働社会をめざしていこう

このように審議会段階では厚生労働省が本格的展開に蠢動しはじめた。

連合では、すでに「こんな労働契約法ならいらない」と旗幟鮮明にしている。

かつて私たちは、九七年から99年、労基法・派遣法改悪NO！の合言葉で、多くの有志とともに全国キャラバン運動を展開してきた。沖縄から北海道までをつなげ、日比谷野音から4千名が国会へ向けてデモした。

そして国会審議の山場をにらんで、連合は一万人行動で国会を包囲した。全労連も、私たち実行委員会も同時多発型行動で国会前は騒然とした。

規制緩和攻撃の怒涛のような嵐がはじまっていたが、一定の修正はかちとれた。

今回の法改悪乗動きの特徴は、「労働契約法」に特徴的なように、一般の人にはますますわかりにくい議論になっていることだ。

しかし、考えてもみたまえ。マクドナルドの店長さんが過労死寸前に追い込まれ、裁判に打って出ざるを得なかった。管理職ユニオン・全国ユニオンが支援しているこの闘いは、アメリカ型マクドナルド雇用がどのようなものか、如実に物語っているではないか。

こんなインチキな労働時間制度が、労働契約法が、派遣法が、人間らしい働き方をつくるわけはなく、労働者が幸せになるわけがない。二極化と過労死、異議申し立てが封殺されて、無権理状態がさらに高まっていくほかない。

行動を起すときだ。

「想像力が権力を取る」一九六八年5月、フランス五月革命のなかで、ソルボンヌ校舎の書かれた名文句の落書きだ。嘆くより、感性をときすまし、行動に出でよ。

歩いた跡が、道になる。

全国ユニオン メーデーチラシの一部

こんな害虫を増殖させる労働契約法の制定と労基法の改悪に反対します！！

<クビキリムシ>
カネを払うことで解雇を自由にできるようにする害虫。それらしい言い訳はつけていますが、その実態は解雇が簡単にできるようになるだけです。

<タダバタラカセアリ>
残業代を払わないことを合法化する害虫。「ホワイトカラー・エグゼンプション」などといわれていますが、その実態は単なるただ働かせです。

現在、新法としての労働契約法と労働基準法の改正が検討されています。中でも、カネを払うことで解雇を自由にできるようにする「解雇の金銭解決制度」、ホワイトカラー労働者の残業代を払わないようにする「ホワイトカラー・エグゼンプション」は、すべての働く者に計り知れないダメージを与えます。私たちは、会社の横暴を合法化し日本中の職場を混乱させる、こんな労働契約法の制定と労働基準法の改悪に反対します。

GU
毎月一回発行　労働組合 東京ユニオン
東京都新宿区西新宿7-22-18オフィスKビル1F
☎03(5338)1266　FAX 03(5338)1267
E-mail：gu-net@t-union.or.jp

酔眼鳥瞰図その一一六

二〇〇九・一・一三（火）

高井晃こと・紅の新宿隊

魂にふれる派遣村運動 ついに官邸を動かす！ 全力で雇用破壊を阻止せよ

12月31日から1月5日東京霞ヶ関の日比谷公園で「年越し派遣村」が開催された。

世界金融危機、大不況そして始まった派遣切りのなかで、「殺すな」「生きさせろ」と緊急避難的に始まった運動である。

きっかけは発案は全国ユニオンの「派遣切りホットライン」によせられた悲痛な叫びである。

「このままでは自殺するしかない」。製造業派遣での解雇と住居からの追い出し。この寒空でとんでもないことが進行している。

全国ユニオンは各方面と協議、12月4日の派遣法集会の共同行動が母体となって「年越し派遣村」実行委員会が作られた。

村長には反貧困で闘う湯浅誠名誉村長には弁護士の宇都宮健児が就任した。

当初、百人程度の設定だったが状況判断の中でどんどん規模が膨れ上がって言ったが、しかし現実はさらにすさまじいものだった。つぎつぎにテントを増設し、炊き出しは1000名規模に膨れ上がっていった。

ついに派遣村の規模ではどうにもならないところまで、人々が集まってきた。そして1月2日、運動が実を結びついに首相官邸がうごき、厚生労働省の行動が開放された。その後、東京都が4箇所の施設を提供、12日までの居所は確保できた。

「この国もまだ捨てたもんじゃない」助け合う心通う

12月31日の開村集会で笹森清労福協会長（前連合会長）は「1999年の派遣法全面自由化のとき連合事務局長として前面で戦ったが派遣法改悪を阻止できなかった。今日の事態につながったことをお詫びする」としたうえで「ここには立場を超え連合・全労連・全労協が一同に会し派遣村の成功に汗をかいている。さらに多くのボランティアの人々や支援物資が山積みだ。日本の国も人々も温かい心がある。まだまだこの国も捨てたもんじゃない」と述べた。

1月5日には国会デモを約1000名で行い、院内で全ての政党に訴えた。

1月12日、東京都の施設を出て日本青年館で集会が開かれた。

当日までのデータは次の通り。

●ボランティア登録1692人
●カンパ金　約4300万円
　支出約1000万円、
　今後、**支援基金を創設する。**
●二四〇人が生活保護申請

派遣村運動は年末年始の日本社会を揺り動かした。「自己責任」などではなく、まさに人災、経営者と政治の責任で引き起こされた事態が、生存権まで奪っているという現代日本の雇用破壊状況を「可視化」して訴えた。

全国ユニオンは鴨会長が炊き出し責任者、安部事務局長が物資調達責任者、関根派遣ユニオン書記長が広報責任者と、実行委員会の中軸を不眠不休で担った。

派遣法改正の議論が急展開 ―抜本改正の三つの柱

機を見るに敏な枡添大臣は、個人的見解と断りつつ、派遣法改正で製造業への禁止のアドバルーンを揚げだした。

そもそも政府案は「日雇い派遣禁止」をうたい文句にしてはいるが、なんら実効性はなく、むしろ事前面接の一部解禁など規制緩和になお道を開くものだった。

「みせかけ改正ではダメ」の世論のたかまりと、派遣切りのすざまじさ、そして派遣村の「いきさせろ」の叫びと人々の共感、行政の無策への批判に対して、ハードルを一段だけあげたのである。

しかし、派遣法抜本改正は①登録型派遣の原則禁止（これなしには日雇い派遣の弊害はぬぐいされない）②派遣先のみなし雇用責任（派遣先が無責任でいられる現行派遣法の最大欠陥を派遣先に「雇用責任を課す」ことで除去）③均等待遇原則の法制化（非正規差別を是正するために必須項目）、すくなくともこの三本柱を軸に議論すべきだ。いよいよ、われわれが仕掛けてきた派遣法抜本改正の戦い、正念場へと入ってきた。

京品ホテル闘争　山場に いよいよ立ち退き阻止・自主営業貫徹の戦いへ突入

1月九日、京品ホテルで「強制立ち退き阻止・自主営業貫徹」の集会が開催された。氷雨が降り底冷えのする寒い中、ともに闘う志をもって、熱い仲間たちが集まってくれた。

東京ユニオン渡辺委員長は「裁判所がなんと言おうと労働者の正義を示す。不条理と闘うのがユニオンの運動だ」とせつせつと支援の仲間たちに訴えた。

東京ユニオンの仲間は年末年始、京品ホテルの防衛と派遣村支援にと、大車輪の活躍だった。

派遣村運動も京品ホテルも、ユニオン運動の根っこはひとつだ。不条理と闘い、悪政と闘う、人間らしく生きる労働運動からのメッセージだ。

労働運動がいまこそ人々に求められているときはない。

社会的労働運動、「人間らしく生きる」ユニオン運動の旗印は鮮明である。09年が日本労働運動の再構築の年になることを願いつつ、今年も、ともに闘おう。創立30年、社会的労働運動センターの実現も含めて、ユニオンの人権労働運動の正念場でもある。

酔眼鳥瞰図その一一七

二〇〇九・二・一六（月）

高井晃こと・紅の新宿隊

スクラムの厚い壁を築いた京品ホテル闘争は続く！

1月25日早朝、警視庁機動隊ら1000名をはるかに越える警官、裁判所執行官、ガードマンらは京品ホテル立ち退きの強制執行を実力で強行した。

「労働者の生存権を守れ」の合言葉のもと、緊急に駆けつけ、徹夜でピケットラインを張り続けた300名こえる労働者市民は平和的な防衛ピケでホテルの職場と自主営業を守ろうとした。がっちりと手と手が組まれた労働者のスクラムは、警察官の暴力的な排除に耐え、労働者はたたき出されても何度何度もピケラインに舞い戻り、非暴力の抵抗が続いた。興奮し血走った機動隊の行動でけが人がではじめ、渡辺委員長はついに明け渡しを決断した。

警視庁の執行体制は大掛かりなものだった。日本でも有数の幹線道路である第一京浜国道の片側三車線のうち二車線を封鎖、地域住民が近寄れないよう私服刑事らによる分厚い包囲網をつくった。後詰の機動隊部隊、兵站部隊を合わせれば2000名近い体制であろう。なんともすざまじい物理力である。

しかも、裁判所執行官は正式な立ち退き通告をすることなく、いきなり突っ込んできた。のっけから暴力的攻撃である。二度まではスクラムで跳ね返した。しかし、本気で実力行使に入った警察権力の圧倒的な暴力の前に、開城を決断したのである。

強制排除されたとはいえ戦い抜いた労働者の仲間たちの顔は、さわやかですらあった。ともに健闘をたたえあった。

労働者の生存権を奪うな！
東京地裁蓮井裁判官の決定

これに先立つ1月15日、東京地民事19部蓮井俊治裁判官はユニオンに対してホテルからの立ち退き決定を下した。この決定は「事業の決定は、事業者が自由におこないえる物であり、従業員において争うことができない」という。つまり京品ホテルのように、リーマングループと小林社長により画策された不当極まりない売却劇＝廃業・全員解雇であろうと、労働者はこれに従え、という。

さらに「仮に解雇が解雇権を濫用したものとして無効であるとされても、使用者が事業を廃止した場合に、これを再開するよう請求する権限は従業員にはない」とまで言い切っている。

労働者はモノではない

こんなことが法律の名において許されるのなら、放漫経営の責任を取らずすべて従業員に責任転嫁し、会社の財産を勝手に処分し、会社を解散しまた別会社を設立し事業をおこなうことが容易にやられてしまう。経営者のモラルの低下を、いっそう促進し免罪する決定である。派遣切りから正社員切りへとすすむときに、経営者のモラルハザードを助長する裁判所の判断は、決して容認できるものではない。

東京ユニオンは全国の仲間とともに、こうした理不尽、不条理と徹底的に戦い続ける。

大不況、大失業時代に突入している中、労働者の生存権は闘うことでしか確保できない時代に入った。労働者の生きる権利を確立するユニオン運動の全面展開で東京地裁の不当決定と戦おう。

スクラムの地域共闘が出現
希望が見えた　連帯行動

強制執行の後に囲われたベニヤ板。そのうえに誰かが「希望」と書き込んだ。そうだ、京品ホテルの戦いは、みんなの「希望」なのだ。急を聞いて駆けつけた仲間たちは、どんどん膨れ上がっていった。労働者だけでなく、ある女性は一人の市民として自らの意思で前日から泊り込み、スクラムに参加した。「この戦いは私自身の戦いなのです」彼女は警官隊の暴圧で足の甲を骨折した。ユニオンからの治療費支払いの申し出に「私の意志ですから」と受け取りを固辞された。

一人一人の「私」の志（こころざし）が京品ホテルの自主営業支援の戦いに連なり、大きな強いスクラムの輪になっていった。公務員の職場で声をかけたら、つぎつぎに志願者がでてピケ隊への参加者がふえていったという。

ここに労働運動の原点がある。隣の労働者の困難をみすてない。企業内に閉じこもらない。地域に出て、スクラムを組み合う。

労働運動の「志」が、品川駅前の激闘の中に、花を開いたのだ。

連合時代の労働運動は、地域運動を「塀の中」に閉じ込めた。地域共闘運動を、いまこそ復権させようではないか。

戦いはいよいよ佳境に
リーマン攻め激化へ！

われわれは予告してきた。自主営業がなくなればその分、争議行動は激しくなる。連日のリーマン・サンライズ攻め、変わらず続く社前行動、そして裁判所・労働委員会も活用する。さらに悪質会社弁護士2名を2月16日「懲戒請求」をかけた。「これからは裁判闘争ですね」といった人たちがいたが、東京ユニオンの戦いはそんなやわなものではない。力関係を変え、勝利に押し込むのがユニオン流、受動的な、待ちの戦いは似合わない。明るく・激しく・楽しく、攻勢的闘いで必ず勝利する。

1969年1月、学生だった私は東大安田講堂の中で催涙ガスと放水の中にいた。出獄後、大学を去り労働運動に身を投じ、40年と一週間後、また機動隊と激突した。最先頭でピケの指揮にあたった。幸せこのうえない。労働運動家冥利に尽きる闘いだ。

労働運動がいまこそ人々に求められているときはない。

老骨に鞭打って、仲間とともにユニオン運動の旗を高く掲げる。

GU
毎月一回発行　労働組合 東京ユニオン
東京都新宿区西新宿７-22-18 オフィスＫビル1F
☎03（5338）1266　FAX 03（5338）1267
E-mail：gu-net@t-union.or.jp

止は難しいが、具体的な欠陥は明らかであり、それに対する対案を作る作業をユニオンや派遣ネットでは始めていた。これは後に、２００９年9月の民主・社民・国民新党の連立政権成立ののち、労働契約申し込みみなし制度として派遣法改正の中に生かされた。

２００８年にはマクドナルドとの闘いが勝利和解する。管理職ユニオンが取り組んできた「名ばかり管理職」の残業代不払いが厳しく批判されて待遇改善が進んだ。

またこの頃、尼崎の武庫川ユニオンが尼崎市役所闘争を展開していた。全国ユニオンは非正規労働者の首切りと新たな派遣会社の導入を阻止すべく全面的に連帯闘争を行った。市当局の行った「入札」にはどの派遣会社も参加せず、尼崎市は組合員の直接雇用で雇用継続を認めざるを得なかった。各派遣会社には派遣ユニオン・全国ユニオンが強硬に申し入れをし、各派遣会社は紛争化することを恐れて入札を見送った。全国ユニオンはテント村への泊まり込み闘争にも参加。無期限ストとテント村の闘いで下請け派遣労働者の尼崎市への直接雇用を実現したのだ。武庫川ユニオンは、これを経て全国ユニオンにオブザーバー加盟することになった。

リーマン・ショックが全世界に

派遣ユニオンはこの頃ＫＤＤＩエボルバユニオンを結成、ＫＤＤＩによる国際オペレータ通話の廃止と闘っていた。「国際オペレータ通話を守る会」をつくり、国会で当時の原口総務大臣の強い指示でいったんは廃止を撤回させた。しかし、ＫＤＤＩは沖縄に局を移転させるなどの手口で実質的な廃止攻撃を続けた。デモや署名、そして裁判と激しく闘われたが国際オペレータ通話の存続はかなわなかった。裁判所での和解で闘いが解決した。

２００８年9月、アメリカのリーマン・ブラザーズの破綻が世界中に伝搬し、リーマン・ショックが世界中を駆け巡った。日本でも自動車工場などで「派遣切り」が横行した。

リーマン・ショックのあおりを受けて各地から「派遣切り」のすさまじい知らせが入ってくるようになった。これに対して、この事実を「可視化」するための闘いが模索されていった。そして、全国ユニオン鴨桃代会長や関根秀一郎派遣ユニオン書記長らが棗一郎弁護士、湯浅誠さんらとともに、２００８年末年始の「年越し派遣村」を日比谷公園で決行するに至った。

東京品川駅前の京品ホテルでは倒産廃業に抵抗して東京ユニオン京品ホテル支部が結成された。そして経営者のホテル閉鎖攻撃に対して実力で自主営業に突入した。10月のことである。

明けて２００９年1月、品川駅前の自主管理で営業中の京品ホテルに対して、裁判所の命令で強制執行が行われた。機動隊と裁判所の執行官による労働者の排除に対して、僕たちは非武装のピケを組んで抵抗した。このなかには前夜最後の泊まり客となった福島瑞穂参議院議員もいた。

僕は、マイクで強制執行の直前までピケ隊全体を指揮した。強制排除されたピケ隊の闘いは、テレビなどで全国に報道された。

この頃、同時進行で上野駅前のサウナ王城でも、倒産解雇攻撃に対して派遣ユニオンの関根秀一郎が組合支部を作り、自主営業闘争を展開していた。

今だから言えるが、ある弁護士に対して東京地裁裁判官は「困ったことが起きている。東京でプチ革命が起こっている」と、僕たちの京品ホテル闘争やサウナ王城闘争に言及していた。たしかに「非合法」な闘いではある。しかし僕は、いずれも労働者の生存権をかけた闘いであり、全く正当なものだと確信していた。歴史を変えるのはこうした闘いからなのだ。この二つの闘いでは、ひとりの逮捕者も出すことはなく、勝利的に解決していった。

同時期に全国ユニオンは、なのはなユニオンの「鴨川ヒルズホテル闘争」も全力で取り組んでいた。

派遣村などの闘いを経たのち、2009年9月、衆議院選挙で「民主・社民・国民新党」連立による鳩山連立政権が発足。京品ホテルでともにスクラムを組んだ福島瑞穂さんは入閣した。しかし、沖縄の辺野古移転の方針に反対、罷免された。僕は福島さんの決断を強烈に支持した。2010年5月、社民党は連立政権を離脱した。

東京ユニオン第26回大会（2005年）で僕は東京ユニオン委員長を降板した。結成時から10年、そして2001年から4年間2回目の委員長をつとめ「幸せな労働運動人生だった」と大会で感謝の辞を述べた。この時58歳、32歳で東京ユニオンの前身を結成し委員長に就任してから26年が経っていた。後任体制は「関根委員長・島崎書記長」の若い体制となった。その後、60歳近くで全国ユニオン事務局長を降りて、2015年シニアユニオン第10回大会で設楽清嗣のあとを受け委員長となった。

新たな発信地「ユニオン運動センター」

2010年夏、一般社団法人「ユニオン運動センター」が設立された。事務所は渋谷区初台駅近く、120坪の事務所だ。労働資料コーナーや70人が入れる会議室もつくった。

ここには東京ユニオン、東京管理職ユニオン、派遣ユニオン、シニアユニオン東京、上部団体の全国ユニオンに加えて派遣労働ネットワークも事務所を置いた。その他にフリーター全般労組、後にプレカリアートユニオンなど比較的若い層の労働者が活動するユニオンもいた。

新自由主義がますます猛威を振るい、非正規雇用がとめどなく拡大し格差と貧困が広がりつつある日本社会、これに歯止めをかけ人間らしい生き方、働き方を作り上げる戦い、ディーセントワークの実現の発信基地として「ユニオン運動センター」を作った。

ここを拠点に設楽清嗣、鴨桃代と僕の3人が呼び掛けてつくった「社会的労働運動研究会」を第8期34回に上って開催し、精力的に論議を重ねた。多彩な講師陣の顔ぶれを見てほしい。

僕が起草した研究会の「設立宣言」は、その目的について、「日本の労働運動、社会運動は大きな結節点にある。戦後の労働運動、社会運動、政治運動は世界規模のグローバリズム・新自由主義のまえに、圧倒的に打ちひしがれているように見える。しかし、新自由主義は極度の矛盾を内包しつつ、社会全体に格差と差別のおおきな綻びをもたらしている。一方、格差社会の極まりとともに、生存権をかかげた抵抗も起こっている。そしてディーセントワークをかかげて、労働運動の新たな旗印も勃興しつつある。わたしたちは、戦後労働運動、社会運動の到達点を整理しつつ、今後の社会的労働運動に資することを目的に社会的労働運動研究会を設立した」としている。

社会的労働運動研究会（2008年～2014年）

期	開催日	演題・講師（肩書は開催時）
第Ⅰ期	08・6・13	私の社会的労働運動／高橋均（前連合副事務局長）
	08・7・28	反貧困／湯浅誠（NPO法人もやい事務局長）
	08・8・27	21世紀労働運動の課題／東海林智（毎日新聞記者）
	08・10・7	労働運動と社民主義／井手英策（横国大准教授）
	08・11・2	ユニオン運動と社会的正義／寺間誠治（全労連組織局長）
	08・12・22	組織化と全日建の闘い／小谷野毅（全日建連帯労働組合書記長）
第Ⅱ期	08・7・24	金融危機、社会的閉塞状況を突破する／萱野稔人（津田塾大准教授）
	09・9・11	危機と貧困の実態　克服すべき労働運動の課題／後藤道夫（都留文科大教授）
	09・10・23	09年労働経済白書について／石水喜夫（厚生労働省労働経済調査官）
	09・12・4	労働再規制とあらたな労働政治／五十嵐仁（法政大教授）
	09・2・26	格差の戦後史／橋本健二（武蔵大学教授）

期	日付	内容
第Ⅲ期	10・10・20	国家権力・ゼネコンとゼネストで闘う／武建一（関西生コン支部委員長）
	10・12・10	滑り台社会からの脱出／湯浅誠（反貧困ネットワーク事務局長）
	11・1・24	ディーセント・ワーク実現への道／中嶋滋（ILO前理事）
	11・2・21	人権としてのディーセント・ワーク／西谷敏（大阪市大名誉教授）
	11・3・予	今後の労働運動の展望／笹森清（元連合会長）※逝去
第Ⅳ期	11・8・20	災害が日本社会に問いかけているもの／野田正彰（関西学院大学教授精神科医、精神病理学）
	11・12・6	税と社会保障の一体改革を考える／大沢真理（東大社研教授、政府税調専門家委員会委員長代理）
	11・12・13	労働組合法システムの見直し／道幸哲也（北大名誉教授・放送大学教授）
	12・2・2	3・11以降の日本経済の課題／金子勝（慶応大学教授）
	12・3・23	非正規労働法制の動向／水町勇一郎（東京大学教授）

期	日付	内容
第Ⅴ期	12・4・14	グローバル経済の変革／浜矩子（同志社大学教授）
	12・8・20	不当労働行為を正しく理解する／浜村彰（法政大学教授）
第Ⅵ期	13・6・1	労働組合のABC―要求づくり・団体交渉・ストライキ／鈴木剛（東京管理職ユニオン）関口達矢（東京ユニオン）
	13・6・15	労働組合のABC―不当労働行為との闘い／島崎由喜男（東京ユニオン）高井晃（シニアユニオン東京）
	13・7・13	労働組合と経営分析―企業再編・ファンドとの闘い／中尾和彦（元連合総研）渡辺秀雄（東京ユニオン）
	13・7・23	職場のパワーハラスメント対策と労働組合の取り組み／金子雅臣（パワーハラスメント研究所所長）
第Ⅶ期	13・11・22	アメリカ労働運動の新展開―新たな運動の波を学ぶ／山崎憲（JIL調査員）
	13・12・20	スペイン　モンドラゴン労働者協同組合運動の現在／山崎精一（労働運動家／翻訳家）
	14・1・17	韓国労働運動の現在／呉学殊（JIL研究員）

第2章　能登の漁師小屋から大阪・東成へ
——八尾高校でサッカー三昧・校長室座り込み

「満州」から引揚げ、石川県生まれ、大阪へ

僕が生まれたところは、石川県河北郡七塚町白尾というところで、そこの漁師の網小屋の中で生まれました。両親は満州から引き上げてきて家がなかったので、漁師の網小屋に住まわせてもらっていた。僕はそこで生まれました。キリストの馬小屋より、僕の網小屋の方が凄い、って冗談言ってるんだけど。網小屋というのは、網を保管しておく小屋で、漁師たちが共同で使う小屋です。そこに間借りしていた。

父は高井與四清、母は高井睦子といいます。

父が生まれたのは、石川県河北郡宇ノ気町（当時）です。ここは、京都大学の哲学者の西田幾多郎の生まれたところです。町内に、西田幾多郎記念館があります。

母が生まれたのは、河北郡高松町（当時）です。ここは、プロレタリア川柳の鶴彬（本名、喜多一二）が生まれたところです。余談ですが、その鶴彬が後に、神山征二郎監督の映画になったんですが（『鶴彬　こころの軌跡』）、その時に、制作費が足りなくて、2千万円足らずであの映画を作ったようですが、彼ら映画スタッフを泊まらせて、面倒を見たのが僕のいとこです。母方の実家のいとこで、地方のまじめな保守の自民党員です。右翼ではなく、安倍晋三は嫌いだと言っていました。防衛庁長官をやった瓦力と仲が良くて、彼の弟分でした。町議会議長をやっていました。昔は、獄死したっていうのは「恥」だったんですが、今では、復権されて、映画にもなりました。田中角栄にほれて自民党員になったいとこは「顕彰する会」の初代会長をやっていました。私の好きないい漢です。

父と母は、見合い結婚で、紹介されて、すぐに結婚したようです。父が満州へ行くと決まり、結婚してすぐに、満州へ行きました。当時は、一旗とはいかなくても、日本にいるよりはいい生活ができるので、満州に行ったということです。

父は、奉天の満州飛行機という会社で職工をやっていた、と言っていました。職工なんですが、現地で女中さんを雇うというルールがあり、本人たちは、雇っていたらしいです。そういう生活をしていて、本人たちは、現地の人たちに良くしてたんだ、と言いますが、後にこっちも生意気な小僧になって、しょっちゅう「あんたらは満州へ侵略した方じゃないか」ってやりあいになっていました。母が泣き出したこともありました。そんなことが思い出としてあります。

戦況がおかしくなってきて、母がちょうど姉を妊娠していたので、先に内地へ帰れということで帰りました。父は、小学校を中退して学はほとんどないのですが、そういう勘は働

く男なのです。結果的にそれは正解で、なんとか早めに帰ってきました。姉が満州で生まれていれば、どうなっていたことか……。「残留孤児」になってたなあ、と母と姉はよく話していました。

一方、父は現地召集されて、関東軍に入っていました。3回現地召集されたらしいのですが、正確にはわかりません。父は射撃がうまかったようで、重機関銃の砲座の射手でした。自分でも射撃がうまかったと自慢していました。ただ、重機関銃の砲座の射手というのは、いざ戦闘になれば真っ先につぶし合うところで、一番危険なところです。父は酒を飲まなければ絶対にそういう話はしませんが、酒が入るとたまに、そんな戦争にからんだ話をしていました。高粱畑の中で大きな重機関銃の砲身を肩に担いでいる父の写真を見た記憶があります。

結局、ソ連軍が1945年8月9日にソ満国境を越え侵攻してきて、父もソ連軍につかまりました。つかまって、抑留されて、貨車に乗せられ国境を越えたんです。父から聞いたままに言うと、三日三晩すぎたところで、打ってあった羽目板の釘をやっと抜くことができて、それを蹴破って脱走してきた、ということでした。「自分は一番前にいて助かったけど、後ろの連中は機銃掃射されて、ほとんどが死んだ」と言っていました。

僕が「どうやって、羽目板をはずしたの?」と聞いたら、「最初、爪でこじて緩めて、後は、軍服のすそで釘を持って、ちょっとずつ交代で抜いていった。それで釘を素手で抜くのに3日かかった」と言っていました。

その後、ともかく引き上げ船に乗ろうということで、釜山(プサン)の方向を目指して歩いて帰ってきたんです。片言の中国語しかしゃべれなかったので、途中で日本人であることがばれてしまい、現地の人に刀で傷つけられたんですが、衛生兵の人が一緒に逃げていて、その人が持っていた木綿用の縫い針と糸で麻酔なしで額を13針縫ったとのことでした。傷があまり残っておらず、酒を飲むと、うっすらと、糸を引いたように、額に傷跡がスッと出てきました。「父の戦争というのは、酒を飲むと額に出る」ということなんだと私は思っていました。

ともかく、引き上げ船は釜山だったので、そこまで歩いて行ったんだと思いますが、これは不正確かもしれません。子どもの頃に聞いた記憶です。

それで、引き揚げてきても、住む家はないので、伝手をたどって漁師の網小屋を借りて、そこに住んでいて、僕が生まれた。

その頃、父は、イカ釣り船に乗ったりして、漁師をやっていました。

その後、石川では食えないということで、大阪に出ることになりました。大阪に、父の姉が嫁いでいたので、そこに転がり込みました。そこも、子どもが3人いましたが、よくもあんな狭いところに、さらに5人が暮らしていけたなあと、今となっては思います。

父は、もともと、クリーニングの流れ職人だったので、自分でクリーニング屋を始めました。当時のことだから、クリーニング屋といっても、アイロンとアイロン台と、後は、洗濯機なんかないので、漬物屋から大きな樽をもらってきて、そこに丸太を入れて、もみ洗いするんです。

子ども心にすごいと思ったのは、1年ちょっとで、近くに借家を借りて、そこで、クリーニング屋を開業したんです。石川県生まれだからだということだったからと思いますが、屋号は「石川ランドリー」というクリーニング店でした。「高井ランドリー」では、タカイで商売のヒビキは良くないですからね。

この頃は、両親の寝ているところは見たことがなかったですね。朝早くから夜中まで、一日中仕事をしているので、子ども心に「大人って寝ないものなんだ」と思っていました。そうやって、ともかく働いて、私たち子ども3人を食わしたわけです。

大阪の東成区で

石川から行った先の、大阪市東成区を説明しておきます。昔で言う省線、今の環状線の玉造（たまつくり）という駅です。昔の歴史で言うと、真田丸があったところの、線路を挟んで反対側です。子どもの時に、よく、真田山公園に行って遊んでいました。危ないということで、途中で全部閉じられてしまいましたが、当時は、横穴がいっぱいあって、もぐって遊んでいました。真田丸の遺跡だったようです。

そういうところで育ちました。

その隣の駅が、在日の人が日本で一番たくさん住んでいる鶴橋です。玉造駅・真田山公園・生野区の猪飼野（いかいの）（鶴橋）、この少しはずれたところにうちがあって、うちから歩いても、玉造とたいして違わない位置関係でした。その猪飼野（いかいの）の近く、東成区も、在日の人が多いところです。そういうところで僕は育ってきたわけです。後に触れますが、子どもの頃から民族差別の問題が、自分の人生ときわめて深い関係がある周囲の環境のなかで育ってきました。

私の家族構成は、両親と子ども3人。きょうだいは、姉と妹と僕ですが、高度成長までいかない、戦後が終わったという頃に、何を考えたか、男ひとりだからか、親は僕を幼稚園に行かせることを考えるわけです。身分不相応なのですが、私は幼稚園に行くことになりました。

しかし、「もう、かないまへん。お願いだから、やめてください。お宅の坊ちゃんおったら、とってもうちの幼稚園がなりたちまへん」と言われて、一週間で幼稚園の退学というか退園を要請されてしまいました。

何があったかというと、私は先生に何でもかんでも質問していました。それで、ずっと質問しつづけて、引かないものだから、いわゆる学級崩壊してしまったんですね。とてもじゃないけど、僕の面倒は見られないということで、園長がうちに来て、頼み込んで、「せっかく入ったんだけど、頼むからやめてくれ」と言うので、幼稚園をやめました。かたちは自主退園ですが、まあ、幼稚園「退学」なのか、「退園」ですね。

その後、行った小学校は、大阪市立中本（なかもと）小学校です。僕は、教師にむちゃくちゃ可愛がられるか、逆に徹底的に嫌われるか、のどちらかでした。当時のことだから、教師に嫌われたら、屋上に呼び出されてぶん殴られるなんてことは、しょっちゅうありました。反対に、可愛がってくれる先生は、むちゃくちゃ可愛がってくれ、「本はこれを読め」って貸してくれるわ、なにくれとなく僕に気をつかってくれました。教師たちと僕は、そういう、極端な関係でした。

私の行動は、今で言えば多動性児童で落ち着きがなく、いつもそこら辺をうろうろしているような子どもだったようです。教師にしたら、それは扱いにくい、理屈っぽい手のかかる悪童だったわけでしょう。

小学校の時に、一番仲の良かった友だちが、大谷（おおたに）君という子ですが、在日朝鮮人で、秋田から大阪に来た男の子でした。彼は、北朝鮮の引き揚げ帰還事業（在日朝鮮人帰還事業）の時に北朝鮮に渡ってしまい、それ以来消息はありません。北朝鮮に帰るというときに、「なんで帰るんだ」などと、聞いた記憶があります。その時、彼は「祖国は楽園で、夢の国なんやで」と言っていたことを鮮明に憶えています。しかし北朝鮮に行ってみたら、とてもとても大変な状況で、日本で聞いていた話とは違う悲惨な現実に直面したのかも知れません。崔洋一の映画『血と骨』は深く心に響いた。当時の子ども間の会話でも、「北朝鮮は夢の楽園だ」というような話がありました。大谷君一家が北朝鮮に帰ったのは、たしか小学校６年生ぐらいのときだったと思います。引き揚げ帰還事業が始まったのは１９５０年代で、けっこう、後まで続きました。在日の友だちが多かったので、そんな思い出があります。

中学校は、大阪市立本庄中学校でした。僕は、悪ガキでした。一応、野球部に入りましたが、すぐに1年生の間に先輩に反発して、野球部を辞めました。この頃の野球部というのは、意味もなくしごくんです。あまりの不条理に、頭にきて「冗談じゃない。やってられるか」って、野球部をあっさり辞めちゃいました。中学校の途中から、サッカー部の連中と交流していたこともあって、後に高校へ行ってサッカーをやるんですが、当時、サッカーをやるのは不良って言われていました。野球全盛で、サッカーはまだマイナーな新興競技だったんですね。そういう時代でした。今のサッカー人気からみると、隔世の感がありますね。道路を挟んではす向かいには「東大阪朝鮮中級学校」がありました。

「ストライキ」で自主ホームルーム

中学校生活では、中学3年間、僕はずっと級長でした。赴任してきた先生が、Iさんという、その中学校出身で、卒業生から初めて教師になって母校に赴任してきた人でした。張り切っていたんですね。本人は、非常に肩に力が入っていて、気負っているように僕たちの目にはうつりました。私のような不真面な生徒としては、こういう熱血系の先生は、大変でしたね。たしか大阪外大出の英語の先生でした。この人が、教員の使命に燃えた新任教諭先生だから、とにかく、いろいろとやってみたいわけです。熱意あふれるといえば、それまでなんですが、僕のようなヘソ曲がりの生徒からみると、厄介な先生です。中学校でも、ホームルームというのは、生徒が自主的にやるというのが、当時の一般的な中学校での空気でした。ところが、この新人熱血先生は、何だかんだといちいちうるさく管理したがり、僕たち生徒に頭ごなしに命令してきたんです。たまたま僕が級長だったので、「先生、担任だからって、あなたのホームルームじゃないよ」ということで、クラスの3人の中心メンバーで、「先生の言うなりにはやってられない」ってことに。大阪弁で言うと「やっとられへんな」とみんなの意見が一致しました。「じゃあ、あのおっさんひとり置いて、わしら、下いこうや」ということで、教師だけ2階の教室に残して、クラスの人間が全員下へ行って、草の上に座って野外ホームルームをやるということにしました。まあ、教室にいないんですから「ストライキ」ですね。それで、この先生、担任クラスの教室に生徒がいないわけで、他の先生方の手前、どうにも恰好がつかなくて、大変だったと思います。こっちは、気楽です。そのまま家に帰ってしまいました。困り果てた先生から、夜、うちに電話がかかってきました。

電話に出てみると、先生が「高井、和解しよう、和解」と言ったんです。

「先生、別に喧嘩していませんよ」って返事しました。先生はあわてていますが、こちらはのんきなものです。そんなやりとりがあったりして、その後は、先生のほうも、我々のやり方を尊重してくれるようになり、ホームルームは生徒が自主的に運営することになりました。

「在日」と進学

中学校2年生の終わりごろから中学3年生の半ばになってくると、これからの進路の問題が出てくるんです。この頃から、少しずつ高校への進学率が高くなってきて、ある程度成績の良い子は高校へ行くというのが普通になってきました。当時は、大学生になって就職先を探しても、在日韓国・朝鮮人の人は、まともな企業に入れなかったんです。そういう差別が現実にありました。在日の人たちには厚く高い壁でした。それを親たちもわかっているので、「おまえ、高校、大学行って何すんや。そんなことより、なんとかここで食っていけるように考えろ」と子どもに言うわけです。在日の人たちの「家業」になっている、ホルモン屋とか傘の骨屋とか、服のアイロンがけ屋とか、いろんな商売がありました。だいたい、そういう家業を継ぐわけです。

在日の人で、通称の名字として日本名を名乗っている人は多くいました。この頃から、進路をめぐる問題で、それまで日本名を名乗っている人も、そのへんのところがわかってしまうわけです。「在日なんだ」とカミングアウトするということではなく、進路をめぐって、微妙な雰囲気でわかるわけです。それまで一緒になって、仲良く行動したり、遊んでいたのに、進路の問題が入ってきたとたんに、会話が成り立たなくなる。それはほんとに寂しいことでした。当時の在日の人たちにとっては、学歴を得ても、それが社会で活かすことができないとわかっているわけです。だから、勉強ができたとしても学校、義務教育以上の教育を受けてもメリットがない。それまで国籍とか差別なんてことはあまり意識せずに、普通に友だちとして接してきました。一緒に遊び、話をして、生活してきたのに、中学校をおえて以降のことを視野に入れたとき、どうしようもない違いがあることに、進路問題を通じて眼前に突きつけられるわけです。これは厳しい。

その進路問題だって、おためごかしで「おまえ、たいへんやな」とか言っても、なにもならない、むしろそういうことを言うこと自体が失礼な話だし、そうした社会の不合理をどうしようもないのに話題にしてしまい、民族差別に無遠慮に触れてしまうことになってしまいます。中学生ですから、そのくらいのことは理解できていました。だから、もうだまって見ているしかなかった。それは、実体験として非常に辛い現実への直面でした。高校進学を目前にして、厳しい社会の現実に対峙せざるを得ませんでした。ちょっと前まで、なんのわだかまりもなく、話をして遊んでいた親しい友だちとの間に、目に見えない大きな壁が突然に現れたような気がしました。これではいけない、と頭では思っても、では、自分に何ができるんだ、何を話せばいいんだと問うてみると、何もできない、話すこともできない。そんな、やるせなさを強く感じました。

そんなことを、中学3年生ごろに経験して、そういう理不尽さ、差別というものが、この社会に厳然としてあるんだ、それがどうにも出来ない現実なんだということを、実生活のなかで否応なく感じて、それは今でも骨身にしみています。辛い経験でした。国籍とか、出自というのは、本人の責任じゃないのに、どうして友だちが、そういうことで苦労して、なんでそんな目に合わなきゃいけないのか。僕は、差別への基本的な視座として、自分が育ってきた過程において、そういう経験が大きく影響していると思います。

そういうようなこともあって、中学校時代が過ぎました。

余談ですが、中学校の先輩に、富司純子(ふじすみこ)がいます。「お竜さん」藤純子です。彼女は、高校は京都へ行きましたが、すごくきれいで、ミス本庄中って言われていました。僕も見に行きました。だれかスカートまくってこいっとか言って。行ったやつがいました。ほんとにきれいだった。今でも当時の友だちの間では語り草です。

中学校は1学年17クラス、1クラスに55人くらいいました。校舎が足りず、プレハブ校舎が建てられました。「アンポフンサイ」デモごっこをやると、校舎の床がビンビンとはねて楽しかった思い出があります。

八尾高「サッカー部」入学

それで、高校に行くということになるんです。

僕の時から、大阪では学区が変わり、新しい学区制度になって、僕の家から行けるようになったのが、大阪府立八尾高校です。選抜高校野球で準優勝したり、サッカーでも大阪府の決勝まで行ったり、府立高校で公立だけども、スポーツが強かったんです。

僕は、高校生になったらサッカーをやろうと思っていました。それで、八尾高校を下見に行きました。すると、グランドがすごく広い。僕が通っていた小学校も中学校も、大阪市内でしたから学校の敷地がせせこましい、ねこの額のような校庭の学校でした。ところが、八尾高校のグラウンドは砂地で、ほんとに広いサッカー場、運動場がありました。僕は、これに一発で参ってしまいました。なんとかして、八尾高校に進学したいと強く思いました。

そこで、僕なりに親を説得して八尾高校に進学するための計略を練りました。まったくの口からでまかせなんですが、「八尾高校は府立高校で大学進学率もいい。これから伸びる高校らしいよ」とかなんとか言って、親を説得というか騙すようにして、八尾高校を受験しました。とにかく八尾高校サッカー部に行きたい一心でした。

高校受験では、一応すべり止めで私立の桃山学院高校に合格していました。そこの方が、大学進学率は良いことはわかっていたのですが、どうしても八尾高校に進学してサッカーをやりたかったのです。

その頃、うちの近くに、八百屋のおっさんが、いつも三輪のバタバタに乗って野菜を売りに来ていました。洒落ではないのですが、「八尾から来ていた八百屋さん」でした。そのおっさんが言うんです。「兄ちゃん、高校、どこ行くねん」って。「八尾高や」って言ったら、「なんで、あんなとこ行くねん。八尾はこわいで。えらいとこやで」と。「おっちゃん、あんた八尾から来てんねやろ」「そやから、こわいで、言うてるやんけ」と八尾のことを話すんです。これには参りました。これは親には言えない、親に知られたらまずい、と思いました。

八尾は今東光の「悪名」や「河内風土記」などでも知られています。「河内音頭」の本場です。「悪名」は勝新太郎で大ヒットした任侠映画です。近くに聖徳太子の遺跡なども多く、日本史の宝庫のようなところです。私の気分にぴったりのところでした。

無事に、希望の八尾高校に進学できました。高校に入学してみてわかったのは、僕が入学した前年度、サッカー部は大阪府大会の決勝まで行ったんですが、監督・コーチなどちゃんとした指導者が誰もいない学校でした。たまたま、サッカーが非常にうまい選手が2人ぐらいいたようです。なにしろ、50年以上も前の時代です。まだ、サッカーは今のようなブームとは、ほど遠い競技状況でした。ですから、当時のサッカーの水準というのは、そんなものでした。ちょっと技量が優れた選手が2~3人いるということで、大阪府大会の決勝まで勝ち残れてしまったのでした。

それで、高校に入学してサッカー部に入ると、僕は入学した1年生のときから、すぐレギュラーになりました。当時のポジション名で言うとセンターフォワードをやっていました。当時も今も同じですけれども、高校生ぐらいの運動部というのは、おおむね優秀な指導者によって、その実力が伸びるものです。ところが、八尾高校サッカー部には、技術や戦術、練習方法を指導してくれるコーチもいない状況です。仕方がないので、自分でサッカーの本を買ってきて読んだり、知り合いを探してサッカーの話を聞いたりして、高校生が自分たちだけでやっていました。ですから、試合結果も、もう一歩抜きん出た好成績を残すことは難しい状況でした。

僕が入ったとき、大阪府にサッカーをやっている高校は、約100校ぐらいありました。その中で八尾高校は、ベスト8に入るというぐらいのサッカーのランクでした。

僕は1年生でレギュラーにはなったのですが、たまたま上級生の2年生と3年生が何が原因なのかわからないのですが部内で大きな対立が生じ、それがこじれて2年生がたったひとりを残して全員辞めちゃったんです。そうすると、3年生はもう引退です。残ったたったひとりの2年生はキーパーでしたが、勉強好きな内気な性格のようで、皆を引っ張っていくタイプではありませんでした。そこで、先輩の3年生が僕のところに来て、「おまえが、キャプテンをやれ」と言うんです。他に適任者もいなかったこともあって、仕方がないので、1年生の終わり頃からサッカー部のキャプテンをやらされました。

高校の1年生と3年生というのは、大人と子どもぐらい違います。あの年代の1年間の違いは非常に大きい。高校1年生というのは、中学生の延長みたいなものなのに、高校3年生ともなると、それなりの経験を経てきていることもあり、なんとなく風格があり、1年生からみると、完全に大人です。とはいえ、僕は一応、チームを代表するキャプテンなので、校内運動部のキャプテン会議というのに出なければいけません。すると、ラグビー部のおっさんみたいなごついのとか、野球部のなんとかさんとかに、「1年坊主が……」と軽く見られ、いいようになめられてしまいます。それで、「これはなめられちゃいけない」と思って、腹を据えて上級生にも対応するようにしました。その頃から、こっちもだんだん生意気になり、上級生だといっても「なんだ」という姿勢で臨むようになりました。別に意識して上級生に逆らおうとしたというより、サッカー部を代表しているという気持ちが、そうさせたのだろうと思います。

そんなこんなもあり、とにかく、高校ではサッカー部でずっとやっていました。サッカーがしたいからと選んだ高校でしたので、僕としては当然楽しさいっぱいの高校生活でした。

うちの高校のサッカー部は、インターハイはもちろん3年生も出場し、夏の国体予選が終わってから秋口に部を引退するという伝統でした。僕らの時の同級生は、八尾高校にしては成績のいいやつが多い学年だったと思います。後に、神戸大学法学部に入ったやつとか、上智大学の理工、大阪市大に入った者もいました。僕も早稲田の政経で、八尾高校的にはそこそこだったと思います。それで、高校3年生の夏前に、サッカー部の連中が、「おれたちは、受験勉強をやりたい」と言い出しました。「ここまで、サッカーをやってきたけれど、もう、こんなもんでサッカーは先が見えたから、無理に国体までやっても、意味がないかもしれない」というわけです。僕もキャプテンとして冷静に考えてみると、その通りだろうと思いました。我々の1期下の学年に、技術的にまあまあ上手な後輩もいましたから、自分たちは早めに引退して、後輩に譲ろうと決めました。それで、近畿大会の予選が終わって、国体の前に僕ら3年生はサッカー部を引退したんです。そうしたら、それを聞きつけた先輩が来て、「おまえは、なんて勝手なことするんだ」ってつるし上げられてしまいました。「いいじゃないですか。みんな、それがいいって言ってんだから。部員の総意だから認めてください」と僕は返答しました。

先輩たちからは、「お前はだいたい、前から生意気なんだ」って言われてしまいました。「ユニフォームを勝手に変えて。うちのユニフォームは、赤なんだ。赤一色に八尾って抜いてあるのに、ブルーにして縦線なんか入れやがって」って言うんです。

「こっちはそんな引継ぎ受けていないですよ。だれもそんな引継ぎしないで、今になってよく言いますね。1年生にキャプテン押し付けておいて」と僕も反論しました。

とにかく、やって来た先輩たちは、「伝統を壊した」と、僕はつるし上げられて、大喧嘩。

まあ、そういうこともありましたが、僕たちの思いどおりに、サッカー部を引退できました。そういう意味では、教師や大人の指導者がいないサッカー部であったために、生徒主体の活動であり、すべての部分で自分たちの意思が通せた部分もあったサッカー部だったような気もします。

体育教師との衝突

体育の教師と衝突したことも高校時代の印象に残る思い出の一つです。

八尾高校は、僕たちの全日制のほかに定時制高校も併設されている高校でした。それで、夜間は定時制が校舎や学校施設を使います。それで、定時制の人のために、部活動の練習時間は午後6時までというルールがあったんです。体育館は、バスケットボールがダブるので、特にそうでした。基本的な全日制と定時制との決めごとなので、施設利用のルールはきちんと守ろう、ということになっていました。

ところが、バスケットボール部顧問の体育教師が、今で言う非常勤講師で、全日本にノミネートされた、背の高い日体大出の人だったんですが、彼には、「八尾高校がインターハイ出場を果たしたら、正式な教員にしてもらえる」という密約があったらしいんです。それで、必死になって、バスケ部だけ、定時制の生徒が登校しているのに、練習をやめることなく、ずっと体育館を使用しているわけなんです。その体育教諭としては、自分の職業的将来がバスケ部の試合成績にかかっているわけですから、いわば生活がかかっているわけで必死だったのでしょう。

当時、僕が、校内の体育会連合会の会長だったんです。体育会連合会としては、一応、こっちが管理しているつもりだから、「なんだ、あの教師、勝手なことをしている。決められたルールを守らない、生意気だな」ということで、僕と、野球部の主将と、ラグビー部の主将と、だいたいこの3人が体育会全体を仕切っていて、僕が会長で、あとの2人が副会長だった。

「ちょっと、あいつ、いわしたらなあかんな。これじゃ示しつかんな」ということになりました。関西弁で、やっつけることを「いわしたる」って言います。

3人で、その教師を呼び出しました。

「あんた、どない思てんねん。うちは、ルールがあるんや。あんただけこんな勝手なことしたら、成り立たんやないかい」

するると、「いやもう、ちょっと、いろいろ事情もあって……」

とか、言い訳をはじめるわけです。

「そんな例外、言っとったら、成り立たんよ。そんな勝手なことするんなら、こっちは問題にするぞ。各クラブが全部決議をあげてボイコットするからな」と、こちらも強く出ました。まあ、脅しですよね。相手は教師で、こちらは生徒です。その生徒が教師を脅したわけです。その教師は全日本のバスケ選手にも選出された、2メートル近い大男です。その教師に強く出たら、なんと泣き出しちゃったんです。

「いや、俺もつらいんだ。ここでインターハイ出されんかったら、就職できへんねん」って。

「これは、まいったな」と思ったけれど。意外な展開で、これ以上いじめてもしょうがない。「ただ、時間は守れ。これ以上、問題にしないけれど、あんたも皆で決めたルール時間は守ってくれ」ということで済ませました。

うちの高校は、体育の教師の教官室が普通の職員室とは別にあり、この体育科の教師たちが、大きな権力をもっていました。結束力の強い教師派閥を形成していて、特別扱いだったんです。

八尾高校のモットーは、「質実剛健」と「文武両道」。「勉強もスポーツもがんばる」という意味も含まれていた。そのこともあって体育会系の教師は、すごい権力を持っていて、影響力も強かったんです。その一員である、体育科教諭を脅かして泣かせてしまったんですから、けっこう、過激な生徒だったともいえます。

体育祭を「自主運営」

中学校のときと同じですが、当時は生徒の自主自立を一つの教育目標としていた。たとえば体育祭なども、基本的には生徒会が運営し、生徒によって構成された体育会が体育祭を仕切っていました。そういう了解が教師集団との間でできていると思いこんで進めていました。ところが、ある時、体育科の教師が、やたらとチャチャを入れてきます。細かなことまで、「ああせい、こうせい」と言い、さらに「昔はこうだった」なんて、言い出すわけです。サッカー部と野球部とラグビー部の主将、この例の3人で、「これどうする？　教師たちの言う、そのとおりやるか?」「冗談じゃない。そんなの、聞いてたまるか」いうことで、体育祭のプランを全部自分たちで作りました。それで、体育祭当日も僕が挨拶して、司会進行も全部、生徒たちでやりました。体育の教師は、すごく怒っていましたが、「体育の教師のための体育祭じゃない。生徒の体育祭だ。これまでもそうしてきたし、これからも我々は自由にやる」と言ってやりました。

こうやって、教師からは、やはり問題生徒だと思われて、ずっと目を付けられながらも、サッカー中心の楽しい高校時代を過ごしました。

この時の野球部主将は児玉正之くんといい、同志社大野球部を経て後にあいおいニッセイ同和損保の社長になった人です。

僕には、「権力への反抗」が身にしみついているようです。子どもの頃から、意味もなく押さえつけられるということは、体質的に合いません。そういう理不尽なものというのは、受け入れられないんです。どうしても抵抗したくなってしまう。

サッカー部、あわや廃部か？

高校2年の秋口、学校をさぼっては奈良方面の丘で詩集を読んで昼寝。午後からサッカーの練習にいそしむ日々。教員室では問題になっていたらしい。ある時、寝すぎて午後の授業時間も過ぎてしまった。何とか学校にたどり着きサッカー練習をしていた。それが教師の目に留まった。

「高井、学校休んでるのになんでサッカーやってるんや!」「キャプテンがそんなことしとったら、部は廃止になるぞ」「職員会議で大問題になってるんや」「廃部になってもええんやな」と担任の城山芳郎が脅す。

「すんません、次からは午後からは必ず授業出ます」と平謝り。城山先生曰く。「何ゆうとる。朝から授業でんかい！」「ははあっ」、ということでサッカー部は廃部を免れ存続した。

恩師の不当配転

教員の権力的なものに対しては、強く反発しながら、そんなことをやっていた高校時代ですが、高校生最後の時に、大きな問題が起こりました。

僕が好きだった担任の城山先生は、組合活動を熱心にやっていた人で、世界史の先生でした。ところが、いきなり、他校への配転をくらうんです。当時の教師の勤務校配転のルールは、半年以上前に本人に「どこへ動いてほしい」という内示があって、本人の了承を得てから、実際に勤務校が変わるということになっていたんですが、この先生の場合、たしか2～3週間ぐらいしか時間がなくて、いきなり、抜き打ちで、しかもまったくの新設校に飛ばすということでした。明らかに不意うちでした。

明確な組合活動への妨害行為で、不当配転でした。露骨な不当労働行為です。この先生は、非常に悩みました。配転に従って行くか行かないかを悩んで、大きなストレスがかかったのだろうと思います。もう、時効だから言ってもいいと思うけど、その騒ぎの中で先生の奥さんは流産してしまうという不幸なことも起きました。

この先生は、とても面白い先生で、女子ソフトボールの監督もされていて、なんと全国優勝をさせているんです。その時の女子ソフトボール部キャプテンと結婚されたんじゃなかったかと記憶しています。僕ら生徒から見ると、そういうおもしろいおやじで、村上水軍の末裔だと言っていました。広島大学出身だったと思います。城山さんは、教員の組合、高教組（高等学校教職員組合）の前の前の八尾高分会長で、前の分会長と二名が、狙い撃ちでやられました。「城山先生が、突然の転勤っていうが、それはおかしいじゃないか」と生徒が集まって、「こんな理不尽なことは認められない」と、いろいろとやりました。30人ぐらい集まって、ああでもない、こうでもないって、いろんな意見が出るんです。たまたま、図書部にいた生徒が民青系（日本民主青年同盟）だったんです。これが、やたらと、法律的な対応ばかり、あれこれ言い出したんです。知識があったんですね。でも、「そういうぬるい対応じゃ、らちがあかない。今は、そういうことしている場合じゃないだろう。今から裁判なんかやっても間に合いっこない」と私は言いました。誰かが、「さっき校長を見かけた」と言うものですから、「それなら、校長に直談判だ。校長室に行こう」ということで、僕が先頭に立って、確か25人ぐらいを引き連れて、校長室へ行ったんです。

「校長に会いたい」と教頭に言ったら「今いない」と言いま

す。これは完全な嘘で、奥にいたことが、後でわかるんですが。

「じゃあ、帰るまで待たせてもらいます。先生のことで話があります。こういうことについては、責任者である校長がきちっと言ってもらわなければ困る」と言って、そのまま校長室に座り込みを始めました。そのうち半分ぐらいは女子生徒でした。校長は、恐れをなしたか、全然出てこなくて、2時間ぐらい、ずっと座っていました。「交渉相手の校長が出てこないのでは、ラチがあかない」と思って、引き上げて、空腹だったので駅前でお好み焼きを食べました。内緒だけど、サッカー部の先輩の家がやっているお好み焼き屋なので、まだ高校生なのにビールを出してくれました。

それで、うちに帰ったら、母親が家の前でずっと待っているわけです。駅からだいぶあるんですが、歩いていて見えるんです。

「何してんだろう?　おかあちゃん」

ってのんきに母に声をかけたら、母は顔が真っ青になっていて、

「おまえ、何したんや」と母は、言います。

「え、何のこと?」

「校長先生から、さっきうちにわざわざ電話がきた」

「なんやそれ?」

「校長先生が、『担任の先生のこと、思うのはええけど、もう、大学へ行く時期も近いんやし、そういうことをしとったら、ためにならんのちゃう』って、お前のことを心配してなはってな」

「それ、心配やのうて、脅かしとるやないか」

母とそんな会話を交わしました。母に、これこれ、こういうことがあったので、校長と話をしたいと校長室に皆で行っただけで、我々は何も悪いことはしていない、心配しなくていいと。

「あんた、自分の息子、信用できへんのか!」

って、威勢よく母に啖呵を切ったのをよく覚えています。

僕はその時、薄汚いおためごかしをいう校長のような、こんな「大人」には絶対ならない、と心に誓いました。その思いは今も胸にあります。こんな「大人」にはならない。

そのあと、駅前でビラをまいたり、署名を集めたりしたんですが、そういう生徒の行動では、まるで喧嘩になりませんでした。この件は、日教組の一部への組合弾圧の一環でした。いわゆる、学テ闘争（学力テスト反対闘争）の後のことで、その時の組合活動家の掃討戦をやっていたわけです。それにうちの担任が引っ掛かったのでした。

その時には、僕も、もう大学に受験合格して、東京に行くことも決まっていました。こういう案件は、期限が切れ

ちゃったらどうにもならない話です。向こうもそれを百も承知しているから、いきなり、今までのルールや内規を破って、労働側が抵抗できないような形で辞令を出すということを平気でやったわけです。そういう不意打ちが労働者には効果的だからです。辞令一本で生活基盤を根底から変えられますし、周囲の労働者への牽制の力は想像以上に大きいものになります。組合活動の牽制もできるという意味では、ターゲットにした教諭の排除と他の組合員教諭への見せしめ的な付随効果があり、使用者側としてはきわめて効果的なわけです。

高校を終ろうとする時でしたが、「こういう場合って、労働者はどうするんだろう？　どうしたら対抗できるのだろうか」と考えてしまいました。我々は署名を集めることはしましたが、他にやりようもなく、それであきらめました。しかし、同じころ、大阪の泉州（せんしゅう）の方でも同じような教員への突然の配転が問題となりました。そこは昔から労働運動が強い地域でもありました。そういう背景も影響したのか、その中学校教諭への不当配転反対で、なんと中学生が大阪府の教育委員会に座り込みを敢行したのでした。

「なんだ、中学生がこんなにがんばっているのに、こっちは……」と思いましたが、こっちは何しろ高校3年生で卒業間近です。もうすぐに、それぞれがバラバラになっちゃうわけです。残念だけれども、僕らは手のうちようもありませんでした。悔しい思いが強く残りました。

ただ、「戦いというのは、やはり、戦略にのっとってやらないと、勢いでやっても難しい」としみじみ思い、闘い方ということをしっかりと模索しなければいけないということを痛感しました。

大阪下町・クリーニング屋

僕は、姉と妹の女きょうだいだったので、遊びなんかはあまり姉や妹と一緒ではなかった。もっぱら近所の悪童どもと一緒に走り回っていました。しかし、小学校に上るまでは胃弱で青白い顔した男子でした。父親が朝鮮人に見習ってニンニク焼いたり、レバ刺し（大阪では生ギモという）を食わせたりしてメキメキ元気になったようです。

大阪の下町ですから、わが家もそうでしたが、近所の悪ガキ達の家も、小商いをやっている家庭が圧倒的に多かったので、昼ご飯などは、家で子どものために作っている余裕はないという家がほとんどでした。母親は家業の中心的な働き手で、昼間は家事をしている時間的なゆとりはないわけです。それで、子どもたちは、50円とか何十円、ときには100円とか親からもらって、悪ガキ達と一緒にお好み焼きを食べに行ったり、うどん食いに行ったり、そういう生活でした。その中で、なるべく安いところを探して、金をちょっと貯めて何か買うとか、そんなことが、あの頃の大阪の下町の子どもの楽しみでした。

親父がクリーニング店を構えてやっていて、従業員が一番多い時で4人ぐらいいました。家は非常に狭いのに、従業員も住み込んでいて、彼らのご飯を母が全部作るわけだから、子どもの面倒なんか見られない。母親は、朝から晩まで働きすぎていると子ども心にも思えるほど働き詰めでしたから、昼飯のことなんかを言うのは気の毒だと思っていました。だから、お昼を作って欲しいと思ったこともなく、もらったわずかの小遣いで、好き勝手なことをやっていました。

その当時、商売をやっていたので、家に電話があり、テレビが家庭に備えられたのも早い方だったと思います。当時は、サラリーマンより自営業者の方が、日銭が入るから、耐久消費財の購入もしやすい家計の状況だったのかもしれません。今思えば、戦後が終わったという時代の頃でもあり、家具や電化製品がちょっとずつ増えていったことを覚えています。

しかし、幼児期の幼稚園の頃から小学校ぐらいまで、おもちゃを買ってもらったことはありません。まだ、家族が食べることが大変で、子どもに玩具を購入するところまでの余裕はなかったのだろうと思います。他人の木刀みたいものを腰に挿してニコッと自慢気な顔でいるいたずら坊主の僕の写真がありました。

それが、小学校の後半から中学校ぐらいになると、目に見えて日常生活に変化が生じてきた気がします。世の中全体にものが豊かになってきました。同時にわが家にも、その波は押し寄せました。日本全国に、テレビがちょうど流行りだした頃で、テレビでのプロレス観戦が日本中で熱気に包まれた頃でした。テレビが入ったのは、うちは早かった方だから、夜は、近所の人たちがテレビでのプロレス観戦にいっぱい来ました。みんな次第に自分の家でもテレビを買っていったので、そのうち来なくなるんですが、まだテレビがどの家にもあるわけではなかった最初の頃は、それぞれ好みの番組が放映される時間になると、「おじちゃん、おばちゃん、テレビ見して！」ってたくさんの人がやって来て、狭い家が一体誰の家かわかんなくなっちゃうほどでした。

中学1年の夏、大峯山に登りました。家にきていた山伏のおじさんと「生と性」とか生臭さ問答していて気に入られ、声をかけてもらって、山行に入りました。初めての山岳修行、苦しかったけど面白かった。僕の山好きの原点かも知れません。

一和会の地上げ屋

うちがあったのは、東成区。もともと、大阪城の外堀を埋めた跡地のところで、地盤が柔らかいんです。僕の家も三軒長屋で一応、二階建屋でした。階段なんかでも、傾いてしまっているんです。下りるときなんか、非常に危険です。急傾斜で、うっかりすると階段から転がり落ちてしまうほどです。三軒の長屋自体が直立していなくて、まっすぐじゃない。あまりにも危ないので、うちの親父が音頭を取って、その三軒長屋の一番反対のところに大きな杭を入れて、傾斜を止めました。

家の話といえば、わが家にも地上げ屋が来て、親父と地上げ屋が闘った話があります。

わが家は、さっき言ったように大阪城の外堀を埋めた跡に建てられた家で、地盤がしっかり固められた土地ではなく、曲がった家でした。こういう地域でも、バブルの時代に入ってくると、わが家の辺り一帯が地上げの対象になったんです。

敷地の地主は奈良県の人で、その人に土地を貸してもらって、そこに家が建っていました。地上げ屋がその辺一帯の買収にかかり、金の力で次々に買収して席巻しているんです。これは一和会系の地上げ屋でした。正面から「わいは一和会や」と宣言して乗り込んでくる。どうしようもないから町内会で対抗しようということで、町内で少しずつ金を出しあって弁護士さんに頼みました。当時でも、反民暴みたいなやり方が少しはありましたが、労働運動で日常的に闘っている僕の目からすると、そういう町内会の対応では、全然ぬるくて闘いにならないし、役に立たないようにしか見えません。

その一和会の地上げ屋が来て、当時は乱暴なものです。言うセリフも脅しが当たり前でした。

「おまえら、すぐに出てけ。おっさん、ここ出ていかへんかったら、目ん玉、くりぬくで！」

親父はそういうことにあまり動揺しない人間でした。海外で戦火をくぐり抜けてきた経験があったからかもしれません。しかし、母は違います。そういう暴力団的な脅しの言辞に母親がビビッてしまい、おろおろ泣いてしまって、母親から泣きながら、東京にいる私に電話がかかってきました。

「大変やねん。地上げ屋のヤクザが来てね、怖いこと言うとるんや」と。

その母の電話に、親父とやりあっている地上げ屋の声も入ってくるんです。

当時は、ちょうど、僕が東京ユニオンを作って5年目くらいの頃だったと思います。活動もある程度は軌道に乗りはじめ、けっこう、組織も増えてきた頃で、いくつも争議をかかえ春闘の真っ最中でもあって、すごく忙しい時でした。こっ

ちも身動きが取れません。母からの電話があったからといって、すぐ今から大阪へ行くというわけにいきません。そこで、

「ちょっと、地上げ屋と電話代わって」

と言って、そのチンピラと電話でガンガンやりあいました。意外と根性のないやつでした。そんなやつでも、暴力団の看板をチラつかせたら、けっこう、地上げに成功したりしたんでしょう。一般の人には怖いですから。そのチンピラが、「悔しかったらこっちに来てみ」って電話口で言いました。それで「これはたいしたことないや」って思ったんですが、電話で、ガンガンやりあって、

「警察呼ぶからな」って言って、一応そのチンピラを撃退しました。

それでも、対策をしなきゃいけないということで、

「うちだけ、違う弁護士を頼め、もっとできるのを紹介する」と父に知恵を授けました。

親父は「わかった」と。

うちの親父も、戦争を生き抜き、修羅場をいくつもくぐってきた男ですから、生半可なヤクザ相手でも、一歩も引くことがなく、

「向こうが、その気なら、やってやろうじゃないか!」

ということで、商売道具のアイロンを持って、チンピラと向かいあった。素人が相手ですので、さすがに向こうも刃物は出さなかったらしいんですが、とにかく親父も血気さかんなオッサンでした。

親父は、

「じゃあ、うちだけでも弁護士を変える」

ということに同意しました。

そこで、僕は急遽、全金(全国金属機械労働組合)の大阪の田中機械に親しい友だちがいました。この友だちは、僕と一緒に安田講堂で逮捕された男だったのですが、彼に頼んで、町内会とは別の総評弁護団系の弁護士を手配してもらいました。

全金南大阪の赤腕章

全金南大阪の田中機械支部っていう大きな闘争をやったところに、もう故人となってしまいましたが、大和田さんという名物委員長がいました。僕は、彼が東京に来た時には多少のお世話もしていました。彼が、僕の実家の話を聞きつけて、

「高井はんの実家がそんなたいへんなことになってるんやったら、こっちも動かなあかん。青年部じゃ!」

と言って、労働組合の青年部がみんな赤腕章して僕の家の前にピケを張ったんです。それで一和会も、

「これは、マズイ」

と思ったんでしょうね。容易に籠絡できると思っていた地上げに、戦闘的な労組の若い者たちが数をなしてピケットを始めてしまったのですから。

「やっぱり、組合の赤腕章は効果あるな」と皆で話をしたものです。

田中機械支部は全金南大阪地域の拠点支部で、スト破りの暴力ガードマンを排除する実力闘争でも知られた組合です。

それで結局、総評弁護団系の弁護士の人がうまくやってくれて、最終的には、土地を地主から買い取る、ということになりました。地上げはなんとか終わりになりました。

『突破者』の宮崎学氏の本でもわかるように、あの頃は、関西一円、まあ日本中そうだったのですが、そういう荒っぽい地上げがいっぱいありました。バブルの影響というのは、かなり庶民にも及んでいたんですね。そういうことがあったので、町内会も、全部、うちの親父が頼んだ弁護士が面倒を見て、無事にすべて、解決しました。

それで、後日談なんですが、

「いやー、あのおっさん、ごっついおっさんやったなー。一歩も引きよらへんかったで」

と一和会のヤクザ者が親父を評して言っていたそうです。

なにせ、麻酔なしで13針縫って、戦地から生きて歩いて帰ってきた男ですから。

第3章　早稲田「人生劇場」——学費闘争・ヒッチハイク・青春

なぜ、早稲田大学を選んだか

私は例年のサッカー部高校3年生よりは、少しだけ早めに引退して、後輩たちのサッカー・コーチみたいなことをやっていました。それまでサッカー漬けの高校生活を送っていて、全然勉強というものをしていなかったので、大学受験をするからには、遅ればせながらでも、夏休みから受験勉強をやるということになりました。

「お前の成績じゃあ数学、理科が赤点で、高校卒業できなかったよ」と、半分冗談、半分本音で、当時の高校の先生から言われたんですが、まったく僕もそうだと思います。勉強していなかった理数系の科目は、実質的にはほとんど零点に近い成績だったろうと思います。まあ、運動部を熱心にやって、校内体育会のまとめ役のようなこともしていましたので、そういう苦手科目の低成績でも、先生方は「高井じゃ、しょうがないやろ」と、大目に見てくれたようで、高下駄はかせてもらってなんとか高校卒業を無事にできたのかもしれません。

ともあれ、高校を卒業してからは大学へ行くということで、進路を定めました。大学に行くといっても、すぐに具体的な志望校が浮かんできたわけではありませんでした。

「さて、どの大学に行こうか」

「といっても、家計を考えると親に負担をなるべくかけないためには、やはり国立大学かなあ」というイメージもありました。国立大学の学費は安く、親に経済的負担をかけないという意味では、国立大学が適していることは、いくら勉強をしていなかった高校生とはいえ、僕にもすぐに理解できました。しかし、国立大学の場合、入試科目が多く、とくに苦手な数学や理科も受験しなければなりません。高校3年の夏からでは、国立大学を突破するだけの学力を伸長させることは、不可能だろうと、楽天的なものごとの考え方をしてきた自分であっても、そんなに甘いものではないことは、よくわかっていました。

今のように、大学センター試験とか、すこし以前の共通一次試験というような制度はなく、私立大学文系であれば、国語・英語・社会の任意1科目を選択して、計3科目で受験できるので、「これは、私立文系しかない」と決めました。きわめて消極的な姿勢ではあったのですが、入学試験までの日数は限られていて、自分の当時の学力からみて、それしかないと思いました。もちろん、当時でも1年浪人して大学受験をするという道もあったのですが、それこそ、親に1年間の負担をかけてしまいますし、浪人して翌年に合格できる保証もあるわけではないので、浪人するという方途は僕にとって考えにくいものでした。

「人生劇場」

さて、私立文系といっても、どの大学を選ぶかです。僕が早稲田を選択したのは、尾崎士郎の『人生劇場』を読んだからです。早稲田の杜で大学生活を送ってみたいなと、漠然と考えるようになりました。

案外、新聞記者なんかも面白そうだ、早稲田の政経を第一目標にしよう、と思いました。

京都や大阪にある大学という選択もないことはなかったのですが、自宅からの通学ということになります。そうなると、当時の僕には、「せっかく大学生になるのに、まだ家にいなくちゃいけないのか。なんとか、家から離れたいものだ」という考えが頭をもたげました。18歳という年代は、親元を離れて自立したいという思いが強く心を支配する。自立とはいえ、学費や生活費を親に依存しているのが学生ですから、正確な意味では独立なんかではないのですが、とにかく親から距離的に離れることで、なにか別の世界で生きていけるのではないかということが、家を離れる大きな魅力でした。

自宅から大学に通ったほうが、経済的には圧倒的にコストパフォーマンスがいいわけですから、おそらく親は「家から大学に通えるものなら、そのほうがいい」と思うに違いありません。だから、高校を選んだときと同じように、なんだかんだと理屈をこねて、自宅から通学のできない遠隔地の大学に行かねばならぬのだという説得工作に入りました。いわく、「やはり学問は、東京でなければ全うしにくい要素がある」、今考えると説得力のあるものではないのですが、子ども3人のうち、初めての大学進学ですので、ほとんど大学に通うということの実感がない親たちなので、僕の口から出まかせにすっかり乗せられてしまったのでしょう。あるいは、騙されたフリをしてくれたのでしょう。

僕の姉の頃は、まだ家計も非常に苦しい時代だったのだろう。姉は中学卒業後、商業高校に進学させてもらうのがやっとの状態でした。3人の子のうち、たったひとりの男の子ということも大きな要素だったのでしょう。高い授業料を払っても、大学を出そうと親は決断したのだと思います。そして、その流れのなかで、いろいろな理由から東京の大学に行くというのも、なんとなく納得してしまったのだろうと思います。

授業料が高いだけでなく、入学試験の受験料も私立大学は高かったことをよく覚えています。結果的には4回の受験機会にチャレンジして、二つ通って、二つすべるという2勝2敗の入試成績でした。受けたのは、すべて早稲田大学でした。早稲田の政治経済学部と商学部には合格でしたが、文学部と法学部は不合格でした。この結果は、それぞれの学部の入試問題の傾向を分析してみると、当時の私の学力や、国語・英語・日本史という受験科目構成からすると、「なるほど」と自分でも納得ができる内容でした。高校3年の夏からスタートした受験としては、運のよい結果だったのだろうと思いました。

さて、そういうわけで、幼い頃から18歳までを過ごした大阪・関西圏を出て、東京での大学生活が開始されました。念願の親元を離れて、精神的にもすっかり開放的な気分での学生生活スタートでした。

早大第一次学費闘争——バリストへ

その早稲田の受験の時のことです。実はこの頃、早稲田は、第一次学費闘争ということで、既にバリスト、バリケード・ストライキに入っていました。そういう状況のもとではあったのですが、大学の入学試験を強行するというので、バリストを機動隊が封鎖解除して、機動隊がタテで通路を作っている中を、我々受験生が通っていくわけです。すごく、気分悪かったのですが、受験しなくちゃ大学に入れないわけですから、気分が悪くてもしょうがありませんでした。今、思うと、非常に異常な事態のもとで受験を経験したことになります。

昼は受験、夕方から近くのおでん屋で一杯飲(や)って夜陰に乗じて機動隊に石も投げました。

僕が早稲田に入学したのは、1966年です。60年安保を経て、学生運動も少し活気を帯びはじめていた時代でもありました。

僕は入学式のとき、機動隊を使ってバリスト解除した大学執行部に対して、「恥を知れ!」とやじったりしました。

入学試験が終わってから、バリストを再開しました。クラス闘争委員会を政経の1年のクラスで作りました。当時の早稲田は全学共闘会議という名前の組織ができていました。当時はまだ、全共闘という言い方はしておらず、共闘会議という呼称の運動体の言い方をしていました。

当時の先輩としては、今、弁護士をやっている大口昭彦(おおぐちあきひこ)さんがいます。彼は社青同解放派(日本社会主義青年同盟解放派)でしたが、政経学部の自治会委員長で、全学共闘会議の議長でした。彼が、僕のクラスにオルグに来ていました。当時、発行されはじめた女性週刊誌に取り上げられた初めての学生運動家でした。カッコ良かったですね。

学費闘争は、僕が入学後、結局、だんだん活力を失ってしぼんでいき、5月の連休明け頃に、体育会系と自民党青年部の連中、雄弁会なんかもいて、学生大会を徹夜でやり、ガンガンやりあったんですが、最後は、多数決で、ストライキ解除となりました。

ということで、入学して直後から、ストライキは終了して早稲田の学費闘争は終焉を迎えました。

僕の大学生活ですが、最初は、大学の近くの下宿に入りました。大阪を出るとき、親との約束で、仕送り3万円が上限ということになっていました。そうすると、どうしても生活費がギリギリで金がなくて、バイトをしないと食えませんでした。それに、当時早稲田界隈の学生下宿というのは、賄い付きのところがほとんどでした。下宿で食事を食べても食べなくても、決められた下宿代を支払わなくてはなりません。自由にあちこち移動しまくっていましたから、食事時にきちんと下宿に戻るのも、なんとなく面倒だと感じていました。

東伏見の早大二寮

そんな折、大学の学生寮の入居者募集をしているのが目に入ってきました。費用的に格安であるのは何よりの魅力でしたし、寮での生活もおもしろそうだと思って寮生募集に応募しました。入寮のための面接を受けて、西武新宿線の東伏見にある早稲田大学第二寮、略称「早大二寮」に入りました。ここは、寮費が月５００円とやすかったのですが、古くて汚い木造二階建てで、ガスはなし、電気と水道だけ、どちらも使い放題という寮でした。2人で一部屋でした。

なぜ「二寮」かというと、その昔、ここは軍需産業の中島飛行機の寮で、4棟の寮としての建物があって、そのうちの二番目だったので、「二寮」と言ったらしいです。目の前が東鳩製菓の工場でしたが、田無の工場で夜勤の仕事がありました。深夜の仕事は女性ができないので、早稲田の学生など、雇われてアルバイトをしたりしていました。

僕が入った「早大二寮」というのは、別名「マージャン寮」で、ほんとに、年がら年中、寮生や早稲田の学生がやってきてマージャンばっかりやってました。当時の早稲田の学生には、奨学生は、かなり高い割合でいましたから、ふだん金欠病の学生たちも、奨学金が出る日になると瞬間的に現金を手にできるわけです。ですから、奨学金支給日には、寮内に4卓も5卓も場が立ち、「早大マージャン寮」の面目躍如となりました。勝ったやつは、東伏見からタクシーに分乗して、新宿の、今はなくなったメトロというグランドキャバレーに行ったりします。一方、負けたグループは、「だれか、インスタントラーメンを持ってないか」ってな状態でした。

この寮生活は、まさに、酒とマージャンにどっぷり漬かって日々を過ごしていくという場所でした。学生ならではの自由気ままな空間です。

そして、この寮の面白いところは、寮の建物の周囲には門

東伏見の早稲田大学第二寮（絵・藪野 健）

も、塀や柵など何もなく、どこからでも、誰でも寮内にほぼ自由に出入りできるところでした。マージャンをやるやつが来ても、ちょっといかがわしい女性が訪問してきても、フリーパスで入れちゃうという、すごいところでした。いわゆる大学施設としての「管理」という概念は、かけらもありませんでした。

僕は、学費闘争が終わってから、ずーっと虚脱状態となってしまいました。さて、何をすればいいのか、自分のやりたいことも見つかりませんでした。大学生にはなりたかったのですが、もともと勉強が好きでもなかったこともあって、大学生なら講義に出ればいいのですが、学費闘争が終わってモヤモヤしていて、すなおに授業に行く気にもなれませんでした。学生の本分は学問に勤しむことなのですが、「そういう考えそのものが、けったくそ悪い」と思うような、怠惰な学生でした。

東北・北海道ヒッチハイク

その頃、小田実の『何でも見てやろう』（河出書房新社、1969年）というのがあり、小田の書いた本は若者の間でベストセラーとなりました。社会的にも、自分の知らないところに行って見聞を広めるということが、ブームとなっているような雰囲気が世間にもあったのではないかと思います。

たまたま、寮の先輩のアドバイスもあって、ヒッチハイクで旅行をしてみたらどうだろうかということを思いつきました。「どこに行こうか?」と考え、「それじゃあ、ひとりで北海道に行ってみよう。東北を経て北海道へヒッチハイクで行こう」と決めたんです。これも熟慮の末に決めたのではなく、なんとなく自分の中で、「ひとりで北海道に行ってみれば、何かが変わるかもしれない」と漠然と感じてヒッチハイクでの旅を思いつきました。

ヒッチハイクをしてはどうかと進めてくれた先輩は、その秘訣として、こう教えてくれました。

「おまえ、ヒッチハイクやるときの最大のコツは、早稲田の学帽をかぶっていることだよ。そうすると、学生だからと車を停め、同乗させてくれる確率が格段に上がるんだ」と言います。それが真実かどうか確かめる術もありませんでしたので、「まあ経験者が言うんだから、一理あるのかもしれない」と思いました。

今は、大学の学帽を着用している学生は、応援団員などほんの一部を除くと、ほとんどいないと思います。でも、当時は一般学生でもある程度の割合で、学帽を着用して外出している大学生は存在しました。学帽が「自分は学生であります」という不確かではあるものの、一種の身分証明的なアイテムとして、社会一般が認識してくれていた時代でした。でも、僕は早稲田の学帽なんか買ってはいませんでした。ヒッチハイクの必需品だと聞かされ、ヒッチハイクは車に停まってもらって、乗せてもらわないと始まりませんから、この時に学帽を買い求めました。「僕は学生です。けっして怪しいものじゃありません」という目印として、学帽をかぶってヒッチハイクの旅にでかけました。まだ、古き良き時代だったのか、大学生の若者全体に占める割合が低かったので、「学生さんなら乗せてやってもいい」と考えるドライバーがけっこういました。少々、せこい自己アピール方法でしたが、けっこう、多くの車が停まってくれ、車に乗せてくれました。それなりに効果はありました。寮の先輩のいう「ヒッチハイク」の秘訣も、ある側面ではあたっていたと思います。

飯場へ住み込む

ヒッチハイクですので、主な交通費はほとんどかからないわけです。でも、旅行中、食事もしなければなりませんし、多額ではないとはいっても、いろいろな出費もあることでしょう。トラックや乗用車が走らない海路、北海道に行くには青函連絡船の船賃も必要です。でも、そうしたヒッチハイクに出かける資金が全くありませんでした。そこで、東伏見駅前のおでん屋台の親父から、東伏見の近くにある建設業者の飯場（はんば）で短期集中的に働く仕事を紹介してもらいました。まあ、高校時代はサッカーで鍛え、体力だけは、少し自信がありました。建設現場での仕事ですから、決して楽ではないのですが、ヒッチハイクに出かけるための資金づくりと思えば、そう辛くて仕方がないという感じではありませんでした。若かったこともあったかもしれません。そこの飯場に3週間だったか4週間弱ぐらい、泊まり込みで毎日仕事をして、たしか十何万円、20万円ちかくの金を貯めて、それを元手として、勇躍、ひとりでヒッチハイクの旅に出発しました。

旅の恰好は、足はキャラバンシューズで固め、大きなザックを背負って行きました。今考えると少しおかしいのですが、ザックの中には、米は入れる、飯ごうは持つ、煮炊きのできる火を使える道具なんかも入れていました。ほとんど、長期間、登山するのに近い装備を、それこそ山ほど持ってのヒッチハイク開始でした。

旅に出るにあたって、一応、自分でマイルールを作りました。運賃として、お金のかかる乗り物には原則乗らない。海はしょうがないので、船賃だけは金を使ってもいいという例外にしました。

これで、準備万端と言いたいところですが、そうは言っても、いきなり寮のある東伏見あたりから北を目指して、東北・北海道方面へのヒッチハイクは困難です。走っている車が、どの方向を目的地にしているのか、皆目見当もつきません。それで、まずは東京より東に進んでみることにしました。東京より東ということで、東京の東隣にあたる千葉県の松戸まで行って、そこから国道伝いに、北方向に車を停めて乗せてもらうという計画でヒッチハイクを開始しました。

幸い、何人もの好意的なドライバーが、学帽姿に同情してくれたのか車を停めて、乗せてくれました。自分なりに順調に旅が進み、東北地方はいろいろな場所を訪れました。日程や詳細な計画が決まっている旅ではありません。かなり気まぐれで、「あっ、ここまで来たのだから、あそこに行ってみよう」というような具合で、各地を訪れました。

北関東を経て、東北に入り、福島・山形・宮城・岩手、そして秋田にも行き、十和田湖の方にも足をのばしました。本州の最後は八甲田を抜け青森の港までヒッチハイクして本州最北端の青森港から青函連絡船で北海道の玄関口である函館に到着。青函連絡船だけは料金を支払いましたが、その他の陸路はすべてヒッチハイクで、道路を走っている車に乗せてもらいました。

斜里岳踏破

函館から、北海道内をかなり奥まで分け行って、あちこちを訪ねました。積丹半島を行き、狩勝峠をこえ北見へ。さらに知床半島を北から南へ下りて、斜里岳（しゃりだけ）へも行きました。僕が旅をしたのは、もう秋に近かった。地元の連中に「おやじが出るから気をつけろ」って言われました。最初はなんのことかわからず、「がんこ親父なら、大阪で慣れている。どんな親父だって平気だ」と思ったのですが、地元の方言で「おやじ」というのは、野生の熊のことでした。斜里岳にのぼる朝日と赤くそまった雲を見たとき、身体中がしびれふるえました。自然の情景に感動して身ぶるいした初めての経験でした。

～昭和41年8月思い出～

ヒッチハイクの途中、狩勝峠にて

　幸い、僕は「おやじ」に出くわすことはありませんでした。それで北海道を北から南へ、ずっと下ってきて野付半島を見て根室まで到達することができました。自分なりの目的地であった北海道を納得できるまで、歩きまわることができた気がしました。

「ヒッチハイクで北海道に行って、北海道内をいろいろ訪れてみたい」という当初の目的が達成できたと思ったので、根室からは、東京まで帰路はヒッチハイクではなく、鉄道で帰京することにしました。列車で、東京学芸大の女性と出会い、話がはずみました。全行程、トータルで約3週間の旅を終えました。たったひとりで、ヒッチハイクで北海道に行ってきたことは、当時の僕にとって、全く新たな経験の連続で、きわめて印象深い3週間となりました。飯場で働いて資金をためて、旅行して良かった。

　ヒッチハイクは、けっこう、車が止まってくれるんです。大きな荷物を持って、学帽をかぶっているという異様ないで立ちであったことが、かえって同情や安心感を醸し出していたのかもしれません。無料で車に乗せてくれる人たちの心の温かさや、車内でいろいろな会話を交わしたことなど、東京の大学や寮にいては、絶対に経験できない数々の出会いがありました。

この旅では、宿泊はたとえ安宿であったとしても使わず、夜寝るのは、主に鉄道の駅舎でした。当時は、ちょうど、「カニ族」呼ばれた、シュラフを大型ザックの上にしばりつけて、野宿する若者旅が流行りだしたころで、夏の北海道の各駅は、汽車の運行がすべて終了しても駅舎を閉めずに、駅で泊まる若者のために駅舎を開けて開放してくれていたんです。僕は寝袋も持っていましたし、さっき言ったように自炊道具も山へ行くかのような準備万全でしたから、駅に泊まれれば、雨露もしのげ、それで十分でした。

このヒッチハイクの旅は、僕にとって、大きな収穫がありました。いろんな意味で面白くて、いろんなところに様々な人がいて、それぞれの生活があるんだということを理屈ではなく、肌身で実感することができました。至極、当たり前のことですが、人の営みというのは、みな、それぞれ異なり、どの人たちも、それぞれが貴重でかけがえのない人生を送っているんだな、と痛切に感じました。若くて、ほとんど社会経験もない一学生だった僕は、このヒッチハイクの旅で、そんな素朴な感想を抱いたのでした。

これが、19歳のときでした。

そうした印象深い3週間の北海道ヒッチハイクの旅から帰ってきて、僕がどう変わったのかというと、本質的には、まだ何をしていいのかわかりませんでした。旅行前と同じように、寮で仲間と酒を飲んだり、卓を囲んでマージャンに興じたり、というような生活でした。単なる仲間内での娯楽マージャンにしか過ぎないもので、レートも学生ですので、低いものでしたが、その安いレートでも、マージャンをやり続けてアベレージでは、かなり勝っていました。それで、マージャンで生活費を捻出できるだけ稼ぐことができ、半年ほどバイトをせずにマージャン一本で食いつなぐことができていました。

10・8ショック

そんな自堕落な日々を過ごしていたら、ある時、僕にとって衝撃的な出来事がありました。マージャンをやりながら、テレビをつけていました。

1967年の10・8の羽田闘争がニュースで報道されました。これは、大きな衝撃を受けました。この羽田闘争で、山崎博昭(やまざきひろあき)君という京大生が、機動隊と正面衝突し、不幸にも羽田の弁天橋のところで死ぬわけです。これは、すごいショックでした。自分は、毎日、だらしなくマージャンに明け暮れて、目的感もてずに、ぼんやり生きている。自分より学年が1級下の山崎君が、信念をもって権力と闘って命を落とした。非常にショックを受けました。

その瞬間、その場で「俺は、マージャンを止める」と宣言して、あれだけやっていたマージャンを止めちゃいました。それ以来、僕はほとんどマージャンをやりません。

そして、これから自分はどうすべきかを真剣に考えました。僕らの世代では、こういう体験をした人はかなり多いんです。これを羽田闘争の日付から、「じゅっぱち（10・8）ショック」と後に言ったんですが、山崎博昭君が死んだことで、やっぱり、もう一度、学生運動とか、なんらかの形で社会に影響力をもてる活動、左翼運動に復帰していく人たちが大勢いました。

この間、映画かなんかで、山崎君に関する証言録というか、彼の生きた短い人生を振り返るような企画がありましたよね。

山崎君は、僕の隣の中学校で、ごく普通の公立中学校から、名門進学校である大手前高校へ行って、現役で京大へ行ったのですから、優秀な人だと思います。そういう優秀な人が、しかも、僕より1級下の人が、ベトナム反戦、学生運動によって亡くなってしまった。「俺はいったい、何をしているんだろう。これから、どう生きたらいいんだろう」といろいろ悩み、考え続けました。その結果、「自分は、大学というところに属している。だったら、もう一度学生運動をやってみよう」と思い至りました。その結論に達するまで、僕なりに様々なことを考え、自身の内面において、様々な葛藤もありました。

さて、「もう一度学生運動を」とはいっても、それまで僕は自治会運動をやっていたわけでもないし、具体的に学生組織の中で何かの運動に深く参加したこともありません。学費値上げ反対のストライキにクラスの闘争委員として参加しただけです。そこで、どうするか。いろいろ考えました。それで、「まずは足元からだ。自分の身近な事象に誠実に対峙することから始めよう」と思ったのです。決して背伸びすることなく、今の自分が置かれた環境のなかで、できること、やらなければいけないことがあると気づきました。

寮廃止反対闘争に「勝利」してしまった

そこで、はたと思いついたのが、僕たちが暮らしているこの寮は廃止されることになっているということでした。建物が非常に老朽化していて、すでに耐用年数を大きく経過していて、僕が入寮したときには、すでに地元消防署から「非常に危険なので、一刻も早く建て替えるように」という勧告を受けていました。大学当局からも、「この寮は、近々、取り壊すことになっている。だから入寮者も、今年入る君たちが最後だ」と言い渡されていました。そのうえ、入寮にあたり、「将来、取り壊しのため最後に明け渡すときに、文句を言わない。寮を出る」という内容の誓約書を提出し、サインしてから入寮が許可されていたのでした。それほど、オンボロな建物であり、早稲田大学当局としても、本音は一日も早く学生寮を取り壊したかったのだろうと思います。僕たちが「最後の入寮生」で翌年の新入生はいませんでした。

僕は、「この寮の存続を大学に認めさせる運動をしよう」と思ったのですが、当時の早大二寮には、寮問題を取り上げて、大学当局と闘う学生運動をやろうという仲間は、あまりいませんでした。でも、多かれ少なかれ、羽田闘争の影響は、誰もが受けていました。寮の問題ではあるのですが、同時に大学の問題でもあるということで、寮生ではない学生も糾合して、わずか10人ぐらいでしたがグループを立ち上げ、それこそ勝手に、「早大二寮闘争委員会」というものを発足させました。その活動の手始めとして、「早大二寮の存続要求書」の作成から開始しました。

当時、各大学において、寮闘争というのは、あちこちにありました。それだけ学生にとって寮は不可欠なものだったともいえるかもしれません。ひとくちに「寮闘争」といっても、内容的には大きく二分される闘争内容を包含するものでした。僕らの早大二寮のように、建物老朽化やその他の理由で、寮が廃止されることに対する反対運動が一つ。さらには、当時は寮が学生運動の重要な拠点ともなっていたので、当時の文部省は「○○寮管理規定」という、俗に「○管規」というものを作成して、大学当局による寮の管理、つまり寮運営を通じて学生の締め付けをすることで学生運動を牽制しようと画策しました。そういう大学当局や文部省の動きへの反発は、非常に強いものがありました。これが、寮闘争のもう一つの内容でした。国立大学を中心に、寮の自治会がストライキ委員会を作って大学当局と対立している例が全国にたくさんありました。「○管規粉砕闘争」とも呼ばれていました。

「早大二寮闘争委員会」というのを組織して、早稲田大学学生部に団体交渉を申し込みました。もし、大学当局から団交を蹴られたら蹴られたで、すぐ、実力占拠してしまえという雰囲気を盛り上げ、僕らもこの寮闘争について、本気で臨もうと思っていました。ですから、バリケード用の針金だとか、籠城用の食料としてインスタントラーメンを買い込んで、「さあ、いくぞ！」と気勢を上げていました。

すると、大学があっさりと僕らが要求した団体交渉に応じてきたのです。当時の早稲田大学の学生部長だった、商学部の市川さんという教授です。この人は、早稲田には珍しく、マルクス経済学者だったそうですが、この人が団体交渉の場に出てきて、僕らの要求を丁寧に聞いてくれるんですよ。こっちは、「あまりにひどいじゃないか。学費も高くしておいて、そのうえ、寮まで廃止するとはなにごとだ！」と訴えるわけです。

大学当局としては、入寮時に「将来、寮を取り壊すときには、文句を言わずに出る」という一札入れたことを主張してきたのですが、それは当然に予想されていたことなので、こちらは「そんなものは、入寮条件として無理やり書かされたんだ。力関係において圧倒的に強い大学が書かせたもので、無効だ」と強く主張しました。この大学当局との団体交渉は、そんなに何回もやったわけではありませんでした。でも、この団体交渉の結末として、大学側は、決まっていた寮の廃止を撤回し、寮を存続するということになりました。僕らの「寮の存続」という要求が全面的に通ったわけです。

どうも、大学側としては、ここで下手にやって、僕らみたいに乱暴なやつらにキャンパス占拠でもされたら、早稲田闘争が、一気に火を噴いちゃうんじゃないか懸念していて、それを恐れたことも、この結末に大きく影響したのではないかと想像できます。

早稲田では、第一次早大闘争以降、そんなに学生運動そのものとしては燃えていなかったんです。東大とか日大にあったような、ああいう新たな大規模な学園闘争にはなっていなかったのが早稲田だったんです。でも、そうなる萌芽はあると、心配したんでしょう。僕らの、粗暴さというか、意気込みの強さが大学側に大きな譲歩をさせる遠因にもなったのではないかと思いました。

ということで、早稲田大学は僕らの要求を全部のみました。一応、僕らの寮闘争は「全面勝利」という結果で終わりました。

今でも、早稲田大学の東伏見の学生寮はその後近くで建て替えて残っています。この間、見に行ったら、すごく瀟洒な寮でした。僕が寮にいたころとは、すっかり見違える立派な建物となっていました。あの時、僕らが「寮闘争」を展開したから、今もあの寮が残っているんだということは、おそらく今、寮にいる学生諸君は誰も知らないでしょうね。そういう僕らが行った寮闘争の事実が、なんらかの文献で残っているという話も聞いたことがないような気がします。

この間、論創社でもらった『早稲田小辞典』に、僕らがいた時代の「早大二寮」の建物のスケッチが載っていて、非常に懐かしく思いました。僕らの青春時代の一コマを象徴する「早大二寮」と、勝利に終わった寮闘争の思い出です。

さて、学生運動をしようと決意して、最初に手がけた寮闘争だったのですが、いざ要求を全部、あっさりと飲まれてしまうと、「さて、次はどうしよう?」ということになります。当面の目標が消えてしまったのですから。これ以上、寮闘争を無理強いしたとしても、すでに寮の存続は決定しているわけですから、それでは闘争に大義がないわけです。ということで、我々の要求が全部通ったんだから、一旦、「寮闘争」は旗を降ろすことにしました。

しかし、僕としては、山崎君の死を含めて、「10・8ショック」で、何かしなきゃいけないという焦燥にも似た強い思いがありました。

第４章　東大安田講堂――府中刑務所へ～わが独房記

「外人部隊」として安田講堂へ

今後の学生運動がどういう方向性になるのか、知人や友だちを訪ね歩きました。ある友人が、東京教育大学（今の筑波大学）のバリケードに入って闘争をしていたこともあり、僕も教育大でけっこう、長時間にわたっていろいろと議論しました。彼らは、構造改革左派の人たちでした。

そこでいろいろ話をしていた頃、東大のようすがけっこう、煮詰まってきていて、風雲急を告げていました。僕からすると、やっぱり学生運動的に考えてみると、そこは東大闘争が社会的にも多く注目されていて、やっぱり一点突破のキーになっているので、その大事な東大闘争を支えないと、まずいんじゃないのか、という意見を述べました。ところが、教育大のそのグループの人たちは、「そうは言っても、現実的には活動として無理があり。我々としては、各個撃破にはそれぞれでもって戦うつもりだ」というのが方針だということ。ここの人たちは、人はいいけれど、闘争という観点からみると、どうもピントが外れていて運動としてのセンスは僕と合わないなと思ったのが、正直な感想でした。

僕は、教育大のバリに1週間以上いて彼らと生活をして、そこを応援しようと一時は思いましたが、その運動主体の人たちの考え方や運動論が、どうしても納得できず、「これはダメだ」と考え、教育大のバリは出ました。それ以上、そこにいても意味がないと思ったからです。それで、いろいろ伝手をたどって、東大の安田講堂に行って、泊まり込んで東大闘争を応援することになりました。

ともかく、僕の意思としては、学生運動は、さまざまな意味で東大が天王山になっているので、ここを全体で守る必要がある、だからその象徴である安田講堂を死守しなければならないということで応援に馳せ参じたという覚悟でした。いわゆる「外人部隊」です。志願兵ですね。今でも「カスバの女」は好きな歌です。当時の学生運動としては、権力側や大学側と闘うとともに、民青、共産党系との闘争という側面も、逆に一つの焦点になっていました。彼らはバリスト解除のために武装して、こちらに向かってくるに違いないと。

私は、東大の全学をきちっと封鎖して、団結して機動隊と対峙するという封鎖拡大方針でした。それで、教育学部のところに、大学院も含めて、民青系全学連が立てこもる。我々は安田講堂に立てこもる、ということでした。いちばん衝突したのは、1月15日だったかな、両方とも鉄パイプだの、まさかりだのを持って、衝突しました。しかし、バチバチ始まった時に、機動隊が突っ込んできたので、両方引いて、ちょっとしたやりあいで終わりました。

東大闘争・安田講堂の闘い

そして、いよいよ安田講堂に、権力が本格的に手を出してくるというので、有志も含めて、安田講堂防衛隊を募ろうということになりました。残ったら確実に逮捕されるというのはわかっていましたが、自分の心情としては、山崎君の死の問題もあり、ここで逃げてしまうと、絶対にあとで後悔することになる、そんな気がしていました。

僕は、もともと新聞記者にでもなろうと思って、早稲田に入ったわけですが、早稲田を出てから調子よくどこかの企業に潜り込んで、酒食らって、普通の会社員になるか、まあ、良くて新聞記者になるか、それで自分はいいのだろうか、と思っていました。そして、ここは、安田講堂に残るべきだろうと。僕の場合は、別に、誰かに残ってほしいとか、残れと言われたわけではないんです。あくまで自分自身の考えで、安田講堂に最後まで残ることを決めました。

ついでに言っておくと、中核派系の全学連は、地方から自治会動員された学生を「ともかく残れ」と言って安田講堂に残したんです。だから、逮捕されてからみんなあっさりとゲロって自白してるんです。そんなやり方をしていたら、簡単にゲロるのがあたりまえなんです。

あの時、僕は、人生の分かれ道だと強く思いました。だから、自分で覚悟して、決意しました。せっかく大学に入ったけれど、たぶん、大学も卒業しないことになるかもしれない。でも、その決断には、少しの後悔もない。自分で決めたことなんだと腹を決めました。本当にわずか数時間での選択でしたけれど、「じゃ、俺は残ります」と言って、安田講堂の中に残ったんです。ある先輩は「23日で釈放されるから」と軽く言いましたが、僕は、国家権力の弾圧の質も変わっていて、起訴されると覚悟してました。それが1月17日。それで翌18日になって、最後には19日に逮捕されました。

そういう結果になりましたけれども、さっき言ったようなかたちで、安田講堂に自治会動員された学生たちがいたから、しょうがないんですが、ある意味ではかわいそうでもあり、情けなくもありました。もう、すでに時効だから言いますけれども、機動隊が1人か2人講堂に突っ込んできただけで、みんなキャーっとか言って、逃げてしまうんです。決して学生運動の筋金入りの闘士ぞろいだったわけではなかったのです。

僕は、そんなの見てたら耐えられません。大きな声を出して、「やる気のあるやつは、そばへ来いっ」と叫んだら、7~8人来ました。かれらと、「ここだ!　行くぞ!」ということで、鉄パイプもって突っ込んでいって、機動隊の盾をガンガンやって、撃退しました。そういうことを2回ぐらいやりましたが、勢いをみたら、圧倒的に押されていました。正直、「これはダメだな」と思いました。

あの時は、作戦上、時計台と安田講堂との連絡口を、こちらから封鎖していたんです。後に国会議員になる、当時、医学部生だった今井澄（きよし）が、安田講堂防衛隊長だったんですが、彼は、上の方に籠っていた。一週間は大丈夫だと全共闘は豪語していました。でも、実際は、すぐにやられちゃいました。

安田講堂の防衛戦で、いちばん参ったのは催涙弾です。催涙ガスがすごくて、火傷した人も大勢いました。要するに、ベトナム戦争で使われた枯葉剤と同じです。放水をバンバンかけられて、水が溜まって、そこに催涙ガスが付いてくる。その薬品で皮膚が膨れ上がったんです。火傷した者は、火傷の部分がびらんして皮膚が剥けた人がいっぱいいました。

僕らも、2日続けて、ずーっと催涙ガスをガンガンやられて、水をかけられた。自分は麻痺していたんですが、笑い話だけど、そのあと南千住警察へもっていかれるんですが、そこに拘束されていたヤクザやさんとかみんなが、「なんなんだ、これ」とか言って、催涙ガスで泣いてるんです。我々が入っていっただけで、周囲の人間に催涙ガスの影響がでてしまうぐらい、衣服や体にしみ込んでいたんです。

安田講堂のすぐ前面が東大文学部なんですが、ここは自治会の主導権を革マル派が取っていて、「革マル派が責任をもって防衛します」と豪語していたんです。全共闘のなかでも議論があって、「あそこは、機動隊に落とされたら、いちばん困るから、本気で防衛してくれなきゃ困る、全共闘から精鋭部隊を出すから任せろ」って言った。しかし、「革マル自治会が責任もってやるんだ」とか言ったんですが、実際には、一般学生が5～6人いただけで、それこそ一気に、一発で陥落してしまい、そこから、催涙弾の水平打ちで、バンバンやられました。だから、「ゆるせねえな、あいつらは」って、みんな、革マルに怒ってました。憂うつな党派ですね。

逮捕・投獄――「南千住23号」そして奥浩平の兄

安田講堂で過ごして、最後に徹底抗戦して、安田講堂を出るときに、機動隊にボコボコに殴られて、結局、逮捕されました。僕は、首実検された後に、山谷（サンヤ）のすぐ近くの南千住警察に移送されました。完全黙秘していましたから、名前ではなく、呼称が「南千住23号」ということになるわけです。

留置場とか拘置所というのは、面白いところです。南千住は、山谷が近いこともあり、食い物の質がむちゃくちゃ悪い。弁当なんて、食えたものじゃないし、半分腐ったようなものも平気で出していた。さすがに、看守に「なんだよ、これ。豚の餌より悪いじゃないかよ」って文句言ったら、「何言ってるんだ。ここは山谷が近いからな。食い物良くしたら、みんな来ちゃうんだよ」と言われました。1月だったので、無銭飲食で入ったおじさんが何人かいました。食えなくなったら、無銭飲食して、ここへ来ちゃう。その方が、確実にものを食えるから入ってくるんです。

留置場の中は、扇型に仕切られていて、いくつかの房があるんですが、その時に、奥浩平（おくこうへい）の『青春の墓標』に出てくる、腹違いの兄で、ぐれてヤクザになった男に会うんです。この男は、博打打ちで、太ももに大きな牡丹の入れ墨を入れていました。僕が会ったときは、もう刑が決まっていたのか、丸坊主にしていました。これが頭のいい人で、いろいろなことを教わりました。

「俺の腹違いの舎弟に浩平つうのがいたんだよ」と奥浩平の話をしてくれました。ちいさいころに別れたそうです。

服役することを「アカ落ち」と言うんですが、「アカ落ちに備えて、改心坊主だよ」って、頭を刈っているんです。この人が、「学生さん、あんた、刑事訴訟法を知ってるか」と言うから、「知らないです」と答えたら、「いいか、これから23日間、君はここに拘束されるんだ」と。「はっ?」

「最初の3泊4日だろ。それから1週間だろ。とにかく合計で拘束が23日なんだよ。ヤクザでも知ってるんだから、学生さんは勉強しとけっ」って。「はっ。すんません」。

この兄さんにいろいろと教わりました。

「皆さんは、普段、どうやって生活してるんですか」と聞くと、「博打なんて、大してもうからないんだ。こうやってつかまっちゃうしよ。結局な、まあ、女で食ってるんだよ。かあちゃんトルコだよ」とか言ってました。

さっぱりした男で、この人と話をしていると、耳学問というか、知らなかった世の中の裏側の事情などを話してくれて、留置所生活もけっこう、面白かったです。

その後で、集団賭博で挙げられた新入りが6人ぐらい、夜半に二つぐらい離れた房に入ってきました。これが地回りのボスらしくて、あんまりうるさいから、夜分に「後から来てうるせえ。いいかげんにしろー。早く寝ろっ」って言ったら、どこかの親分さんがいると思ったらしく、「すいませーん」って言って寝ちゃいました。次の日に挨拶しようと来ましたが、僕と、無銭飲食で捕まったじいさんと2人だけだったので、「あれ、ここだったんだけどなー」という不思議な顔してました。知らん顔してとぼけてたんですが。

2人の弁護士

南千住での留置所生活には、思い出深い2人がいます。この2人ともすでに故人となってしまったんですが……。

1人は、福田拓（たく）さんという弁護士が、東大闘争の弁護団に入りました。この人は、自由法曹団系の人なので、闘争方針そのものには賛成できない、と言いつつも、大量に捕まっているので、面会するのに人手が足りないということで、じゃあ、接見だけ行こう、ということになりました。たまたま南千住に来て僕と話をしたら、同じ早稲田ということもあり、妙に気が合って、僕の個人的な弁護士という資格で東大闘争弁護団に入りました。

東大闘争弁護団というと、杉本昌純（まさずみ）という人が団長だったんですが、彼は、人間的に大きな人で、僕と福田先生の話を聞いて、

「じゃあ、そういうことで、高井君の個人的な弁護士という資格で、福田さんに東大闘争弁護団に入ってもらっていいじゃないか」と、弁護団に入れたんです。

福田さんは南千住に何回も来てくれたんですが、その時に、同じ南千住に、戸谷豊（とやゆたか）という男がいたんです。東大の法学部で、当時で言えば、反帝学評解放派系で、逮捕時には青いヘルメットをかぶっていました。10人が南千住署にいましたが、ずっと黙秘していたのは、僕と彼の2人だけだったんです。

黙秘を続けているか、落ちたかというのは、顔ですぐにわかります。調べ室から帰ってくると、目がまともに合わせられなくなってしまうと、落ちたということです。

戸谷君と2人でずっと黙秘していたんですが、20日近くになって、彼も落ちたなって思いました。後でその理由がわかったんですが、彼は司法試験を受ける直前だったんです。たぶん通るだろうっていうことで、やっていたらしいんですが、逮捕されたままでは受験もできないし、たとえ受験しても、完黙をずっとやっていたら、法曹の資格は取れないと説得されて、彼はそこで「自白」をする、ということになりました。そのちょっと後に、判事補の任官拒否問題があったように、法曹にも様々な圧力がかけられた、そういう時代だったんです。

戸谷君は、後に弁護士になって、がんばりました。大久保製壜闘争の訴訟も担当した、非常にまじめな男でした。

エピソードがもう一つあって、面会に来ていた戸谷君のお姉さんが、弟に差し入れに来るんですが、その時に福田さんと知り合って、それがきっかけで、2人は結婚したんです。勝手に僕は、2人の縁結びの神だと言っていました。残念ながら、福田さんも戸谷君も今はもう故人となってしまいました。

その後、結局、「名前だけは言ってもいい。言え」という弁護団の方針で、23日になる直前に名前だけ言いました。完黙というのは、名前も言わないことなので、正確には完黙で

はなくなるのです。しかし、保釈が厳しくなる。名前だけは言って、府中刑務所の拘置房、独房に送られました。普通は、東京拘置所なんですが、あまりに大勢がパクられて、東京拘置所がいっぱいになってしまい、もう入るところがないというので、中野刑務所と府中刑務所に、特別に独房の拘置房を作ったんです。

府中刑務所・拘置房

府中は、頑固者で、黙秘しているやつをぶち込めということになり、僕は府中に送られました。

独房で、広さは3畳。バスはないけど。トイレ、水道付きで、なかなかけっこうなところでした。そこに長期勾留されました。

この時も、出廷拒否闘争とか、いろいろやるので、保釈はなかなか下りなかったんです。全裸になって衣服をすべて水浸しにするという出廷拒否闘争をしました。証拠に写真をたくさんとられました。後に「そんなこと今でもやってるの、君だけだよ」と人の良い看守さんに言われました。9月中旬になって、やっと保釈されました。逮捕から9か月間はシャバには出られなかったということです。

独房とはいえ、それはそれで面白い。服役している人たちが、我々への差し入れ物資の出し入れとかの雑用を担当していて、面倒を見るんです。雑役夫で、刑務所内の様々な使役をしている人たちもいました。僕の担当だった人は、宝塚の方のヤクザの親分だった人でした。なかなか面白い人です。ものの出し入れをするときに、こっそりと、いろいろ話をしました。

刑が確定して刑務所に服役している人と、我々、未決囚との違いは、我々は、限定はあるけれど、甘いものとか、缶詰といったものを、自費で買うことができるんです。「これ、いる?」と言ったら、「おう、おう、おう。ありがとさん」となって、喜んでもらえたりしました。

刑務所用語で「宅下げ」と言って、服を家族に持って行ってもらうときに、その中に、こっそり缶詰とか、甘いものを入れて渡すんです。その間に、そういう食べ物をさっと抜きとって自分の房に隠して食べるんですね。服役している人は、そういう甘いものは絶対に手に入らないから、嬉しかったんですね。そうすると、向こうも、意気に感じて、折にふれていろいろな情報をくれたりしました。

本は、たしか、週に2冊か3冊という制限はあったんですが、週刊誌やマンガを何冊もヤミで差し入れてもらっていました。こういう付き合いは楽しい。

そして、マルクスの『資本論』をまじめに読んだのは、この時です。ただ、第3巻まで読んで、その後、拘禁性ノイローゼ、拘禁反応が起きて、そもそも第4巻は面白くないんですが、第4巻の半ばぐらいまでいったら、1ページ読むのに1週間もかかりました。

長い間、狭いところに閉じ込められると、拘禁反応というのが起こるとのことで、僕の場合、原因不明のできものが首のうしろにいっぱいできました。今でも跡があります。

それから、あとは、思考が止まってしまうんです。本を読んでいても、次のページに行ったら、もう直前のページの内容を忘れているんです。これはダメだと思って、しばらく本を読むのを止めて、腹筋やったり体操やったり、そんなことをして、気分転換をして、また本を読んで……。時間だけはたっぷりありましたから、そういうことの繰り返しで、『資本論』も完読しました。拘禁反応だけは、しんどかったことをよく覚えています。ただ、刑務所内は当然ですが、酒もタバコも禁止です。そういう面では、外にいるよりも、塀の中のほうが体には良かったのかもしれません。

下 私本閲読許可証

工場舎房	第　工場　舎　房
称呼番号	第　番
氏名	
閲読許可	44年 3月 15日（許可印）
閲読期間	年　月　日より 年　月　日まで

手許に残る府中刑務所の「私本閲読許可証」
（1969年3月15日）

金網ごしに父との面会

この勾留されていた時に、今でも鮮明に覚えているのは、父親が、母親を連れて府中刑務所に面会に来たんです。たしか5月頃だったと思います。親父が来て、「お母さんも来てるけど、泣いてしまうから、面会室に入れない、外で待ってる」と。面会所の空気があれっと思ったら、父から酒の匂いがするんです。「オヤジはなんで酒なんか飲んできて」と思った。その時、「元気だから、心配しないで」と言いました。が、帰って、房の中に入った瞬間に、酒でも飲まなきゃ来られないな、こんなバカな息子に会いに来るのに、と気づいて、私は房の内で嗚咽して号泣しました。

親父がその時言ったのは「何してもいいけど、せっかく入った大学なんだから、辞めるな。大学だけは卒業しろ。それだけは頼む」ということでした。親父は小学校中退だし、母親も、女学校へ行きたかったけれども、家庭の事情で行けなかったんです。「自分たちが、学校に行けなかったのは残念だ。何しようがかまわないけど、とにかく大学だけは出てくれ」と。これだけ言って、親父は帰って行きました。その時は、辛かったですね、本当に。

ただ、好き勝手やっていた僕ですが、こっちも変な意地がある。「俺は大学は出ません、辞めます。払うだけ無駄だから、学費はすぐ止めてください」と言ったんですが、結局、4年の最後まで、親は勝手に授業料を払っていました。早稲田大学に。活きることのない金をどぶに捨てたようなものでした。

高い金使って、東京の大学に行って、好きなことやって、僕も勝手な生き方をしていたものです。

高校を出て、大学に行くときに父母と一つだけ約束がありました。

それは、「サッカーだけはやるな。おまえは、サッカーやったら、夢中になって、他の事しなくなるから」と言ったんです。この部分では、親父との約束を忠実に守って、大学ではサッカーをしませんでした。

体育の授業でサッカーを選び、講師が全日本のコーチの安田さんでした。彼の発案で早大サッカー部1年と、僕たちクラス生とで試合しました。どちらもキーパーが素人でなんと、僕たちが7対6で勝ちました。僕はロングシュートを5本は入れたはずです。安田コーチから「サッカー部入れよ、レギュラーになれるかも」と言われました。「親との約束なので、やれません」と答えました。

ところが後に、父母が、「あんなこと言わなきゃよかった。大学でもサッカーをやらしときゃ良かったな」とつくづく述懐していました。

体育会ではない違う「運動」へ行っちゃったから。これは、笑い話でもあり、高井家の「運動論」で、親父からしょっちゅう言われました。

「ほんまにサッカーやらしときゃ良かった。おまえみたいなやつは、エネルギーが余って、どうせろくなことせえへんのやから。親としては、そのことにもっと早く気づくべきだった」

そういう話を親父は口癖のように話していました。

あれやこれやあって、ようやく保釈で69年秋に府中刑務所を出たんですが、その時、保釈条件が付いていて、指定住居が大阪だったんです。

親元の実家にいろ、ということですね。こっちは、秋の安保闘争のために、ともかく早く東京へ行きたいということで上京することにしました。ただ、保釈条件を満たさないことになってしまいます。そこで、「婚約者がいるので、そこを居住地にしたい。婚約します」という一札を裁判所へ出して、裁判所が「婚約者がいる東京に居住する」ことを認めたんです。そして、東京に来て、また火炎瓶を投げている、という生活でした。

70年代安保街頭闘争──新宿騒乱

70年安保闘争に参加しました。

70年安保といえば、その前の68年10月21日の新宿騒乱がありました。これはもう時効だからいいですよね。騒乱の時は、僕も現場にいました。

新宿南口のところまで行って、こっちが2人ぐらいで短い棒を持って突っ込んでいっても、機動隊が、完全に動揺してしまって、我先に逃げるんですよ。浮足立っちゃって。勢いって、すごいもんだなと思いました。

新宿騒乱の時は、他では味わえないような開放的な気持ちでした。線路の壁を全部破って、三多摩の方からも労働者の反戦部隊も来るし、ものすごい数で、今広場になっている東口のあの辺全体が人の渦で、すごかったです。それで、現場でワイワイやってたら、「騒乱罪の適用を警察はするらしい」という噂が流れてきた。「これはまずい」となって、早稲田大学が近いから、新宿東口から早稲田までデモ行進して、そのまま早稲田のキャンパスの中に突っ込んで、解散。そこからは、各自三々五々逃げました。

70年安保があり、闘争で確固たるものを獲得できたという実感はあまりありませんでした。その時点で、「もう、こんな街頭闘争みたいなこと、いくらやっても、もう知れてる。これじゃ世の中変わらない」そう思いました。

そして、「やはり、労働運動をやらなきゃいけない。労働運動を通じて、世の中を変えていきたい」と、思いました。労働運動に携わると決意しても、同時に学生運動で逮捕された事件の裁判闘争はまだ続いていましたから、とてもまともな就職なんかできないし、いろいろなアルバイトを何十種類もやりました。アルバイトをしながら、地域の元気なやつを集めて、合同労組の前身のようなことも一方でやっていました。

話は少し飛びますが、地域運動でやったのは、地域で中小企業の労働組合を作って、倒産した会社を実力占拠して、会社側が雇った暴力団がやって来たら、逆に返り討ちにして、バチバチたたき出したり、ということをやっていました。そうした実力行使はお手のものでしたね。後に、「やはり合同労組が必要だ」ということを提案して、現在の東京ユニオンの前身に変わっていくんです。

学生運動の清算としての裁判闘争の結果、第1審の判決はたしか「懲役1年、執行猶予3年」、もう忘れました。それで最高裁まで行ったんですが、負けて刑が確定しました。

78・3・26――三里塚闘争

あと、僕にとって大きかったのは、1978年3月の三里塚闘争、成田空港開港阻止闘争です。この前後に、労働者現地行動調整委員会というのを設楽さんたちや、僕らのグループ、埼玉の方の全逓（全逓信労働組合）の連中とか、四つぐらいのグループが集まって作りました。一部、学生を含めて600人ほどの部隊でした。一部の新聞には、「謎の部隊現る」と書かれました。旗は、持たなかった。

今の航空科学博物館の方に、あまり使わないゲートがあったんですが、そこを攻めたり、アドバルーンを上げて開港阻止をやろうとしたりして、1か月ぐらい、現地の団結小屋というか、闘争小屋に乗り込んでいました。そこで逮捕されてしまうかもとも思いましたが、運が強くて、幸い、逮捕はされませんでした。

安田講堂のときは、袋のネズミで、どこにも逃げるところがないからしょうがなかったのですが、他のいろいろな戦いの中では、だいたい、僕についていけば助かる、というあまりあてにならない都市伝説というか、ジンクスがあります。

三里塚闘争もそういうことで終わり、幸いにもパクられなかったので、じゃあ本格的に、もう一度、合同労組にいくか、となり、後の東京ユニオンの前身をつくる活動に再び移行していったわけです。

僕はそれまであるものにあまり満足できない状況になったときには、自ら考え企画立案し行動に移したいと思うタイプなんだろうと思います。ま、へそ曲がりですね。

「自由民権運動」とユニオン

それから、なぜ「東京ユニオン」を考えたかというと、みんな、不思議に思うかもしれないけれど、僕は自由民権運動とか、そういう過去の事案を自分なりにいくつか、かなり研究したんです。その主な動機は「人が集まるというのは、どういう意味があり、何が変わるのか」ということです。労働組合だって、その本質は、人の集まりです。

東京ユニオンがやってきたことというのは、これまでどこも手がけなかった労働者の連帯というか、孤立しがちな労働者を丁寧にすくい上げて、みんなで活動を展開するっていうところに本質があります。

人間の集団にとって、運動にとって必要なものは何かを素で考えて、組み立てていくという、そういうくせが僕にはあるみたいです。そうじゃないと、僕は、「面白くない」んです。

だから、組合に関してのいろいろなできごとも、どこまで詳細に関わるかは、それぞれの案件ごと異なりますが、起こっている争議にただ対処しているだけで、いつまでも、その繰り返しじゃないかと、そういう点に僕は、大きな疑問も抱いていました。だから、ユニオン型みたいな、ちょっと違った労働組合の形態というものはどうだろうかと考えて、それを実行してみたということです。

日本のいわゆる「ユニオン型運動」は、内容的には、事実上、僕たち東京ユニオンが作ってきた部分が大きいと自負しています。

それで、僕が大事だと思うのは、人が集まる場所。人が集まった場から生まれる磁場というか、エネルギー、これが肝心だと思っています。そういうものが人によって構成される組織のありようの一つではないかと思うので、結果として、あまり人のやらないことを沢山たくさんやっているというのも、そういうことなんでしょうね。

小学校の時に、教師からいじめられたりしたといったことはありました。やはり、理不尽なものには従えない、というのが性分でした。そうすると、自分で何かを作らなければいけないんじゃないかということになります。生意気なガキだったから、そういう風に思ったのかもしれません。

「鶏口となるも牛後となるなかれ」という言葉は、子どもの頃から好きでした。

第5章　東京ユニオン誕生——倒産・解雇の激闘

7人でユニオン結成——32歳の委員長

東京ユニオンは、1979年8月に、当時の名前では、総評全国一般東京労連北部統一労働組合という、長い名前の組合として設立されました。設立当初、メンバーは7人でした。ほとんどが20代後半で、私が当時32歳で一番年上で委員長をやることになりました。まず事務所を作らなければいけない。金をかき集めて、池袋の、当時の豊島区役所の斜め前にある四階建てのビルの五階の、よくある違法建築で、ポンプ室の横に建て増ししたようなところを借りて、北部統一労働組合の事務所にしました。エレベーターはありません。

板橋や池袋を中心に活動をしていたので、東京の北部という意味で「北部」と付けました。作ったものの、組織はありませんので、いろいろ伝手をたどったりしながら、組合を作ろうという活動を呼びかけていきました。次の第2回大会は2年後の1981年に行いました。つまり2年間、組織をつくる活動をして、極端に言えば、その2年間でものにならなかったら、他のところにおまかせしようというぐらいの覚悟で、私はずっと専従的に張り付いて、組織作りを始めました。

渋谷駅前レジャービル神谷闘争

この時、一つの軸になったのは、渋谷の駅前に今もあるレジャービル、渋谷東口会館です。会社は神谷商事といいました。ここには、当時、喫茶店やパブ、ボウリング場、サウナがあり、そのサウナのマッサージ師の組合を作ることを始めました。

7人のうちの1人に島崎由喜男さんという人がおり、すごく優秀な人でした。視覚障害があり、コックとか、いろいろやりましたが、やはり、目が悪いということで差別されました。結局、コックも断念して、視覚障害者で比較的なりやすい「マッサージ師」になりました。免許は持っていませんが、制度上は、1人免許を持っている人がいれば、後は補助ということでできます。そういうことで、彼はその渋谷東口会館、会社名は神谷商事のサウナ風呂のマッサージ係、しかも臨時従業員ということでそこに入りました。以前、彼がある争議でまきぞえで逮捕された時に面倒を見たことがあったので、彼のところでも組合を作ろうということで始まりました。

サウナには客が泊っていますが、これは、本当は違法です。ホテルではないので泊ってはいけない。マッサージ師の控え室に仲間を集めさせて、僕が客で忍び込んでマッサージをしてもらって、その後、深夜の2時ぐらいから学習会をやり、労働基準法ではこうだとか、労働組合はこうやれば作れるとか、いろいろな話をしました。その人たちは、今で言う非正規労働者、当時はそういう言葉はなく、臨時アルバイトと呼ばれていました。いかに自分たちはぞんざいに扱われて、権利が無いかということを自覚するわけです。それでは組合を作ろうということになり、僕はサウナ風呂に何回忍び込んだかわかりませんが、それで夜中になったら学習会をやり、そこで組合を作る決意を固めていきました。

ご多分にもれず、そういうところは、労働基準法なんてどこの世界の話だということで、労働基準法違反だらけです。それをチェックして、どのように労働条件を改善するかということから始めました。最初、島崎さんたちは雇い止めになりそうになり、それで組合の分会を作って団体交渉を申し入れて、理由のない解雇だということで、一旦は撤回させました。ところが、会社は労務担当を雇い、今度は6か月契約という書類をちゃんと作り、6か月後に期限切れで解雇、即ち雇い止めということをやってきました。そこで、これはもう労働争議で闘うしかないということで、1980年代から第一次争議と言われるものが始まりました。

神谷闘争は延々十数年の闘いになりましたが、発端はそういうことでした。それを撤回させるために、島崎さんは障害者だったので視覚障害者の団体の支援を得ました。この中には、後に社会党から議員になる堀利和さんもいましたが、そういう人たちが仲間の権利を守れということで、来ていました。盲学校の先生をやっていた元活動家の人に責任者になってもらい、闘争委員会を作り、抗議行動をして、一方で労働委員会では不当労働行為、組合を潰すための攻撃だということで闘争しました。社内では、サウナ風呂のマッサージの臨時労働者の闘いということで、非常に低く見られており、当時、正社員は、支援どころか、むしろ敵対していました。

ところが、こちらもいろいろと調べたところ、労務管理が悪く、そこの人たちも、風俗営業法違反があれば、「おまえ代わりに行って来い」と言われて経営者の代わりに警察へ行ったり、といった扱いをされていた。自分たちにも不満がある。こちらはビラを撒いて宣伝行動を行ったり、団体交渉や労働委員会でやったことをビラにしたりすると、正社員にも少しずつ関心が湧いてきました。その中で、深夜残業した割増賃金が正当に払われていないということを発見しました。それを要求として経営者側に掲げて、どんどん組織化していきました。

労働基準法違反なので、組合に入ろうが入るまいが、認められれば適用されますが、その時、「組合に入れば残業代も入るぞ」というキャンペーンを強力に張って、組織して、結果として、各店舗の店長クラス、主任、副主任クラスの正社員20人ぐらいが組合に入りました。この頃は「日刊ビラ」を出していました。組合員は全員、これに参加し、ローテーションで池袋の組合事務所にきてビラをつくりました。経営者の労務政策が、使い捨て型で、皆に怒りがあったんですね。それで、続々と組合に結集することになり、これはもう会社もダメだということで、一旦は、その第一次争議は勝利して、全員の解雇を撤回させ、調印式には社長が来て、皆さん申し訳ないと頭を下げるというところまでいきました。

サウナ閉鎖

そのビルの場所は、渋谷の東口駅前一等地、宮益坂を下りたすぐ角の隣なので、テナントだけでも十分食えるような場所でした。会社は、人を使うからこうなるということで、組合員の拠点だった店舗を次々と閉鎖していきました。我々は、これをオールテナント化阻止闘争と呼びましたが、実際に、1店舗ずつ潰されていきました。一番の拠点はサウナだったので、まずサウナ風呂を潰すんですが、その理由は、「組合さんがおっしゃる通り、これは法律に違反しています」ということでした。明治にできた法律で、浴場法というものがあり、営業時間が夜明けから日の入りとなっていますが、サウナ風呂は朝までやっていると法律違反です。さらに、設備も老朽化していて、若干、漏水もあったので、コストパフォーマンスを考えた結果、サウナを潰すと言ってきました。「組合さんがおっしゃる通りで、これは遵法精神に基づいてサウナを潰します」という、とぼけたことを言うわけです。

阻止闘争をやりましたが、サウナ閉鎖阻止は無理だということで、そのフロアを、確か七階だったと思いますが、そこをどういう業種にするか、労使共同で検討委員会を作るということで、労働委員会で和解をしました。

しかし、実際には会社はやる気がなく、いろいろな案を持って行っても、全部難癖をつけて潰していく。組合員の雇用を守るような営業を継続するということは、結局できない。順番に店舗を潰して、喫茶店を潰して、次はパブを潰して、ということになっていきました。会社が組合を潰すためにいろいろなことをやってきているのがわかったので、こちらも徹底抗戦するということになりました。

自主営業闘争で喫茶店をやる

ボウリング場に客は入っており、今まであれば、喫茶店でお茶を飲んで待機時間を過ごして、ボウリングをするということでしたが、その喫茶店がなくなったので、こちらで作ってしまえということで、一階を「占拠」して、占拠といってもビルには入れるので、通れるようにした上で、喫茶の設備を整えて、こちらで自主営業だと言って喫茶店をやりました。お金を取ると違法になってしまうので、カンパの箱だけ置いて、コーヒーを飲んでお金をチャリンと入れてもらう。土曜日の夜になると人も大勢来るので、みんなでお祭りをやろうということで、組合員の中に元劇団員がいて、パフォーマンスをやったり、バンドを作って演奏したり、人がどんどん結集しました。会社は最初、ロックアウトも考えたようですが、ボウリング場をやっているので、ロックアウトは無理だと僕は思っていました。

結局、ロックアウトできないまま、こちらはずっと一階を占拠して土曜日になるとどんちゃん騒ぎをやっていました。バンドが出るし、パフォーマンスで芝居が出るし、けっこう、渋谷名物になりました。こうなると、会社はなかなか手を出せない。ずっとそれを継続していました。会社としては、早く組合を潰して追い出して、テナントを入れて家賃収入を得たいわけですが、テナントは入らないわけです。

そういう攻防が3~4か月続きました。今度は会社も、他にあった店舗をどんどん閉鎖していく。いよいよ本気で来るのかとなりましたが、僕の知り合いのあるところから、宿泊施設で使わなくなった布団が50組ぐらい余っているというので、運び込んで、布団を敷いて、土曜日はそこで酒飲んで寝てしまうということをずっとやりました。

後で聞くと、暴力団を導入することも考えたらしい。しかし、渋谷の駅前で騒ぎを起こすと、向こうも評判が悪くなる。こちらは労働組合の争議権、闘う権利を最大限活用して拡大して、ある種、合法的に会社の前を実質的に占拠している。で、夜はそこに布団を敷いて寝ているという状態が続くわけです。そうは言っても、ビルの各フロアは順次、閉鎖されていきました。中間的に、ちょっとずつ労働委員会を使って和解したり妥協したりしながら争議が続きました。焦点は、ボウリング場がメインなので、ボウリング場をどうするかということです。ボウリング場に客が入っているので、止めるということはこちらもできないし、やっても意味がありません。そこに影響力のあるような戦術ができないか。

風船闘争とステッカー

会社の前でガス入りの風船を配り、風船には、テナント化阻止とか、闘争勝利とか、経営者はひどいことをやめろなどということを印刷しました。それを会社の前でタダで配ると、子どもは喜んで持っていって、すぐに放してしまう。そうすると、首切り反対とか、テナント化阻止などと書いた風船が、ボウリング場の天井に何十個も張り付くわけです。

これはこれでまた会社がまいってしまう。また、社内にステッカーを10万枚以上貼りました。後で、損害賠償を打ってきましたが、そういう闘争もやり、ありとあらゆることを、創意工夫をこらしてやりました。そうは言っても、労働者は解雇されていなくても、残業がなくなり実質的に実入りが少なくなるということで、転職したいという人がだんだん出てくる。そこはやはり交渉して決着をして、一つずつ解決をしながら、組織を残していくという闘いをやりました。神谷商事との闘いは、これだけでも一冊の本になるくらい長い話ですが、そんなふうにやりました。

社前の屋台闘争――「それぞれの交差点」

その後、解雇者が出たりしたので、解雇者を中心にして会社の前で焼き鳥を中心とした屋台を始めました。僕らは、屋台闘争と呼んでいました。これはＮＨＫの「それぞれの交差点」（新日本探訪）というドキュメンタリー番組にもなっています。そこを闘争の拠点にしようということで、毎晩、屋台を出して、組合員が集まり、そのうち近所の人たちも集まってきました。屋台をやりながら抗議運動をやっていました。会社は、これは合法的な組合活動ではないと言いましたが、こちらは労働委員会で、それ自体が不当労働行為だと言い、東京都労働委員会は、社前の屋台活動は正当な組合活動だと認めました。後に、裁判所も認めました。

こちらとしては、解雇された人が組合活動をしながら、その一環として屋台を出しており、労働運動の世界で、解雇された人が物品販売をしたり、行商をしたりといったことはよくやっていたので、それと同じだと主張しました。もちろん、屋台は保健所の許可を取り、組合員で元大工の人に屋台を作ってもらって始めました。仕入れなどは、僕がよく飲みに行っていた中央街「千両」、これは渋谷にある飲み屋で、そこのおかみに頼んで少し修行させてもらい、買付けも、そこから頼んでもらい、そういう協力を得て、屋台を続け、長期に持続してどう闘うかということを、あれやこれや考えながらやっていました。

活動を支えるために闘争委員会という組織も作りましたし、当時は渋谷地区労というのがあったので、地区労の中に共闘会議を作ってもらい、そういう二段構えの闘争で長期化して頑張っていました。団体交渉で組合員が、「権限の無い雇われ労務担当と話しをしてもしょうがない」と言ったことをとらえて、神谷商事側から団体交渉を拒否しました。これは、かなり長く拒否されて、労働委員会等では、団体交渉拒否は不当労働行為であると全部勝ちましたが、それだけでは局面は動きませんでした。

当時から、団体交渉拒否は使用者側にとってはやり得で、当時の経営側の弁護士が「負けたら団体交渉に応じればいいだけのこと」と、堂々と言っていました。労働組合は、要求を団体交渉で確認したりして結集していくので、まったく交渉できないと、賃上げもずっとゼロに近い状態になり、この時は毎年1000円だったかな、そういう状態になり、組合員も減っていきます。僕はこれを、「団交拒否やり得論」と言っていましたが、これを許したのでは、今後どんどん拡大するので、これをなんとかしたいというのが、以前から私の念願でした。

団交拒否で損害賠償をとる

これだけ団体交渉を拒否されて、労働委員会では勝っていてもどうにもならない。宮里邦雄弁護士に相談をして、これに損害賠償を打つことにしました。結論としては、東京高裁で、「団体交渉というのは労働組合の無形の財産権であり、会社はこれを侵害した。したがって、損害賠償で100万円、弁護士費用を10万円プラスして、110万円を組合に払え」という判決が出て確定しました。

この話は、宮里弁護士の本『労働弁護士「宮里邦雄」55年の軌跡』にも出てきます。当時としては画期的で、純粋に団交拒否だけで損害賠償を取ったのは、おそらく初めてだったと思います。後に、いろいろな組合がこれを活用して、団体交渉を拒否されたら損害賠償を打つということが普通になりました。

そういう意味では新しい成果を一方では切り開いた。神谷商事は本当に長い闘いでした。多彩な戦術というか、次から次にいろいろなことを考えて、やっていました。東京ユニオンとしても、当時は、まだ北部統一労働組合でしたが、やはり、この闘いに勝ち抜けるかどうかが、組織として、運動として、やっていけるかどうかという要でした。なんとか長期的に闘い、部分的には勝ちながら、一方では組織もつぶされながらですが、最大時には、神谷商事で働いている人、パートもアルバイトも含めて、70数名をほぼ全員、組織化しました。

さらに、そこでビル掃除に入っていたビルメンテナンスの、サンユービルコンサルタンツという会社の従業員を組織化し、そこにも20人ぐらいの組合を作りました。

第二回大会へ――ユニオンの骨格

1980年から1981年にかけて、第1回大会から2年間、大会をしていなかった、できなかったというのは、この争議をやっていたからです。ほとんど組織もありませんでした。しかし、神谷闘争などをやっていると名前が知られてきて、あちこちからいろいろな紹介が来て、結局、10ぐらいの職場支部を作り、2年後の1981年に第2回大会をやりました。後の東京ユニオンになる骨格が、ここでできたということです。その間にやった争議はたくさんありますが、倒産型の争議が多かった。会社から、倒産で解雇と言われた場合、普通の労働組合ではなかなか対応できないことが多く、東京ユニオンはそういうことに対応できるという噂がたち、1年くらいで10ぐらいの支部ができました。

アサヒ出版――倒産から再建したが……

当時の総評から、お前のところで対応できるかと言ってきた話で、北新宿にあったアサヒ出版という会社がありました。「月刊フランチャイジング」とか「宿泊表」という旅行関係の雑誌などを出していた会社です。社長がなかなかのアイデアマンでしたが、走りすぎて資金ショートを起こし、倒産して全員解雇になったということでした。総評に電話が来て、私のところにまわってきました。すぐに労働者を集めて、組合を作るので入れ、今から乗り込むとやりました。ビルの一角で、倒産して既に閉めていましたが、警備員を引っ張り出して、その間に中に入り、組合ができたのでここは組合が管理すると宣言しました。

社長は雲隠れしていて、部長だった人がいたのでその部長をとりあえず会社側の代表ということにして、「設備使用協定書」を締結して占拠しました。いろいろ事情を聞いて、書類も集めさせていると、会社側の代理人弁護士が、「私が会社側の代理人として債権を全て譲渡されて管理していますので、自分の所にちゃんと振り込むように」という通知を債権者に回していました。それを見て、それはどうもおかしいと思った。債権が譲渡されたと言うからには、それをお金で買うとか、担保がなければおかしいわけですが、弁護士が倒産した会社の債権を買うわけがない、これは、絶対におかしいということで、知り合いの島田弁護士を訪ねて、これは何かの罪にならないのかと聞きました。すると、罪になる可能性が高い。わかりやすいところでは、詐害行為、もう一つは、そういうお金は、税金が未払いであれば強制執行がかかるので、強制執行免脱罪というのもあるということでした。会社側の代理人弁護士に面会を申し込み、「あなたはどういう根拠で、こういうことをやっているんだ」と言ったら、「いやいや。私は会社の代理人でやっているんだ」と言うので、「そういうことでいいのか。違法行為で弁護士資格から逸脱していることをやっているんじゃないか」と詰めた。さすがに弁護士も、そういうことを言われると思っていなかったので、ガクッとして下を向いてしまいました。

その時に隣にいたのがかしこいやつで、「本件の債権管理の一切は、北部統一労組の高井委員長におまかせします」と一筆書いて、これにハンコを押せと。いいかどうかは別ですが、ハンコを押して、債権はすべて私が管理することになりました。その後、いろいろと調査してみたら、債務は主に印刷屋への借金でした。手広くやり過ぎて印刷代金がショートしてしまったわけです。印刷屋と話をしたら、後で返してくれるのなら、多少は面倒見ますよとなり、これは再建できるのではないかと思いました。売れている雑誌もあったので、じゃあ再建しようということになった。弁護士はもう私にお任せしますと書いてしまった。社長も納得して、未払い賃金も多かったので、それと全部相殺をするということで売掛債権はこちらへ譲渡されて、会社をそのまま存続し再建をしました。

そこまでは良かったのですが、じゃあ今後どうするか。残った部長を社長にして、その他の人たちでやるかと言ったら、最初はみんな、「やります」と調子が良かったのですが、半年ぐらいしたら、新社長は交際費ばかり使い、とても経営なんてできない。急ごしらえで作ったものはこんなものかと思いましたが、せっかく再建したものを潰してはもったいないと思っていたところ、債権者で来ていた大阪の面白いおじさんがいた。債権者だけれども、従業員のことを心配して、親身になって、一緒に走り回っていて、そのおじさんに対する彼らの信頼感があった。おじさん本人は昔は共産党の徳田球一のボディガードをしたこともある、ピストルも持っていた、とか言っていましたが。

私としては、できたばかりの組合で労働者としての基本トレーニングが出来ていない、さりとてつぶすのももったいない。そのおじさんに、「経営、見てくれませんか」って言ったら、「おお、ええよ。わしが見るわ」って言った。後で聞いたら、そのおじさんも事業がうまくいっておらずアップアップしていたようですが、おじさんは二つ返事で引き受けてくれて、そのまま全部、押し付けてしまいました。そのおじさんが、「高井さん。そやけど、そこで組合活動あんまりやられても困りますわ」って言うから、「たぶん、彼らはしないから。せっかく再建した会社だから、つぶすのもったいないからね」と言いました。

これは教訓で、ちゃんと組合活動だとか仲間同士で意思疎通したりする経験のない人たちに、いきなり、社長になれちゃう、部長になれちゃうという美味しいおもちゃが出来てしまったわけで、社長になるとか部長になるということは、彼らにとっては、交際費の伝票を切れるということだったわけです。そういった、出来星の労働組合、トレーニングされてない、していない労働者は、マネージメント能力がない。この後も、たくさん倒産した会社を再建したり、自主再建しましたが、やはり、最後はそこに行きつきます。

クリスマスプレゼントは「解雇」

1979年創立で、1981年に第2回大会でようやく骨格ができました。第2回大会を行った1981年のクリスマスイブに、倒産、解雇の話が持ち込まれました。高島平にあった日本資材という梱包運輸倉庫の会社です。この前年度頃に、障害者雇用を拡大しようということで、労働省が莫大な奨励金、補助金をいろいろと出す仕組みをつくりました。

この経営者は、勤めていた安宅産業が倒産をして困っていた。起業してその仕組みに飛び付き、手を出しました。高島平に四階建ての工場、作業所を借りて、たしか4億円ぐらいの補助金、助成金をもらうという話になっていました。障害者雇用促進のためのお金なので、いろいろな規格がありましたが、ドタバタとやったので、例えば、そこのエレベーターが小さくて車椅子が入れないとか、なんだかんだと減点されて、2億円ぐらいしか入りませんでした。

自転車操業だったので、倒産になり、そこで働いていた聴覚障害の方を解雇しました。私の知り合いが、地域で手話サークルをやっており、その手話サークルの仲間の聴覚障害者の人が、私の自宅にきて、解雇されると泣いて相談されました。組合を作って対抗する以外ないだろうと、手話通訳を入れて説明をしました。手話では組合も「サークル」と表現します。それに「腕章」をつけ加えて「組合」です。労働組合を作りました。組合員が13人で、2人が健常者、11人が聴覚障害者でした。団体交渉をやり、いろいろやりましたが、経営が成り立つかどうかという根本的な問題がありました。率直に言って、ちゃんと回っている企業とも思えませんでした。社長の弟が同業を埼玉県の川口でやっていることがわかり、組合としては体制を解かずにその工場にも出入りしつつ、埼玉の弟さんの会社と団体交渉を求めました。

弟は最初は関係ないと言っていましたが、あれやこれやと相手側弁護士も巻き込み、雇用責任を認めさせ、翌年2月の債権者会議で雇用を最優先に対応することを確認させました。しかし、弟さんの方の会社もそれほど大手会社ではなかったので、13人をそのまま転籍させたら、つぶれてしまう。障害者関連の助成金を弟の会社に引き継げないかと、私がいろいろと動き、役所の担当者といろいろとやり取りをしました。会社を合併すれば、雇用が承継されるので雇用保障としては問題ありませんが、しかし吸収合併すると、借金もついてきて、成り立たなくなります。そこで、営業譲渡という形で労働者をそのまま相手先に持っていってもらい、僕が役所とも交渉し、助成金も付けるということを確認し、そういう方法で組合員を埼玉の会社へ転籍させて、雇用を確保しました。

これは初期の闘争ですが、平沢栄一さんの「使用者概念の拡大」（『争議屋』論創社、参照）を横に広げたような形で、障害を抱えた労働者の皆さんの雇用をなんとか守りました。クリスマスイブに解雇を言われましたが、何とかはねのけて、雇用を継続しました。1981年のクリスマスイブに始まり、翌年の春頃には決着した闘いでした。こんな闘争もありました。

逃げた社長に未練はないが……

板橋にある一藤洋装という縫製会社の倒産です。1982年に倒産して、組合を結成してそこを占拠して、再建し、後に新しい会社、ニック（ニューイチフジカンパニー）ですが、新しい会社を作り、1983年に自主再建して2000年に廃業するまで、17年間営業しました。婦人服とか子ども服でロットは小さいけれどもまあまあの値段のものを扱っていましたが、首都圏では人件費が高いので、縫製業は成立しなくなっていました。

これは、1982年6月、総評の最後の頃で、反戦反核フェスティバル、確か上野公園であった。そこに行って、帰ってきて、家にいたら、組合のメンバーから、板橋の縫製工場が倒産したみたいだ、経営者が夜逃げしたと言って、みんなが騒いでいると電話がかかってきました。そこは縫製工場なので、女性たちばかり、半分以上は沖縄から集団就職で来た女性たちでした。うちの組合員で、当時作ったばかりの、板橋の箔を押す工場の職場支部の組合員がいた。そこのひとりが沖縄の男性で、沖縄県人会の関係者でした。これはすぐにやらないと、明日の朝になったら取り付けが来るぞ、いち早くやろうということで、当時、僕は車を持っていたのでその車を持って行った。入り口が狭かったので、そこに車を置いて、「魔よけの赤旗」と呼んでいた組合旗を車にたらして、ここは組合が管理しているんだぞと形をつくった。一方で、工場の中で集会をやって、事態を説明して、未払い賃金もあるし、なんとかしなければいけない。みんなバラバラにならないで、ここで頑張ろうと。そこは、四階が女子寮で、三階が社長宅、それと工場ということで、寮があるのでなんとかなるかと。工場長という男性がいて、これがまだ雇われて半年も経ってない人だったのですが、その男性と話をして、君も一肌脱げと。工場長なので、経営者がいなくなったら会社の中ではその次なので、君が会社の代表ということで、工場使用協定や設備使用協定を作り、組合員には、へんに騒がないで頑張ろうよと。あとで聞くと、倒産した時に、給料を払ってくれないからテレビを持って逃げようとか、そういう話をしていたらしいです。

そこで落ち着かせて、とりあえず占拠して、車をとめてきました。最初に、いかにもそれとわかるヤクザ系金融屋さんが来て、組合の赤旗を見て、びっくりしていましたが、「社長、どこ行ったか知らんか」と言う。「いやー、知りませんね。なんか、遠い親戚が千葉のこの辺にいるっていうから、そっちに行った方が早いんじゃないですか。我々を相手にしても、貧乏人の集団だから一円にもなりませんよ。時間の無駄だからそっち行った方がいいんじゃないですか」って言ったら、「ああ、ありがとう」って言って、その取り立てのおっちゃんは行ってしまいました。その後、2時か3時頃、夕方の少し前だったと思いますが、今度は、ダークスーツを着てノーネクタイの2人の男が来て、うろうろしている。「あんた誰?」って聞いたら、「そちらこそ何ですか」って言うから、僕はこういう者だと組合の委員長の名刺を見せた。その2人が、「それは助かった。実はうちの仕掛品がここにあるんです。それを返して欲しいんです。」と、東京スタイルという、けっこう大きな会社の仕掛品があるということでした。

当時、生産管理部長の高野さん、後に社長になる人ですが、この人が来て「返してください」って。「いや返せないよ。だいいち、そちらのものだっていう証拠もない。こっちだって賃金未払いで困ってるんだから」。そうしたら、しばらく考えて「従業員も皆さんいるんですか」、「いますよ、みんな。工場長もいるし」、「あっ、じゃあ、これ仕掛品だからやってもらえます?」、「お金支払ってくれるならやりますよ」って言ったら、「そうですか、ちょっと待ってください」って言って、当時、携帯電話はなかったから、どこかから電話して本社のOKを取ったんでしょう、「じゃあ、今からぜひ、取り掛かってください」ということになって、「わかった」と。工場長を呼んで、「そういうことだから。何もしないでぶらぶらしてるよりも仕事をした方がいいから、すぐ仕掛りをやろう」と言って、仕事を再開しました。

経営者はいないけれども、労働者と設備があったので、自主的に生産活動を再開することになりました。実質的に仕事をしていなかったのは、夜逃げされた次の日に組合を作って会社を占拠して、午後ちょっとくらいまででした。次の日に、東京スタイルから、「それはけっこうなんですが、会社の取締役会で、誰を相手にしているのかわからないので、高井委員長の一札をもらってこいということになった」ということでした。一札ってなにかを聞いたら、もし何かあったら、連帯保証するという一札をという。僕が書くのかと思いましたが、まあいいよと。正確な文言は忘れましたが、僕は個人でも連帯保証をして、ハンコを押しました。後に現金化するときに、いろいろと手続きがありましたが、一応、現金で1000万円以上が払われました。向こうも、一部上場企業だったので、弁護士を付けて、実際に金が払い込まれるには、いろいろとややこしい手続きがありましたが、それでも、倒産の半日後から生産活動を再開して、1000万円が入り、これは、組合員の賃金に充てられました。

工場が再開したとなると、関連ある業者の中でも仕事を回してくれるところもありました。そのようなことがあり、生産活動を続けていきました。その後、三つの信用金庫、金融機関が金を貸し付けていたので、そことの交渉に入りました。我々の理屈は、貸し手責任があるだろうという理屈です。「貸し手責任を自覚しろ。集団就職で来た女性たちを泣かしていいのか。君たちは、それでも、責任持った金融機関か」と言って、三つの信用金庫とギリギリギリギリ交渉して、最終的には、それぞれ一部債権放棄してもらい、一定の金がこちらに入ることになりました。そして、実質的には1年ちょっとくらいで自主生産から新しい会社、先ほど言ったニックという会社を作ることになりました。銀行にも、多少の抗議行動はしましたが、みんなすぐに話し合いに応じてきたので、話をして、かなりの部分の債権放棄をしてもらい、その金で新しい株式会社を作ることができました。その時に、どういう形態がいいか考えましたが、時間もないので、株式会社が一番早いということで、株式会社にしました。

この会社は、1983年に作って2000年まで17年半営業していました。結婚して子ども作って学校に行かせてという人も大勢いたので、中小企業の倒産闘争としては、それなりに長くもった口です。先ほども言ったように、縫製業というのは、もうほとんど駄目になっていったので、最後はあきらめました。知り合いのマンションメーカーなどから仕事をもらって、みんなで細々とやっていました。

自主再建まで1年半くらいの闘いでしたが、やはり、放っておくと、どうなるんだろうと不安になり、組合員の士気も上がらないので、この時に、応援団というのを作りました。一藤闘争応援団と言いましたが、争議で「応援団」を作ったのは、初めてだと思います。

「応援団」とフェスティバル

労働組合は、こういう時は共闘会議とか、支える会といったものを作りますが、それもつまらないと思い、口を出されるのも困るので、応援だけをしてもらえればいいという意味も含めて応援団としました。団長は、当時板橋の区議だった、もう亡くなりましたが、社会党、全逓出身の宮崎一男さんにしてもらった。あと、沖縄県人会の人たちがいました。11月から年末にかけて、少し気勢を上げよう、遊びましょうということで、組合員は、男2人以外は全員女性で、昔で言えばお針子さんですが、自分たちで好きな服を作ってファッションショーをやろうと企画した。場所は当時の板橋の産業文化会館だった。そこを借り、組合員でバンド2組ぐらい作ってやるのとか、いろいろなコーラスをやるのとか、手話で踊りをやるのとかがいた。彼女たちが自分で作った洋服をファッションショーと称して好き放題にやるということをしました。中でピザを焼いて電気が飛んでしまったりして、むちゃくちゃやって、ひんしゅくを買いましたが、それでも３００人ぐらい集まったかな。こちらは組織もないし、地域の中に入っていたわけでもないし、まったく独自で沖縄県人会とか、あちこちの青年労働者とかが来て、３００人近く集まったから、成功でした。これも、ＮＨＫのニュースで報道された。沖縄の新聞で報道されました。悲愴感だけでは闘いはできないので、楽しくやりましょう、ということで、先ほどの神谷商事のもそうですが、闘うということは、自分たちがその中で楽しみながら、強くなるということなんです。昔の学生運動みたいに固いことばかり言っていると、イヤになってしまうから。

労働組合は「助け愛」——共済会をつくる

１９７９年の創立大会から１９８１年に第2回大会をやり、やっと組合らしい格好になり、助け合いということで第一に労金活動をやろうということになりました。共済会を作ろうと決議したのはこの時で、その次の大会で作った。共済会とは、助け合うために、自分たちでお金を出し合って、何かあった時にそこからお金が出るというものです。

労働組合はイギリスでパブから始まったと言われていますが、当時、何もなかったので、労災になったり、怪我をしたりした時に、悪い時には死んでしまったりした時に、パブの親父が出したマグカップの中に、あいつがこんなことになっているからということで、みんながチャリンチャリンとカンパをする、それを集めて渡したのが労働組合的なつながりの始まりだということが言われています。これが発想の原点となり、さらに、労働組合というのは、相手と闘うだけではなく、仲間どうしで助け合うことができないとダメだということが最初から強くあったので、第3回大会で、共済会を作ってやっていくということになりました。そういう形で北部統一労働組合、後の東京ユニオンの骨格と闘い方の特徴が出てきました。

『ＧＵ』のこと——ユニオンのルーツ

東京ユニオンで、今も出している新聞『ＧＵ』を発行しました。ゼネラルユニオン（General Union）のＧＵですが、バラバラの職場にいてバラバラの存在の組合員をある程度つないでいくものとして考えました。それまでの労働組合の機関誌というのは、大本営発表の広報誌ですが、それではつまらない。今だから言えますが、最初の5号ぐらいまでは、僕がひとりでペンネームを四つぐらい使って、いろいろな記事を書きました。面白そうだとなると、俺もやりたい私もやりたいとなり、集めたわけではありませんが、組合員が寄ってきて、「編集部」がその後できました。それまでの労働組合の新聞や機関誌は、本当に組合本部の発表だけのつまらないものだった。私としては、むしろ情報誌、交流誌「ひろば」だと考えて、組合員の広場のような新聞という意味で、『GU』を発行し始めました。後に、全国のユニオンは、あの形を真似していったようです。同時に、組織がだんだん大きくなってきますので、いろいろな人たちが参加できる形、いろいろな人たちのやりたいことを、字を書くのがうまい人がいれば、絵を描くのがうまい人もいるということを含めて、組合に7つの専門部を作ることを第6回大会ぐらいに提案をして、それに、いろいろな人が自分の活躍の場を求めて参加してきました。

その当時、さらに、いろいろなサークルを作ろうと呼びかけて、機能しなかったものも多くありましたが、ワイワイワイワイやる、みんなでやろうというのを組合のスタイルとしました。集中だけではなく、そういういろいろな人たちが交流できる場としてユニオンを位置付けるという発想で続けていきました。

東京ユニオンのヒント

このユニオンのスタイルは、私にとってヒントになったものがいくつかあります。色川大吉さんが岩波新書で『自由民権』という本を書いています。その中で、理念的なモデルですが、「在地型民権結社」というものを示しています。娯楽、教養から、旅行、博打、共済、頼母子講などを網羅して書いてあり、非常にヒントになりました。人間が集まる集団、特に我々のような中小企業や、その頃増えていた不安定雇用労働、後に非正規と言われるようになりますが、そういう人たちが、企業から何も恩恵を受けられないわけで、それでは、労働組合としてどんな機能がいるのかということを考えて、ヒントとしてはここから学びました。

もう一つは、山口武秀さんの常東農民運動に関する本を読み、かなり影響を受けました。さらに、山口さんが指導した70年代初め頃の高浜入干拓阻止闘争です。これはすごい闘争で、学生部隊も使い、実力闘争で干拓を止めてしまいました。これは、現代でもこういうことができるということを学んだ。常東農民運動は戦争直後で、山口さんは、国会議員にもなっていますが、彼の考えは、個人加盟でやらないと、農民運動は強くならないということです。それまでの農民運動は、どちらかと言うと、部落単位でまとめていくというものでしたが、山口さんは徹底的に個人加盟型にこだわりました。だから選挙にも強く、本当に一人ひとりつぶしていく選挙をやっていました。この山口さんにかなり影響を受け、一度、彼の茨城の事務所まで会いに行き、食事をご馳走になり、いろいろな話を聞いてきました。戦術的なものとか、組織論、個人加盟型の農民運動へのこだわりでした。

もう一つ、これは神田の古本屋で見つけて面白かったものです。『戦時中印刷労働者の闘いの記録：出版工クラブ』です。戦時中に労働組合が非合法化されていきましたが、出版工クラブというのが神田を中心にあり、貸本会とか、旅行会、ある種の共済会、頼母子講などをやり、戦時中の弾圧の中でも労働者の組織、結束を維持しようとした工夫が面白かったです。これは、後に再刊されています。これは、出版労連の母体になったと言われています。こういう本は、ユニオンを作るときに、非常に参考になりました。自分なりに、現実の自分たちの組織とマッチングさせながら、どう考えていくかということをやった。

1970年代中頃①――工場占拠・「梁山泊」

学生運動を終わって、裁判闘争をずっとやっていたので、まともな就職はしない、できない、同時に学生運動のごちゃごちゃが終わり、当時、内ゲバなんかが始まったので、そこから整理して手を引いて、労働運動、地域の運動をやろうと思いました。僕は板橋に住んでいたので、板橋のいろいろな労働者を集めてグループを作りました。その中で、最も焦点になったのが、板橋の大山にあった三和産業という工場が倒産して。そこに知り合いの知り合いがいて、僕に相談が来ました。当時彼らは、小さい合同労組のようなものを作りましたが、どう見ても、闘争する力はないと思ったので、僕の知り合いの知り合いを通して、全国一般の本部へ紹介して、そこで組合を作って、全国一般へ入れました。

全国一般の東京地本北部地域支部三和産業分会を作り、既に経営危機だったので組合を作ったがすぐに倒産した。そこを皆で守ろうということで、工場占拠闘争に入りました。地域で支援部隊を作り、僕もそこに出入りしながら、中心的には僕のグループが方針を出していました。全国一般の組織で、そこが拠点になり、けっこう長く争議をしました。背後に東声会というヤクザの関係者がいて、その会社は東声会系企業から借金をしていました。当然、借金を返せと向こうは言ってくるので、ある意味、東声会と闘ったことになります。

当時、日韓問題があり、二代目の経営者と、その兄、ヤクザみたいな人でしたが、東声会、つまり韓国系とつながりがありました。1～2回、ちょっかいを出しに来ましたが、全部撃退して、こちらが工場を占拠して、そこを拠点にして集会をしたり、いろいろやっていました。そこを発展的に、東京の北部という意味で、練馬、北、板橋を中心に北部共闘を作ろう、ということになった。当時は、まだ全共闘運動の経験者の影響が大きかった。春闘の時にそこで集会をやったり、そこが梁山泊のようになり、いろいろな相談も舞い込むし、どこかで労働争議があれば応援に行くしということで、そこが出撃拠点のようになりました。北部共闘で集会をやったときに、一番多いときで独自に400人ぐらいの活動家を集めたかな。みんな、まだ20代、30代なので、元気が良かった。僕もまだ20代後半ぐらいでした。そこで長期的な争議をやり、最後は、生産活動そのものは続けられないので、土地を売却して、その金の一部を得て解決しました。

その時の議論で、地域共闘型、争議団共闘でけっこう運動できていたので、そちらに展望を見出す人が多かったのですが、僕は、争議団共闘は一過性で、人が変わるからいろいろとできるだろうけれども、本当の意味で、労働者の拠り所になることはできない、それではダメだと思いました。やるのであれば、本格的な合同労組を作らなければいけないと考え、合同労組の中でも、どういう形態があるのかをいろいろ模索した。

当時の言葉で言うと統一労組運動というのがあり、今でも名前はありますが、全統一という、首都圏で1万近くになろうとしていた。合同労組はいろいろな組合が寄り集まって作るイメージでした。統一労組方式というのは、中央集権的ですが、財政も決定権もすべて本部に一元化するという組合です。

そういう意味で、やろうと思えば、純粋な個人加盟もできる。そちらの形が基本だと定めて、だから北部統一労働組合としました。ただし、問題は、三権、財政もすべて集中するので、そういう組合は官僚化しやすいことでした。今までのような中央集権的な、組合官僚が支配するものではなく、どう克服していくかを課題にしながらも、組合の形としては、やはり、10人の会社では10人の組織しかできないわけで、お天道様の下でみんな同じじゃないかという統一労組がいいという、勉強会などをやりながら、そのようなことを模索していき、北部統一労働組合ということになりました。そして、総評全国一般・東京一般労連にオブザーバー加盟をすすめていきます。

1970年代中頃②――北部共闘

その頃、「北部共闘」などはすごく勢いがあった。当時、陽和病院という闘争があり、お互い支援しあいました。看護助手の女性の解雇問題で原職復帰しました。もう一つは、東映の大泉製作所で、東製労（東映製作所労組）、13人の人たちが闘って、撮影所の構内に事務所を持って、僕らもよく争議団の集会をやって大泉撮影所の中をデモしました。それで映画を作ったり、おもしろかったです。余談ですが、その13人のメンバーの中のひとりが、やまさき十三というペンネームで『釣りバカ日誌』を書きました。十三というのは、13人の代表として自分が金を稼いでいるから十三。これもかなり長期争議をやり、僕らも一緒に銀座の東映本社へ押しかけて、押し合い圧し合い、殴り合いのようなことをやりました。そういう争議団があって、けっこう勢いが良かったです。しかし、さっきも言ったように、争議団闘争というのは本質的ではないと。やはり、職場や地域に根ざした、拠り所になる、本拠地になるものとなると、やはり、ちゃんとした統一労働組合だということで作っていくことになりました。

四谷三丁目で会社占拠——事務所移転

東京ユニオンは少しずつ増えていき、形になっていきました。一つの転機は、1984年に四谷三丁目に事務所を移したことです。これは二つ目の事務所でした。それまでは、池袋の昔の豊島区役所のすぐ前にあった四階建てビルの上の五階でしたが、狭くなってきました。四谷三丁目のビルの印刷会社が倒産して2人が組合員となり、すぐに社長と話しあい、労働債権確保のために占拠しました。社長も借金取りに追われていて、そこには居られず、組合員2人で4階建てのビルは維持できないという直接的な理由がありました。そこで考えた。協定書も取ってあり、それも本部間協定で会社と東京ユニオン、当時は北部統一労組本部で結んでいたので、よし、やろう、ということで一気に本部組合事務所を引っ越して大きな看板を付けました。

広くなったので、組合員は喜びました。会議室も大きいものがとれたし、いろいろな可能性が広がり、僕も半分ぐらい泊まり込んでいましたが、当時、副委員長だった西田さんが、ほぼそこに常駐する、泊まり込む形でした。広かったので、組合員も動きがどんどん活発になりました。四谷三丁目は、いい飲み屋が多いので、毎晩、飲んでいました。まあ、今でも飲んでいますが。ただし、当時、全国一般東京一般労連に入っていましたが、そこの大幹部から、「あいつらは、居直り強盗みたいなマネしやがって」などと、いろいろと非難を受けました。この頃、すでに運動路線が分かれてきていました。

「首切りキンカ堂」——替え歌の力

闘争では、その他に、1982年にKN企画というところで、アルバイトの男性に対する解雇問題がありました。そこに正社員の女性がいて、その2人で組合を作って解雇の撤回と労使関係の正常化ということを求めました。今はもうありませんが、池袋を中心にキンカ堂という、服地なども扱っていたスーパーがありました。KN企画は、その直系の子会社で、チラシやパンフレットを作っていた印刷会社です。そこにいた女性と、アルバイトでイラストを書いていた青年の話ですが、解雇問題が出て、これに対して、抗議闘争を始めました。これは池袋のすぐ駅前、西武を出てすぐ、サンシャインに行く道のもっと右側の方にありました。

組合員といっても2人だけなので、なかなか難しい。我々は団体交渉を申し入れますが、KN企画には実権はなく、親会社のキンカ堂が決めているということなので、キンカ堂にも団体交渉を申し込みました。しかし、断ってきたので、団体交渉の拒否で不当労働行為を申し立てたが、それだけでは解決しないので、抗議行動をやることになりました。神谷闘争をやりながらでしたが、抗議行動として日曜日ごとに闘争、というか、店頭でお祭りをやりましょうと、発電機を持ち込んでバンドで演奏したりしました。向こうからいろいろと言ってきましたが、「こっちは営業に協力しているんだから文句言うんじゃない」などと言っていました。その時に考え付いたのが、風船割りで、キンカ堂の会長に似た顔を風船に描いて、子どもに風船割りをやらないかと言うと、喜んでやるわけです。メインの本店の前で、日曜日のたびにバンドが出て、そこに人が寄ってきて、風船割りをやっている。その風船には、実権をもっていた創業者の野萩という会長の似顔絵を貼ってあるわけです。後は、歌を作り、宣伝カーでその周りをぐるぐる回りました。その歌は、曲は「もりのくまさん」という童謡で、当事者の女性とうちの娘とでコーラスをやって、「首切りキンカ堂」という替え歌を、僕も一部作ったのかな、最後は「キキキキンカ堂、首切りキンカ堂」で終わる歌詞でした。テープに吹き込み、宣伝カーでずっと回っていました。会長、社長の自宅も近くにあり、その周りをぐるぐる回っていると、登下校中の子どもたちが、それを覚えて、みんなで大声で、「キキキキンカ堂、首切りキンカ堂」って、ワイワイ言いながら歩いていました。これには経営側は本当にまいったと言っていました。

経営法曹会議で有名だった高井伸夫弁護士が相手側に付いて、彼から私に電話が来ました。「委員長、何とか解決してくれないか。ともかく、あの風船割りにはまいって、会長は、あの歌聞くたびにたいへんらしいんだよ。悔しいと言って。もうみんな困ってるんだ。とにかくやめてくれないか」と。「やめてくれないかって、人のクビ切っておいてそれはないでしょう」。「じゃあ、1回会ってくれるか」、「いいですよ」ということで、社長は会長の娘婿ですが、その社長と弁護士と僕の3人で会いました。それで、解決しましょうということになり、それなりの解決金で解決した。勝利で終わりました。それで、相手側の高井弁護士が言うには、「しかし、高井さん、次から次へと、いろんなことをよく考えるね。経営者はたまらんよ」って。「そう？　別に暴力振るっているわけじゃないんだから、いいじゃないですか」って言ったら、「そっちの方が怖いんだよ」って言っていました。これは、替え歌首切キンカ堂作戦の勝利ですね。

僕は、労働争議というのは、悲愴に会社の前に立っているのではなくて、首を切られてもこっちは負けないぞと、周りも楽しく激しく応援するのがいいのではないかとずっと思っていて、先ほどのキンカ堂も神谷商事も、一藤洋装の再建闘争も、そのような感じで取り組んできました。その辺が、東京ユニオン的な争議のやり方の伝統が、系譜の様になってきている。

羽田空港の中央工営支部――心優しきキン肉マンたち

倒産争議で支部を作っているころ、総評の組織化担当者から電話があった。

中央工営という羽田空港の維持工事をしている会社で労働条件の切り下げが言われ労働者から連絡があった。吉宮さん、後に連合男女平等局長などを務めた人からだった。新しくできて頑張っている高井のところを応援してやろうと思ったという。

当時の事務所は池袋、組合づくりの会合は大井町の南部労政会館をつかい、ほとんどの社員が加入して組合支部を作った。組合結成通告には、当時全員解雇されて表参道の会社前に座り込み闘争していた産業計画センターの青年たちも同行した。

産業計画センターの闘争はまもなく全員解雇撤回し、希望者は職場復帰した。現在も執行委員を務める林孝雄さんはこの時以来のメンバーである。

中央工営は羽田航空局の関係者によって設立され、空港の維持工事と大田区の土木工事を行っていた。いわゆる「天下り」の受け入れが進み、天下りの給料が従業員賃金の総額を上回っただけでなく、残業代のカットが言われているという。

腹に据えかねた松村勝秋さんが総評に電話を入れ、私たちと繋がった。松村さんは現在新潟在住で今でも組合員だ。

団体交渉で改悪を撤回させ、春闘などで労働条件の改善が進んだ。

支部長をしていたのが島村利勝さん（故人）、かれは広島大付属高校から法政大に進み、なんと羽田闘争で2回逮捕されていた。叔父さんが所長で、入社して仕事の中心のひとりだった。かれらと私は、とても気が合って蒲田で酒を飲んだりした。彼らも「東京ユニオンが良かった」と意気投合した。さらに羽田空港埋め立て補償の関係で漁師さんたちを日々雇用で使っていた。漁師さんたちをユニオン共済会に入れ準組合員にした。漁師たちは釣り船も持っていて、春の潮干狩り、秋のハゼ釣り大会を派手に催した。会社事業所を組合活動につかわせることが確認され、ユニオンの行事の大きな拠点となった。その後の労使関係は基本的に良好で、トンネル会社構想もあったが、その後石垣島の高校生をリクルートに成功した。石垣島出身で副支部長をしていた宮里さんの働きだった。中央工営支部は長崎空港の全員も組織化、長崎分会を作った。こうして80人の職場支部ができた。現在でも東京ユニオンの最古参支部として健在である。

労使和解の大カラオケ合戦

産業計画センターの争議で連日、表参道の会社前に座り込みが続いた。社長は友人の弁護士から「懲戒解雇でいけ」と言われて強行した。しかし、労働者はその後ユニオンに結集して一歩も引かない。社長、部長、女性事務員以外の全員が組合員。困った社長は国会議員に相談した。社長は実は社会党シンパでもあった。動労出身の目黒今朝次郎議員から僕に電話が入った。議員会館事務所で議員と話した。

「高井委員長、こういう場合は解雇撤回の形にして退職、解決金で決着だね」と言う。

「先生、それは先生の流儀で私の流儀ではありません。話しても時間の無駄でしょうから、失礼します」

議員事務室を出かけると「ちょっと待ってくれ」。一息あって、「実は社長もここに呼んである」、「直接話してみる気はないか」。

のぞむところ。議員会館の食堂で3時間近く社長を説得、悪質弁護士をとりかえる、解雇撤回現職復帰を前提に新しい弁護士と話すことで合意。新しい弁護士は木村晋介さんだった。2人で話を詰めてほかに新天地を探した課長1名を除き組合員は職場復帰。全面解決した。

木村さんの計らいで歌舞伎町のスナックで労使和解の大カラオケ合戦となった。

木村さんはその後、テレビのクイズ番組で活躍するなどマスコミの寵児となった。

派遣ユニオンのKDDIエボルバ争議で組合側弁護団に参加、ともに闘った。いわば「戦友」となった。

職場に拠点ができ始める

その頃、続々と職場支部ができた。高田馬場のヘレンケラー協会支部（視覚障碍者のための点字出版、朗読テープ作成）、代々木の代々木教育研究所支部（受験教育）、赤坂の久門特許事務所支部、東中野のエフ・アール支部（レコードアンプ）など次々に結成された。これらの職場支部は、週に1〜3回は職場新聞を出し活発に活動した。そして職場支部の活動家がユニオン執行部に入ってくる、ユニオン運動のエネルギー源となっていった。こうした若い労働者たちが東京ユニオンの屋台骨となり、東京ユニオンの中心部隊が形作られていった。

前科8犯の経営者——城南総合病院の闘い

城南総合病院は、大田区池上の駅前にあった総合病院です。総合病院だから、当時で言うと300床以上ですか、大きな病院で、地域では中核的な病院です。実は僕が初めて外国へ行くのは、1度目の委員長を降りて、1988年の話です。沖縄から台湾へ行き、東南アジアを何箇所か回り、帰ってきた。しばらくしたら、ある組合の元幹部から、ちょっと大変な事件があるので何とかしてくれないかと連絡がありました。

それで池上の駅前の病院に組合を作ることになりました。そこは、大きな病院でしたが、ちゃんとした経営者がおらず、結局、一時的に入院患者の給食弁当代もなくなってしまうようなことになり、その時に、八大グループ、八大産業の川口、この男が、何百万円か緊急に金を出したんです。

しかし、その時に白地の手形を何枚も取ってしまい、早い話が、乗っ取ってしまいました。この男は、実は詐欺で前科8犯のすごい男でした。東京都の病院課は、こんな経歴の人では理事長はダメだと言いましたが、代わりがいないし、つぶれてしまう、三百何十床の地域中核病院ですから、困ってしまう。仕方がないから、東京都は例外的に、理事長として認めました。この人は、当時、羽振りが良くて、八大グループ、正式には八大産業だったか、「八大」は八大龍王の八大で、金融が中心ですが、千葉に大きなゴルフ場を持っていたし、当時、テレビの番組を提供していて、そこで流していたテロップの中に城南総合病院が入っていました。

僕が組合を作って闘争を始めたころは、まだ流れていましたが、当時のバブルで、いろいろ派手に立ち回り、経営危機になり、病院の方も危なくなってきたということです。いろいろなものが不足してくるので、現場の人たちはわかりますから、みんな浮足立って、どうしようとなった。その時は、どこかの会議の帰りで僕はスーツと鞄、冬だったのでコートを着ていましたが、それで乗り込んで行き、緊急にやらなければいけないということで、そのまま泊まり込んで、2日ほどかけて地域の会館を借りて、組合を作りました。

今、石垣島にいる当時の毎日新聞の平野記者に、組合結成の大会の写真を毎日新聞東京都内版に載せてもらい、宣戦布告をしました。医者も含めて、ほぼ全員が組合に入りました。すぐに組合結成を通告した。全然仕事の出来ない理事長側近の事務長がいたんですが、それをたたき出して、事務長の部屋を組合の事務所にして、僕は、結局、そこに3か月半ぐらい泊まり込むことになりました。急いで、ワープロを1台持ちこんだ。毎日夜になったら、ワープロで、もぐらみたいに潜っているから『土竜（もぐら）通信』と名前を付けて、これを毎日出しました。弁護団も両方編成しました。両方というのは、理事長を追い落とすために、理事会多数派の医者は別個に動いていたので、そちらに1組。ユニオン側は、中野麻美さん、当時、労働弁護団の幹事長だった鵜飼良昭さん、古川景一さんなど強力なメンバーで対抗するということで始めました。

『土竜通信』——泊まり込みの日々

僕は泊まり込んだ。労働者が散ってしまうと勝負にならないので、毎日、夜中に『土竜通信』を作る。朝、各職場から僕のところにビラを取りに来るわけです。それを渡して、全部それを配り、みんな、今日何が書いてあるのかと、それを見て安心して仕事する。かなり安心できるネタばかりを書いていました。人心が散ってしまってはダメだ。病院というのは、人的資源がなくなったら、いくら道具があろうがなにがあろうが何もできないわけです。地域の人々が困ってしまう。だから、そこを散らさないことが大事だ。不安になるだろうから、毎日泊まり込んで作りました。僕は、スーツのまま泊まり込んでいたので、組合員に、近くのジーンズショップでジーンズなどを買ってきてもらって、後は、前の事務長が着ていた作業着を着て、いつも病院の中を歩いてまわりチェックしながら、占拠していました。

ややこしい話で、両方とも自分が経営者だと主張している。川口という金融ヤクザは、登記上はまだ自分が経営者だと言い、こっちは、理事会の多数派が解任したと主張して、そこが全然、折り合わないわけです。わざと年末一時金についての斡旋で引っ張り出そうということで、東京都の労働委員会に出した。経営側は2組で、こちらは1組で、そこで、いろいろと情報を引き出しながら進めました。

金融ヤクザとのお話——自宅に銃弾

その労働委員会のロビーで川口という経営者に会った。「あんたもいろいろやってくれるな」って言うから、「いやいや、労働組合ですから、まあ気を悪くしないで」って言った。「ちょうどいいや。今日、この人に来てもらったんだけどさ。この人はね、一晩で10億、20億を動かす人なんで、うちに融資してもらうんだ。この人がOKって言えば安心だから」「はあ、こんにちは」って言って名刺を出しましたが、向こうは名刺を出さない。その人はパンチパーマで、新宿にある何とか金融という、有名な山口組のフロント企業でした。そういうのを連れてきて。この人は立派なスポンサーだと言う。川口は、いかがわしいの上を行っているなと。

これは余談ですが。その後、川口理事長は金主をどんどん変えていきました。稲川会の賭場へ行って、総長賭博の賭場の上りの金を借りてきたという話がありました。争議中には、自宅に鉄砲玉、拳銃を打ち込まれていました。そういう怖いお方でした。その時は、稲川会から住吉会に変えて、最後は山口組という、ヤクザの上前をはねるすごい人でした。病院の女子寮に住吉系の若いのが理事長から頼まれたといって入りこんだことがあります。昼間のことで、私と昔ラグビーをやっていた医者の2人で乗り込んで、つまみ出し、警察に引き渡しました。彼らは「看護婦さんを守ってくれと言われてきたのに……」としょげていました。

労働委員会で川口氏と話をして、これは、煮ても焼いても食えないなと思い、実権をなくしてパージして、こちら側で、ちゃんと経営できるように病院を運営するしかないと考えました。幸いなことに、いろいろありましたが労働者はけっこう我慢してくれて、ほとんど残っていたので、病院は継続することができました。医療労働者って偉いですよね。残って頑張っていました。そうして続けていき、最終的には、東海大の系統が買いました。病院は残っていて、今は東海大の系列病院になっているはずです。

これも、先ほどのアサヒ出版の話ではありませんが、組合員の方は、とにかく、仕事を回すのが精一杯、落ちないようにするのが精一杯で、名前だけの役員を作ってあるものの、正直言って、経験はない。それで、毎日、朝、日報を書いて、それが業務日報であり、組合の方針であり、すべてでした。「朝病院に来て、『土竜通信』をみると、安心してホッとする。そこから一日が始まる」、と職員は言っていました。

闘いには勝ったが組合は残らず

組合費を集めるのが大変なので、ユニオン・ショップ協定とチェック・オフをとらなければならないものの、こちら側の理事長は、紺野という医者で、この人が、昔、なんか組合で凝りていたみたいで、頑として言うことを聞かず、3回ぐらいやり合いましたが、ダメで、協定は組合事務所協定以外は取れないままでした。

当時組織は、最大で300人まで行った、職場の組織そのものが組合組織だから、最初は、ちゃんと現場から毎月、現金で組合費が入ってきていましたが、だんだん落ち着いてくるにしたがって、そうはならなくなり、結局、組合としては、争議は解決して、病院の身売りが決まったころには、ほぼ組合員がいなくなってしまいました。僕も、ちょうどその頃、交通事故にあって、城南総合病院に転院入院しました。退院して引き上げて、まあ、流れ解散した形です。これもまた、「勝ったのは我々ではない、百姓だ」という黒澤映画の「七人の侍」ですね。大きな争議をやるたびに、「七人の侍」を思い出します。この大闘争は、朝日新聞の夕刊トップに出ました。女性の看護師が立っているところが、絵になっていた。毎夕、時には支援の人も含め朝までピケを張っていました。朝日の記者が取材で張り付いていて、「なんかないですかね」って言うから、「今、看護師の女性が、寒い風の中、白衣に腕章を巻いて立ってるよ」って言ったら、「えっ」って行って撮った写真が、次の日の夕刊の社会面トップになりました。

バブル崩壊で病院に寒波

地上げ・不動産会社社長の理事長

資金打ち切り 解任される

警備応酬

職員側 寝ずの番 × 前理事長名で 暴力団来院

東京・大田区

未明、病院の玄関前で寝ずの番につく看護婦たち＝26日午前2時ごろ、東京都大田区池上6丁目で

朝日新聞（1991年12月27日・夕刊）19面

その頃、50ccのバイクで山手通りを走って通ったりしていましたが、帰りにはねられてしまいました。悪運強くて、腰の横突起の骨が3本折れて、肉の中に入って出てこない。当たり所が悪くて刺さっていたら、下半身麻痺していました。医者が、あんた幸運だね、って。入院先を城南総合病院にかえて、毎晩酒を飲んでいました。看護婦たちもこっそり酒を差し入れてくれました。

ワンマン理事長と根比べ——代々木ゼミ闘争

その後、三大予備校の一つ、代々木ゼミナールとの闘いを16年やりました。

つぶされずによく頑張りました。1993年に結成して、16年間闘うことになりました。最初は札幌校で組合ができました。北海道特有の燃料費、暖房手当が付きますが、いきなりそれを剥奪すると言われて、それはおかしいということで札幌地域労組の組合ができた。東京の人が北海道へ連絡して、僕に連絡が来ました。東京本校にいる井手さんです。彼は、広報部の係長で、非常にまじめな人でした。彼が、ぜひ東京でがんばって組合を作りたいということで、そこの広報部の人たちを中心に、人を集めていきました。6~7人集まったと思いますが、いろいろあって、当局にバレてしまいました。そして、ある時、彼に浜松へ配転だという話が出ました。

代々木ゼミナールは、経営が高宮学園という学校法人でしたが、浜松校は、日本入試センターという別会社の経営でした。そこへ行けということなので、配転といっても、実際には出向でした。いろいろなことを見ていると、向こうは本気でやる気だ、次から次へとやってきて、息子の副理事長までが彼を呼び出して、ぜひ行け、出世のチャンスだといったことを言いました。どう見ても、これは、そうではなくて、組合を作ろうとしているので飛ばされるのだなということが、こちらとしてはわかり、周りの人もややあせってきました。僕は、井手さんと同じく浜松へ行って、長期にわたって組合を作ろうという方針でした。これは僕の反省の一つですが、彼と一緒にやっていた若い人たちが、彼がいなくなるとできない、と言い出して、さらに、これは不当だから拒否して頑張るべきだと言い出しました。本人も、自分は出世がしたくてやっているわけではないから、配転、出向をのんで、向こうへ行って、またいつか帰ってくる、海外へ行くわけではないんだからと言ったんですが、若い人たちが血気にはやり、言うことをきかない。井手さんは、小さいお子さんがいたし、お父さん、お母さんもいるので、解雇にさせてはいけない。頑張って、単身赴任でも行くべきと思いましたが、若い人の意見に押される形で拒否をするということになりました。私がもっと強力に反対しておけば良かったのですが。ただ、組合の支部が解体する恐れもありました。

それで、経営側は業務命令拒否で解雇だということになり、結論としては、裁判で、著しく不当労働行為に近いけれども、そう断定する証拠はないということになりました。証拠はない。こちらも、不当労働行為ということを証明できないわけです。彼は課長として出向になるので、昇格なんですよね。降格ならば不当だと言いますが、こういう昇格の付いた配転とか辞令は争いにくいです。それで、裁判で負けてしまいました。

一方で、北海道のことを聞きつけて、別に教科部という部署の人たちが動いた。彼らが教科書を作ったり、たまには授業をしたり試験問題を作ったりしていた。そこの人たちが、別個に組合を作ったという話が入ってきました。一定程度の人数はいるということでした。千葉の津田沼校でも作るんですが、それに対する向こう側の対応をめぐって、組合側の4人が解雇されてしまい、すごく苦しくなりました。北海道の人たちが仲介をして、この際、東京ユニオンに入ってはどうかということになり、いろいろありましたが、組織を統一しようということで、東京ユニオン代々木ゼミナールグループ支部を作りました。ただ、これは双方の人間関係がうまくいかず、最初にいたグループは半分ぐらいが辞めてしまいました。

後の人たちも徐々に東京ユニオンを信頼してくれて、方針はこちらで立て直して、何度も直接団体交渉を、僕もずっと出て、会社とやり取りして、ある程度、歯止めをかけたりして、その結果、16年やりました。今の代々木ゼミナールをご存じだと思いますが、事実上、大学入試から撤退していきます。ＳＡＰＩＸという小中学校入試を扱う比較的業績の良かったところを巨額の資金で買収して、今はSAPIX YOZEMI GROUPとなっている。独自で大学入試模試ができなくなっており、以前は三大予備校と言われていましたが、今は二大プラス東進あたりに抜かれているのではないかな。

なぜこんなことを言うかというと、団交の間、組合員はまじめな人たちが多かったので、経営的には、こういう課題があると団交で提言した。生徒数がこうだからと数字も挙げて、対策を打つべきだと提言した。代ゼミは中堅の私大が相手なので、大教室を作って、典型的なマスプロ授業ですが、そういうやり方では、少子化時代になって、時代遅れになってやっていけなくなるから経営改善すべきだとさかんに言いましたが、会社側は組合員にそういうことを言われる筋合いはないと、議論にもなりませんでした。この経営者はダメだなと思いましたが、本当にそうなってしまいました。昔の高度成長時代の感覚のままで来ている。この会社は、資産の利息だけでおまえらのボーナスを払えるぐらい金を持っているんだと豪語していましたし、建物はすべて駅前の一等地なので、あそこはすぐにビジネスホテルにできるじゃないかといわれていました。冗談でしたが、確かに立地は良かったです。労働委員会闘争の成果と団交で一定の企業財務内容の開示を求める命令をとっていました。経営不調になってからは、ある程度財務内容を言うようになりましたが、不動産の値段が高いときに買っているので、その時の価値で言うと、上がっていませんでした。そうすると、売却してもほとんど利益が出ません。そんな感じで、高度成長に乗っかった経営のままだったんです。

代々木ゼミナールの高宮行男理事長

創業者は高宮行男さん、故人ですが、この人が一代で作り、築き上げた企業です。水商売もやったりして、つぶれそうだった予備校を買って、それを代ゼミに仕立て上げて大きくした男です。この経営者の思想は右翼ですが、小田実とか吉川勇一さんとかを使っていました。アイデアマンでした。そ灰色の生活なんてしちゃダメだから運動会をやろうとか。その名物経営者は、晩年は組合憎しになって、それだけでした。一度、ばったり会って話したことがあります。代々木の駅前の、本館前で、今は見る影もありませんが、そこで、１３０人ぐらいで抗議行動をやった時に、僕が少し離れて見ていたら、近くで見ている人がいた。理事長だと思って、すうっと横から近づいて行って、「理事長こんにちは、ユニオンの高井です」と言った。「君が高井君か、君はなかなか優秀なリーダーだな」って褒められた。「ああ、そうですか、いやいや」「君の労働委員会の陳述録を読ませてもらったよ。なかなか立派なもんだ」とか言って。「じゃあ、理事長も出て、証言でしゃべってくださいよ。その方が話が早いじゃないですか」と言ったら、「ん。必要があったら、いつかはやる覚悟はある」と言った。一度も出てきませんでしたが。陸軍作戦用務令をテキストに、一生懸命組合対策ばっかりやっていたと言われました。やはり、成功者の成功体験というのは、そのまま放っておくと風化するという典型みたいな話です。高度成長期であれば、良かったんでしょうが。

「産休裁判」——東朋学園事件

代々木ゼミナールとは、そのようなことで、何度もいろいろな闘いをやり、中央労働委員会にも行きました。たくさんやった中で、「産休裁判」があります。ひとりの女性組合員が、未婚のまま出産して、産休、育休を取るんですが、当時の代々木ゼミナールの就業規則では、90パーセント条項というのがあり、90パーセント出勤していないとボーナスを出さないというものです。これでは女性が産休、育休を取ると、必ずボーナスは出なくなる。ただ、ボーナスが1回出ないがために、裁判をやるような人はいません。費用対効果で言ったら、弁護士さんに頼んで、時間をかけて、会社からにらまれて、合わないのです。今まで前例がないですが、私は、前例がないことをやりたがる悪い癖があり、これはやろうと。裁判は組合がやるわけにいかず、本人が原告にならなければいけない。

本人を説得して、費用はすべてユニオンが出すので、中野麻美弁護士を筆頭に弁護団を編成して、女性弁護士を5人、宮里邦雄先生にも入ってもらった。代ゼミの闘争は、基本的に中野、宮里コンビでずっとやっていました。結論は、90

パーセント条項は合理性がないということになり、1審、2審、全部払えという判決が出ました。最高裁が差し戻しをして、結果的には、東京高裁で、出勤した日数に応じて払え、ということで確定しました。これは、今でも、女性労働判例として、必ず、労働関係の書物には載っています。彼女の所属が東朋学園という代ゼミの中のグループ会社で、北海道の方の学校法人です。理事長が北海道出身なので、北海道の方につくるために、そういう名前のものを作ったようです。彼女は東朋学園籍だったので、法律の本には、東朋学園事件と表記されている有名な事件です。代ゼミだと知らない人もいます。代ゼミの件の中には、そういうのもありました。

代ゼミの採用はすごくいいかげんで、代々木ゼミナールとして求人広告を出しますが、代々木ゼミナールというのは、商号で、そういう会社はありません。実際には、学校法人高宮学園、それと今言った、学校法人東朋学園、そして、日本入試センター（JEC）という、大きくはこの三つです。求人広告は、代々木ゼミナールという名前で応募させ、採用後に、お前は高宮学園、おまえはどこどこと振り分けるわけです。これは、実は職安法違反です。そういったことを団交で問題にしたこともありました。

僕らと合併する前に、津田沼事件で既に4人解雇されていて、結論は、2人は無効、2人は解雇OKという、いかにも裁判所が出しそうなフィフティフィフティみたいな判決が出ました。最終的には、ひとりも職場には戻りませんでした。後に支部長になったり、書記長になったりした人たちは優秀で、文書なんかも、きちっとしたものを良く書けましたし、なかなかいい人が多かったです。代ゼミも16年やって、残念ながら、やはり、組合員の中には、家庭を抱えている人がいて、代ゼミの給料が上がらないので、やっていけないと。

笑い話であったのは、代ゼミの給料では、子どもを代ゼミに入れられない。みんな、まじめに言っていました。団交でもそういうことを言いましたが、経営側は横を向いてしまう。代々木ゼミナールは、ずっと賃上げしないで嫌がらせをしていたので、優秀な人材が、どんどん去ってしまいました。経営陣は何を考えているんだと思いましたね。労働者を大切にしない。

これは、もう経営陣というよりも、高宮行男の一存で決まる形ですから。経営側で団交に出てきたある人が、一晩でいなくなったこともありました。噂だと、一言ご注進したら、お前は生意気だ、お前なんかいらない、と言われて、理事長にいらないと言われたんじゃあダメだということで。団体交渉に出ていた相手ですよ。けっこう挑発してくる人でしたが、あいつも飛ばされたのかみたいな、そんな話がしょっちゅうでした。やはり、経営体質というのはなかなか変わらないものです。だから、そこはなかなか難しかったです。

「入試書類を救え！」——印刷工場の倒産

倒産闘争。フィルグラフィックスという神奈川の印刷会社が倒産しそうだという相談が入ってきました。1998年に組合を結成して、工場を占拠して、自主営業に入りました。「社員は悪くありません。悪いのは私ら経営陣」で名高い山一証券の自主廃業が1997年ですが、その頃から、不況で景気が下がり気味になっていました。この会社は、それだけではなくて、やや放漫経営で、神奈川では、当時四番目ぐらいに大きな印刷会社でしたが、三代目の社長がゴルフ会員権を買ったり、他のことにお金を使ったようで、結果的に不渡りを出して倒産しました。

僕らはずっと労働相談を受けている、その前の年末あたりから、解雇などの相談が多く、年末にかけて何かあるのではないか、倒産が増えるのではないかと。当時、書記長の関根秀一郎が、年末のホットラインをやろうと言い出して、頑張っていました。

そうしたら、年末に電話が入って、フィルグラフィックスというところの労働者からでした。どうもおかしい、ボーナスも出ていないし、社長もうろうろして、出てこない、不渡りを出したという噂もあるという。これはダメだ、すぐに会おうということで、関根書記長が正月中に相談者に会いに行った。新年の頭に。そこで、これは組合を作って対応しないと退職金も取れないぞ、という話になり、組合を作りました。団体交渉を申し入れて返事を待っていました。現場の組合員から会社に代理人弁護士が来ている、という電話が入りました。

その日は、別件で、東京で労働委員会があったので、そこは僕がひとりで行くので、関根さんは現場へ急行するということになりました。現場へ急行して、弁護士を捕まえて団体交渉を申し入れ、そこで激論になった。僕は、労働委員会が終わってから追いかけて行って、工場の会議室で団体交渉に参加しましたが、膠着状態で、弁護士は、もう破産して裁判所に破産の申立をした。そして裁判所から保全命令をもらっている。裁判所が指名する管財人と団交をやってくれという、切り口上で通りいっぺんの話しかしません。僕が行って、様子を見ていましたが、休憩をとった。現場の組合員に「ところで今どんな仕事をしているんだ、緊急に急ぐものはないのか」と聞いたら、実はある大学の、入試の問題を印刷しているという話が出てきました。よし、これだ。

団交を再開して、「僕は委員長の高井というものですが、弁護士さん、あなたたちは、学生の入試を妨害するのか」といったら、びっくりして、「なんのことですか、それは」。

「何を言っているんだ、ここで、この大学の入試問題を印刷している。嘘だと思うのなら、行って見てこい」と。破産申請したから、ものに一切触るな、動かすな、印刷機も動かすなと保全命令が出ている。「君たちがそう言うんだったら、入試問題は印刷できない。入試を中止にさせるんだな。それだけの覚悟を持って言っているんだな」と迫りました。弁護士は驚いて、「う〜ん」と頭抱えてしまいました。「そんな杓子定規なことを言っていないで、組合があって、責任をもってやるんだから。明日、裁判所へ行って、話してこい」と言って団交は終わりました。翌日、裁判所も保全命令の一部解除を認めて、試験問題を印刷して良いことになり、同時に、協定書をとって、一部を組合事務所にしました。

その後、組合員や関根書記長たちは寒い中で段ボールを敷いて寝泊まりしていました。組合事務所も確保して、神奈川の鵜飼弁護士を団長に弁護団を編成して、労働債権を確保するためにそこを占拠し、いろいろな仕事を取りながら、実質的に営業しました。この時も、結局、試験問題を印刷していたというのを知ったことが一つのポイントになりました。

映画のセリフではないですが、「闘争は現場で起こっている」から、現場を見なければわからないものです。そうやって組合管理で営業継続しましたが、そうはいっても、たいして仕事が取れるわけではない。なんとか自主営業をやっているけれども、だんだん回らなくなりました。営業体としては、みなし社団で、社団法人を作りましたが、世間的な信用があるわけではないし、倒産した会社だということはみんな知っています。少しずつ労働者がこぼれていくわけです。そして、やむを得ず、最後は管財人と交渉して、解決金、退職金を取って、裁判上で和解をして終わりました。

品川駅前の大ピケと機動隊――京品ホテル

東京ユニオンがやった倒産闘争はたくさんありますが、大きいのは、京品ホテルの闘争です。2008年からはじまりました。リーマン・ショックの後で、この闘争は、年越し派遣村を日比谷でやりながら、一方でこの京品ホテルの闘争をやるという、東京ユニオンとしては、二正面作戦をやっている。時間的、肉体的に、非常にハードな闘争でした。

京品ホテルの闘いは、テレビにも新聞にもよく出ていました。品川の駅前にあるホテルが、経営が立ち行かなくなり、建物も古いということで、社長は身売りを考えました。しかし、建物が古いので、なかなか売れず、ファンド、リーマンブラザーズ系のファンドに売り、自分は金をもらうという画策をしました。

組合を作り、団体交渉でいろいろ問い詰めますが、この社長もたぬきで、一筋縄ではいきませんでした。労働組合は、職場を占拠したり自主営業するときは、基本的には会社ないしは会社代理人との間で工場使用協定とか設備使用協定を結んで、それを法的な根拠にしてやる、あるいは組合事務所があり、組合事務所を中心に確保して、いろいろ占拠する。しかしそういう経営者なので、協定などは何も作れません。

ですから、法律的に言うと、こちらは極めて厳しい立場であるわけです。既にファンドに売ってしまったということもわかってきて、団交をやってものらりくらりしているので、東京ユニオンの執行部として、一気に自主営業をしてしまえということにしました。駅前だし、客もいるし、仕入れもいろいろ協力してくれることになったので、それでいこうということで、自主営業という方針を出しました。会社は、リーマン系に売ったということでしたが、こちらは、ホテルと、中にある食堂、とんかつ屋、酒場があったので、それを全部営業し、自主営業で迎え撃つということになりました。それまでの争議とは異なり、協定が全くなく、法的な根拠が薄いなかでの、労働組合としての職場の確保、占拠ということになるわけで、これはなかなか難しい。

体を張って「自主営業」

しかし、我々、東京ユニオンの執行部としては、これからは、こういうファンドが介入した倒産が増えるだろうと考え、その時に、協定書がとれないだけで引っ込まざるを得ないのでは、労働者の権利は踏みにじられる、蹂躙される。対抗するために、自主営業の継続に踏み切りました。弁護団としては、東京共同法律事務所の鬼束、五十嵐、木村という3人の弁護士です。宮里弁護士も入った法律事務所の会議で、東京ユニオンは頑張っているけれども、あそこまでいくと非常に危ない、逮捕者も出かねないので、弁護団としては勧められないということになり、自主営業から方針を変えるべきだと3人が説得に来ました。占拠・自主営業を止めるべきだと、弁護団が心配して、忠告に来てくれました。

僕は、いいんだ、やるべきだと主張した。そうやって新しいやり方を切り開かないと、強欲な金融ファンド、金融資本が地球上を席巻しているわけで、こういう問題が、次から次に起こる。どこまでいけるかわからないけれども、入り口の段階で引いてしまうわけにはいかない。弁護士たちといろいろと話をして、ここでやはり切り開かないと、これからの時代の倒産や破産や企業危機に対して、労働運動は手も足も出なくなってしまうと、逆に説得しました。パクられるときは僕が真っ先に行くから、と弁護士たちを説得した。いい弁護士たちで、意気に感じて、その日、帰ってすぐに、労働者全員の地位保全の仮処分を翌日裁判所へ出すということで、徹夜で作業をしてくれました。そして自主営業を続けました。

いろいろとやりとりがありましたが、最終的には、向こうは裁判所を使って強制執行してきました。支援の要請を出して、ピケットを張ることにしました。前日に屋上でやった集会には、笹森清さん、亡くなりましたが、当時は、中央労福協の会長、前の連合会長なんかも来て、「諸君、労働者の負けっぷりを見せてやろうじゃないか」と、屋上の決起集会で発言していました。

当時、全国ユニオンの会長は鴨桃代さんでしたが、彼女も、「労働者の闘いをみせましょう」と演説をした。それが警察機動隊導入の前日のホテルの屋上での決起集会でした。最後に泊まった客のひとりが福島瑞穂さん。私とは、彼女が弁護士になったばかりのころからの付き合いです。翌日、福島議員は、一緒にピケットの中にいました。闘う国会議員です。ここは、他の組合も支援してくれて、連合系の人たちもいましたし、非連合系の人たちもいました。両方の系統の人たちがいて闘いました。現場の普通の組合員を逮捕させるわけにはいかないので、私も含めて、ユニオンの執行部の何人かは、逮捕される覚悟で前へ出て行きました。僕はずっと、迫り来る機動隊の隊列を前にしてマイクで演説していました。結果的には、警察の大規模な部隊が来て、強制執行となり、排除されました。向こうの部隊配置が読めなかったので、抵抗する時間が少し短かったですが、それなりに頑張りました。これは、テレビで華々しく放映されたので、ご覧になった人もいると思います。品川の駅前で、すぐ前を第一京浜が走っています。マラソンなんかが通るところ。もう少し力があったら、全部止めてしまったんですが。

後で、警察の責任者が、「いやー。お互い怪我人が出なくて良かったですよ。我々も、ほんとに久しぶりで」とか言っていました。この頃は、デモもなければ、大規模な争議もないので、向こうも、強制執行は十何年やったことが無いんです。70年安保闘争のあとは、たいした大衆的闘争がなかった。排除に来た警官が機動隊でしたが、乱闘服を着ていませんでした。その警官たちが、冬なのに、コートなどは着ておらず、普通の制服で汗をだらだらかいていて、これは暑かったのではなくて、緊張していたんです。手がブルブル震えていて、かえって怖いから、「落ち着けよ」などと、声かけしました。なんで僕が警官を指導しなきゃいけないのかと思いました。それほど、相手は慣れていなかった。

スクラムを破られ、警察に排除され、鉄板で逆封鎖されていきます。対面の品川駅の二階のレストランから、取材に来ていた朝日新聞の名コラムニスト早野透さんと見ていました。お疲れさん、とビールを飲みながら建物を見ていました。組合旗が建物から外されたとき、「旗が降ろされて、まさに落城しましたね」と早野さんが感慨深くつぶやきました。僕は「これからが正念場ですよ」と答えました。

強制執行のその後もあきらめないで、ファンドに団体交渉を求めて、抗議活動を続けました。このファンドも転売して、二つか三つ変わった。順番に全部追っかけまわして団交を求めて、抗議のデモ行進も何度も行いました。最後についた会社の代理人と裁判所で和解をして、解決金を払わせて、闘争としては終了しました。かなりすれすれの激突もしましたが、逮捕者はひとりも出なかったし、ケガ人も、大きなのは出なかった。

国を動かす——「年越し派遣村」

京品ホテルは、派遣村と同時進行でした。派遣村に女性が何人か来ていて、いくらなんでも、女性を寒いテントの中においておくわけにはいかないだろうということで、最初から、そういう場合は、京品ホテルをこっちが占拠しているので、そこの部屋を使わせるからと言っていて、実際に、何人か引き受けました。両方やっているから、連動しながら進めました。

僕は年末年始、派遣村へ行っていました。なにかあると前に出ていたのは、鴨さんと関根さんでしたが、私も現場にいながら、派遣村にも関わっていました。派遣村と京品ホテルの闘争が似ているのは、どちらも、法的根拠がなくとも実力で闘い、しかも世論の支持を得ているということです。派遣村については、普通、公園を使う場合には、公園の使用許可がいります。当時、東京都知事は石原慎太郎で、最初から許可申請はやめようということになりました。

最初は、日比谷公園で記者発表をするので来てくれと各社に流しただけで、何をするとは言いませんでした。それで、来た時に、ここで派遣村をやりますと言って、いきなり看板を立てて、湯浅誠さんが記者会見をやって、トラックでテントを運び込んで、炊き出し用の鍋などを持って行って、バタバタバタバタとそこで作って「開村」した。何の許可も得ていないので、ありていに言えば不法占拠です。

そうやっていたら、次から次へと国会議員が来ました。福島瑞穂さんは早かったけど、あの時、蓮舫さんとか民主党・共産党と次々に議員がきました。後に当時の連合の会長も顔を出すし、いろいろな人が大勢来ました。京品ホテル闘争と同じで、時代が、強欲な金融資本が地球上を席巻しているという時代に入っていて、その中で、今までとは違ったひずみが噴出しているということでした。

一方で格差が極限まで拡大しつつあり、その後、さらに拡大します。法制度上、製造業の派遣も解禁してしまった。日雇い派遣などというへんなものを作ってしまった。その人たちが全部路上に放り出されたのが、派遣村なんです。日雇い派遣の闘争をやるのは、その後ですが、その頃は製造業派遣で、地方の工場で寮に住んでいる派遣社員は、派遣を切られると寮も出ていけということになり、みんなあぶれてしまう。今まで、資本主義の危機というのは何度もありましたが、ちょっと違った時代に入ってきているなと思いました。「派遣切り」と関根秀一郎が命名したということで「流行語大賞」にもなった。

雇用問題で言うと、そういう派遣切りの拡大によって職を失うということは、イコール家を失う、つまり、生活にタメがないわけです。だから、ひと月金が入らなければ、家賃も払えないし、家も出なければならず、そのまま滑り台の様に滑り落ちてしまう社会になっていました。

先年、渋谷のバス停で路上生活者の女性が男に突然殴られて死亡した事件がありましたが、あの人をNHKが追いかけていました。あの人は、スーパーで試食販売員をやりながら、演劇をやっていたそうです。コロナで全部止まってしまい、仕事がなくなった。試食販売員は、個人事業主扱いの場合が多いので、雇用保険も出ない。貯金が尽きてしまうと、アパートを出ざるを得なくて、ホームレス状態になりました。どこからも、公的な支援は出ない。あとは、本人が生活保護的なものに行くかどうかですが、そこへ行く前に、野宿していたら殺されてしまったということです。だから、派遣村などを通しても、派遣の拡大とか、そういうことについて、もっと政治の側がきちっと施策をとって、より安定した雇用を作らなければいけなかったのに、小泉以降、特に、安倍、菅の9年間に、むしろ拡大してしまいました。

第6章　全国一般を卒業——自立したユニオンの模索・独立愚連隊全国へ！

「卒業宣言」――全国一般との話

全国一般との関係について少し触れておきます。当時、全国一般東京一般労連に入っていましたが、その時は、我々も含めて三つの組合の連合体でした。ところが、後に全国一般の委員長になった松井保彦氏が、当時は全国一般書記長でしたが、全部統一して一本化するということで、それが今の東京一般労組です。「お前らも入れてやるから、つべこべ言わずに入って来い」という、上から目線の態度でした。僕は「そうはいっても、組織を一本化するんだから、多少の議論は必要でしょう」と言いましたが、その前から、少しそりが合わなくなっており、その辺が生意気だということで、「お前らの返事は待ってられない」。我々以外のところは、一気に統一しました。

そして、あえてやらなくてもいいのに、東京一般労連を解散しました。我々は東京一般労連を通して全国一般に入っていましたが、その入っている東京一般労連がなくなりました。これはおかしい。もう亡くなった全国一般中央本部の田島さんから「高井さん、どうするの」と電話がきて、「どうもこうも、いい加減くだらない、付き合えません」と言ったら、「そりゃ、まずいよ。君たちは残るべきだよ」と言ってくれました。彼が、当時の森下委員長と話をしてくれて、僕も本部委員長に話しに行きました。ものすごく半端な形で全国一般に残り、ぶら下がっていたわけですが、実質的には排除されていて、加盟組織としての権利も何もありませんでした。全国大会には、一応、行っていましたが、実質的に席がなく、オブザーバー以下のような形でした。

「おかしいじゃないか。我々は、今までちゃんと会費も払って全国一般の組合員だったのに、なんで、いつのまにか幽霊みたいになっちゃってるんだ」。これは、簡単に引いてしまうとまずいと思いました。1985年だと思いますが、全国一般の奈良大会があり、抗議をしようということで、発言を求めるために、車で20人ぐらいで東京から行きました。その時の東京一般の松井委員長は、全国一般の書記長で、組織の実権を握っていたので、むなしい闘いではありました。これは筋目だからやっておけと、マイクロバスで行った組合員を全員、壇上に一気に上げて、私が演壇へ行き、喋らせろとマイクを強奪しました。

私が「おかしい。組合民主主義に反している。絶対にゆるせない」とやり、議事がしばらく止まりました。結論としては、副委員長を中心に北部統一労組問題小委員会ができましたが、インチキな委員会で、一回も開催されませんでした。これまた面白い話で、僕らが演壇を占拠していた時に、一番後ろの方から、九州ブロックの鹿児島の人たちが、「高井さんに

「全国一般」を名のった最後の大会。その後、「労働組合東京ユニオン」となる。

喋らせろ！」って叫んでいました。

焼酎と人情

なぜかというと、前の年の大会で、僕も席はないけれどもひとりで行っていた。部屋は割り当ててくれました。その鹿児島の人たちと部屋が一緒でした。その時、彼らは、危険なやつだから気をつけろと吹き込まれていたようで、最初変な顔をしていました。こちらも黙っていました。まあこっちから話しかけるのもなんなのでこちらも黙っていました。彼らは焼酎を一升瓶で4本ほど、宅急便で送ってきて、魔法瓶に焼酎6、お湯4で割ってきき酒をして、良しって言って冷めないように作ってました。すごいなと感心した。同じ部屋なので、向こうも気を使って、「どげんですか。九州の酒ですけど、飲まれますか」って言うから、「いただきます。大好きです」。ガンガン酒を飲んで、すっかり仲良くなりました。「いや〜、東京の人で、こげん焼酎の飲み方する人、初めて見ましたばい」と、すっかり肝胆相照らす仲になってしまいました。その人たちが、「高井さんに喋らせろ！」って、一番後ろから応援のヤジを飛ばしてくれました。他は全部敵なので、あれはうれしかったです。お酒の友はいいですね。

しかしこの全国一般問題はどうしたかということですが、

１９９０年の第11回大会で自らケリをつけました。この時はもう連合もできていますし、労線統一が始まっていました。しかも全国一般も連合へ行く派、行かない派、共産党系で三つに分裂していました。だからもう、全国一般などという看板は意味がなくなり、我々は、この大会で「卒業宣言」をしました。こちらの立場を明確にして、もはやいても意味がないということで、大会で「卒業宣言」を出しました。そして、名前を、労働組合東京ユニオンに変えました。それまでは、全国一般東京ユニオンという言い方をしていましたが、それはもうやめて、全国一般の看板を外し、まったくの独立愚連隊になったということです。余談ですが、僕の後で全国一般大会において演壇占拠した男がいます。労働戦線統一問題で、設楽清嗣さんがやったわけです。彼は後に東京管理職ユニオンをつくり、ユニオン全国ネットに合流、そして共に全国ユニオンをつくることになります。

同時に、こういった上部団体内部の闘争などというのは、組合員にとってはどうでもいいことであり、むしろ大事なのは、我々がどういう運動をどういう組織でするかということと思い定めて、先ほどお話ししたいろいろな組織論の上に、自分たちは何であるか、何になろうとするのか、再定義しようと思いました。１９８５年にユニオンアイデンティティ、当事、コーポレートアイデンティティというのが流行っていたので、こちらはＵＩ運動をやろうということで、組合の名前の募集をしたり、作っただけで使っていませんが組合の歌とか、旗もこの時に変えました。これは、今の旗と同じです。そういうことをみんなでワイワイやって最後は、一票投票で組合の名称を決めるというようなことをやりました。

ユニオンアイデンティティ運動と「連帯祭り」

同時に、名称だけではなく、何をするのかということを議論し、専門部を強化していったり、サークルを作ったりと、いろいろなことをやりました。一つの節目として、１９８５年に「連帯祭り」というのをやりました。ちょっと金も使って、シンガーソングライターの中山ラビさんを呼んでコンサートをやりました。これは、２４０人から２５０人ほど集まりました。

東京ユニオンは第3回大会の後ぐらいから2部交流会をやっていました。これは、僕に言わせれば「村祭り」です。大会をやるのは、こういう職場がバラバラの統一労組にとって大変なことなので、せっかく年1回集まるんだから、形式的な議事だけでなく、それも大事なことですが、それだけではもったいない。大会が終わったら交流会をやろう、村祭りをやろうと言って、いろいろなことやりました。組合員の中にはいろいろなことができる人たちがいて、音楽や寸劇があり、芝居もあればクイズもあるということで、それが組合員にはけっこう楽しかった。みんな若かったので、一番ひどい時は、朝から昼まで大会をやり、終わって交流会を始めて、夜もやって会場から出て行けと言われるまでやったことがありました。最近はコロナでできませんが。東京ユニオンの大会といえば、むしろ、そちらの方が主流で、2部の交流会でみんなが交流して、あの人、こういうところもあったのねなどと、面白くやってきました。

失敗した区議選挙

そういうことで、第11回大会で全国一般卒業宣言を出しました。同時に、その時から少し路線を拡大して、もうちょっと地域に根ざした形を始めました。組織が大きくなり、事務所も大きくなり、組織も増えている中で、集中的なことはやりますが、きめ細かく地域でなにかをやるということが薄いなと思った。この頃、選挙をやるということも含めて、豊島区と練馬区で、地場のパート労働者を対象に、としまユニオンと練馬パートユニオンを作りました。翌年、そこからひとりずつ区議会議員選挙をやることにし、ひとりは、豊島区の現職だった酒井和子さんでしたが、落選し、練馬から出た男性も落選しました。選挙運動は見事に惨敗しました。

落選した酒井さんは、区議会議員でなくなり、議員は落選すればただの失業者です。女性の委員長がいいな、と思ったので「あなた、委員長をやらない?」と言って口説いた。本人も「やります」ということで、酒井和子さんに第12回大会で委員長になっていただきました。僕は、この時に委員長を引退して、基本的には、その後書記長や副委員長をやりました。これについては、当時、毎日の山路記者が面白がって『人』の欄で書きたい」と言う。「えっ。そんな大変な事なの」って言ったら、「全国で、これだけの規模の組織の委員長になる女性は初めてだろ」と言って、写真入りで毎日新聞の人の欄に、女性で初の労組ユニオン委員長として出ました。

平沢栄一さんのこと

平沢栄一さんとの出会いの話です。板橋などで倒産争議などをやってきた中で、結局、大資本なり金融資本が中小企業を、切り捨ててしまう。結局、中小企業の経営者も、その労働者も、使い捨てかと、ずっと疑問に感じていました。大資本に一矢報いる方法は何かないのかと悶々としていました。その時に、当時あった日本評論社の『月刊労働問題』に、当時の全金(総評全国金属)の争議対策部長だった平沢栄一さんが「使用者概念の拡大の闘い」という論文を出しました。

僕はそれを見て、目から鱗が落ちるぐらい、ハッとしました。それを貪るように読み、そうか、こういう考え方をきち

ニッポン 人・脈・記 手をつなげ ガンバロー⑬

使い捨て派遣 見抜いた

今月4日、参議院議員会館で労働者派遣法の改正を求めるシンポジウムがあった。野党各党の議員らが来て、参加者が廊下まであふれるなか、労組「東京ユニオン」の高井晃(60)が報告にたった。

「人を育てず、都合よく使い捨てる経営者に、経営者を名乗る資格があるだろうか。これ以上、不安定で希望の見えない働き方を許すべきではない」

高井は、派遣で働く人からの相談を20年以上受け、派遣の問題点をいち早く指摘してきた。

大阪育ちの高井は早大生だった67年10月、学生寮でマージャン中、東京・羽田で機動隊と学生が衝突したとニュースで知った。首相佐藤栄作の南ベトナム訪問を阻止しようとした京大生が死んだ事件である。亡くなったのは郷里の後輩らしい。焦った。「いいのか、遊んでいて」

69年1月、東大安田講堂の籠城戦に加わり、逮捕・起訴された。裁判を闘うために就職せず、解体工事などのアルバイトで食いつなぎ、ちいさな会社の労組づくりにかかわっていく。

だが、ちいさな会社は、親会社や取引先の大企業の考え一つで、つぶされた。交渉で勝ち取った権利も、職場がなくなればおしまいだ。「打つ手はないのか」。悩んでいたとき、月刊「労働問題」で一つの論文を読み、目からウロコが落ちる思いをする。

「倒産反対と使用者概念の拡大」。こんな題がついた6㌻の論文には、親会社や銀行などに責任追及の手を伸ばせる、と書かれていた。筆者は当時、金属関連の中小企業で労組をつくっていた平沢栄一(82)。全国各地の労働争議に乗り込み、倒産企業の親会社に使用者責任を認めさせ、「争議屋」の異名をとった男である。

高井は、平沢の所に押しかけ、弟子になった。平沢は高井に、語って聞かせた。

人減らしを融資条件にした銀行に、はちまき姿で乗り込んだ富山の工員たち。親会社の社長夫人のもとに押しかけていった東京の町工場のパート女性たち……。

平沢はいった。「僕が学んだのは、必死にたたかう労働者たちからだよ」

そんな教えをうけた高井が、79年に仲間7人と立ち上げたのが東京ユニオンである。パート、請負、契約社員など、さまざまな働き方をする人たちから、年間4千もの相談がよせられる。

86年、派遣法が施行された。高井のもとに、ぽつぽつと相談がくるように。でも、深刻に考えなかった。会社に縛られずに働きたい時だけ働く、という専門職の悩みは、つかみきれなかった。

平沢栄一さん（左）と高井晃さん

たたかう拠点に「争議屋」の哲学

関根秀一郎さん

ところが、ある女性誌で相談窓口として東京ユニオンが紹介されると、2カ月ほどで100件を超す相談が殺到した。「契約を一方的に切られた」「急に契約期間を短くされた」。高井は思った。

「派遣は不安定そのもの。将来、大きな問題になる」

高井は91年、弁護士の中野麻美(56)らと派遣労働ネットワークを立ち上げる。平沢に教わった「使用者概念の拡大」をして、派遣先の企業、さらに後には、その企業の持ち株会社にも派遣社員の雇用に責任をもつよう求めていった。

高井のことを「師匠」と呼ぶ、労組「派遣ユニオン」の書記長関根秀一郎(43)は、いま、日雇い派遣の問題の先頭に立つ。

自分で登録し、携帯電話で知らされた派遣先で働いた。産業廃棄物の処理や、解体現場の作業など、きつい肉体労働なのに、手取りは派遣会社に仲介手数料を3〜6割も取られる。「ピン（1割）はね、どころじゃない」。8月、給料天引き分の返還を求めて、日雇い派遣大手グッドウィルを相手取った集団訴訟を起こした。

派遣法は改正を重ね、今やほとんどの業種への人材派遣が認められている。

04年の前回改正では、高井や関根たちによって、派遣先の企業に、一定期間はたらいた派遣社員が希望すれば直接雇用しなければならない義務を課した。来年の通常国会に向けた改正論議で、経済界は「採用の自由を侵害する」として、この義務をなくすよう求めている。押し返せるか、正念場である。（鶴見知子）

■人をめぐる物語をお寄せください。電子メールはjinmyaku@asahi.comへ。

朝日新聞（2007年10月18日・夕刊）平沢栄一さん（左）と高井晃

んと立ててやっていけば、中小企業の労働者が使い捨てになることに、多少の歯止めはかけられるという方向性が見えてきました。本当に青天の霹靂のような気がします。私は、興味があるとことんまでいってしまう方なので、平沢さんに会いたいということで、いろいろな伝手を使って探して、平沢さんに会いました。もう、追っかけですね。いろいろと話を聞いたり、酒飲んだりして。そうしてやっているうちに、面白い話が多いので、これは本にしなきゃいけないということで、論創社から『争議屋』（２００９年）を出しました。

森下社長に持ち込んだら、「面白そうだからやってみるか」ということでした。平沢さんは、発想が面白く、リアルでした。自分でも言っていたように、学歴もたいしてない労働者上がりのという感じで、むしろそこを誇りにしていた人でした。彼からは、本当にたくさんのことを学びました。労働者の知恵から学べ、現場から学べと言われました。僕が会ったとき、全国金属の書記長になっていましたが、左派社会党ということを誇りにして、高野派青年将校ということも誇りに思っていました。総評事務局長の高野実さんです。『争議屋』の本の経歴に「左派社会党」を使っています。「単なる社会党じゃないんだ。俺は左派社会党なんだ」と言っていました。社会党は、両社統一と言って、右派社会党と左派社会党が統一して日本社会党になりましたが、あくまで自分は左派社会党ということに誇りを持っていた面白い人でした。

余談ですが、あの本（『争議屋』）の中に、最初は僕の名前が出る予定でしたが、平沢さんが「あんたは敵対組織の全国一般の人間だから、君の名前を出すわけにいかんよ。わかってくれよな」と言うので、「わかりました」と。だから、初版には僕の名前は出ていません。再刊するときに、「失われし争議屋へのオマージュ」という一文を書きました。あと、朝日新聞に出た平沢さんと僕がにたついている写真も載せてもらって出しました。

懲戒解雇撤回――アボットジャパン

東京ユニオンで様々な闘争をやってきましたが、私が最後に全面的に陣頭指揮をとり勝利したのは、外資系のアボットジャパンという会社の女性の懲戒解雇から始まった争議でした。これは、ほとんど濡れ衣と言っていいような形でその女性が解雇されました。中野麻美弁護士からの紹介です。私が前面に出て最後までやりました。解雇を撤回させ、会社に謝罪させて、足掛け3年間かかった。3年分の賃上げとボーナスなどを全部払わせて、解決金も払わせて、会社に戻ったというケースです。この女性は今でもその会社にいます。既に解雇を通告されていましたが、２００９年2月3日にその人を組合に入れ、組合員だということで会社に通告をしました。結論として、９１１日の闘争を経て２０１１年2月24日に勝利。裁判所で和解をしました。

この時に、私が一番考えたのは、外資系ということで意思決定が日本法人ではほとんどできないということです。向こうは団交を拒否していましたので、団交ではなく、伝手をたどって日本人社長と何回か面談して説得しました。社長は、人間的にはいい人でしたが「私には何の権限もありません。全部、アメリカの本社が決めてます」とはっきり言っていました。これは、外資系でよくあることで、したがって外資系の争議は異常に長引いたり、複雑になり、労使関係をきちんと作れないケースが多いです。ここは、その一つの典型でした。相手に、長島大野法律事務所という日本三大事務所の一つである大きな弁護士事務所の弁護士が2人就きました。女性1人の解雇撤回の件で２０００万円ぐらいの着手金と報酬をもらったという噂がありました。いろいろ調べたところ、非は会社にあるのがはっきりしていましたが、会社はまず認めないだろう。力押しで闘い、内部の工作をし、相手の中をどう合意形成をさせるかということで、いろいろな工作をしましたが、非常に苦心をした闘いでした。私としては、これはまず、団交拒否に追い込んでいこうということで、今だから言えますが、団交拒否させるようにどんどん仕向けていきました。この弁護士2人が、労使関係を全くわかっていなかったので、僕の手にまんまと乗って、団交拒否をしてきました。団体交渉についても、向こうはいろいろな注文をつけたりしましたが、むしろそれを嘲笑批判するような文章を送り、追い込んでいき、団体交渉を公然と拒否させました。不当労働行為として、すぐに東京都労働委員会に労働組合法7条2項違反で申し立てをしました。

この文書は、全て自分で書きました。団交拒否事件というのは、団交拒否の意図がどうかは問いません。形式的にでも団交に応じていればともかく、そうではない団交拒否事件は、最近では、労働委員会でも審尋をしないで、文書審査だけで命令を出すという傾向があります。先に、団交拒否は不当労働行為だということを東京都労働委員会から取ってしまうという戦略、戦術です。この意味は、職場にいる労働者に向けて、どちらが正しいのかということを知らせるということです。組合が来て騒いでいるという中で、会社の方が明らかに不当、不法なことをしているということを際立たせるという意味でも団交拒否を取り付けるというのは、これは私がよくやる戦術です。それをまずやりました。これに、ものの見事に相手は乗っかってきました。

大義は我にあり

しかも、団交拒否は会社の方針ではなく、弁護士の方針でした。会社の方は、この頃、その組合員の女性を解雇した人事本部長が逃亡してしまい、人事本部長は空席になっていました。それで、その弁護士が全部主導してやっているのが明らかでした。したがって、先ほどのような戦術に出ました。

面白い話ですが、労働委員会で会社側が証人を出せませんでした。どうしたかというと、主任弁護士が、自分が証人として出ました。それで団交拒否は正当であるということを言ったので、こちらは、僕が尋問してこてんこてんにつるし上げました。僕も証人で出た。確か反対尋問が一切なかった。それで、証人の私が相手に「反対尋問してくださいよ」と食い下がったけど、相手は「ありません!」と私を尋問しなかった。つまらなかったな。そうやって、1回だけ審問して、すぐ命令をくれと言い、すぐに命令が出ました。

そこからは、先ほど言ったように、第2段階としては、明らかに不当なのは会社であるということで、命令が出てから最低週1回、多い時は週3回、社前で抗議行動を繰り返しました。私が先頭に立ち、マイクを持ち、長い時で、ひとりで1時間ぐらいしゃべっているという、社前行動をビルの前でやりました。そして、それが社内に動揺を生んでいきました。彼女の友人だった何人かが積極的に情報を提供してきたし、僕とも会って話をするようになりました。ビラについては、大きな商業ビルなので、下手をしたら入り口で捨てられてしまう。その人たちが持って入って、中で秘密裏に、半ば公然と配ってくれました。

向こうは、人事本部が崩壊していて、弾圧するやつがいない。組合の主張が広まっていきました。同時に、中野弁護士が東京地裁で解雇の撤回と謝罪を求める民事訴訟を起こしました。その間にも、日本人の社長と話をしました。社長が「自分の意思では何もできない。何も権限がないんですよ」と言うので、やはり、権威のある場、つまり法廷でやらなければいけないということで、法廷闘争を強化していきました。この時の裁判官は、労働問題は初めてだと言っていましたが、心証としては完璧に労働者の方が正しいという心証形成をしてくれました。それで、和解の話に入りました。

裁判官は、「常識的に言えば、こういう場合は、職場に戻ってもいじめられるかもしれないから、金銭で和解して解決するのはどうですか」と言っていました。相手の弁護士も、だいぶ参ってきているので、和解するなら金も相当払うと裁判官に言っていたようです。裁判官も、それがあったので、金額までは言いませんでしたが、「相当な金銭を払わせます」と言っていました。本人に「どう?」と聞いたら、「イヤ」と言った。私も「よし、わかった」と、本人を職場へ戻すということで、けっこうねばり強く裁判官を説得しました。こちらは、時間がかかっても勝てるだろうと思っていたので、金銭解決には乗らずにその和解を蹴り、決裂しました。判決を出してくれと言って引き上げました。

現場復帰——賃上げボーナスも

そうしたら、決裂した次の日あたりに、裁判所に弁護士から電話があり、会社が職場に戻すことで解決すると言ってきたということでした。そうか、こちらも頑張った甲斐があった。1週間ぐらい後に裁判官によって和解のテーブルが設けられて、そこへ行って和解をしました。先ほど言ったように、会社は謝罪する、もちろん本人は職場に戻す、バックペイは当然で、さらに賃上げ3年分とボーナスも払わせ、かなりの額の解決金を支払わせました。こちらは労働委員会にも係争していたので、組合にも解決金を払えということになったが、これは少なかった。そこで揉めて気が変わられても困るので、まあいいか、ということで一気にまとめて、裁判所で和解をしました。

ただし、本人が本社の賃金計算の部署にいたので、そのままというわけにもいかないだろう。本人を説得して、この会社にずっといるんだったら、いろいろ職域を広げた方がいいよと、埼玉の方にあった、やや工場的な倉庫での仕事に就くことになりました。この会社はグローバル企業なので、オランダに大きな工場を持っていて、そこから物を入れて全国に届けるという、その部署に彼女が就くということでした。私も一緒に現地を見ました。本人もさっぱりした人で、「私、勉強になるから行きます」と言って、行きました。

この女性は、この会社に最初、派遣労働者で入り、仕事ができるということで、契約社員になり、さらに請われて正社員になった人でした。正社員になり、庶務の仕事をして、できるということで、全体の賃金計算をする部署に昇格したという経歴でした。その人を、当時の人事本部長が、何か気に食わなかったんでしょうか、途中からあれこれ因縁をつけて解雇に追い込もうとしたわけです。こいつはふざけた男で、会社の金で内部の社員と恋愛、浮気をしたりといった噂が立っていました。その噂を立てたのはお前だろうといったことも含めて、彼女が濡れ衣をいろいろかけられた、ということのようでした。

この会社はグローバル企業なので社内コンプライアンスは非常に厳しくしているというのが建前で、彼女はそれに期待をして、アメリカ本社に何回もメールを送り、申し立てをしましたが、返事は、調査中と言うばかりでした。ある日、アメリカからアジア担当の女性が来て、急に会いたいという。ホテルオークラかどこかのホテルで会いましたが、その女性が中身を問わずにいきなり「あなたは、ここはリタイアした方がいい。3か月分の給与を支払うからもうやめなさい」と言ってきたので、本人は愕然としました。

僕らにとってはよくある話でしたが。外資も、いろいろと行動規範などを作っていますが、ほとんど守っていません。

本人は非常なショックを受けました。彼女は、全く失望して、困り果てて、付き合いがあった中野麻美弁護士へ相談しました。今だから言えますが、本当に弱っていました。本人は、もう生きていてもしょうがないぐらいに思ったこともあって眠れない夜が続いて、死のうかと思ったそうです。

こういうひとりの闘争は、難しいです。集団的だと話し合ったりできますが、ひとりだと全部抱え込んでしまう。彼女もやはり、自分に何か落ち度があったんじゃないかと、自分を責めたわけです。そんなことがあり、全然闘争などをしたことない人でしたが、本人のトレーニングも含めてやる闘いだという面があった。社の前で、最初に僕がひとりで何十分も喋った後、彼女に一言でもいいから喋れと、喋らせましたが、最初はマイクを持った手が震えていました。最後の頃は、堂々と演説していました。そうやって本人は元気になり、今でも組合員であり、少数ですが職場に仲間もいます。そういう闘争でした。

外資系は、それまでもいくつかやっていましたが、外資系は難儀やなと思いました。植民地で闘争しているようなものです。この闘いが、僕が先頭に立って、最初から最後まで完結してやった最後の闘いです。2009年なので、僕は60歳をはるかに過ぎていました。

沖縄からアジアへ——魂に触れる旅

1991年、秋の大会で委員長を降板した僕は、生まれて初めて「有給休暇」をもらって旅に出た。44歳の秋、沖縄から台湾、タイ・バンコックへと歩いた。

初めての「出日本記」だから、成田の三里塚空港を使うのは、とても恥ずかしい気がした。それに太平洋戦争の被害著しい沖縄を素通りしてはいけない。

10月2日、羽田から沖縄那覇空港についた。南部戦跡などを見て、旧海軍司令壕、摩文仁丘、ひめゆりの塔、そして基地の町コザ（沖縄市）と歩いた。

岡本喜八の映画「沖縄決戦」が脳裏をめぐり、何度も涙があふれました。

沖縄への「琉球処分」はいまだ続いている。いや、さらに苛烈さをましているといってもいい。辺野古への暴圧、住民の意思を無視した本土政府、沖縄の戦後は終わっていない。

10月4日、那覇から南西航空で石垣空港に降り立ちました。

バイクをレンタルして島を一周し、当時、新空港建設の反対運動があった白保の美しいサンゴ礁の海岸線を眺めていた。西表島や由布島にも足を延ばし南洋文化の影響も感じ取った。

10月5日、夕方5時55分発の飛龍三号（有村産業）にのり、いよいよ日本を出る。

「特一等」船室に入る。どうせ一生一度のことだからと、特等を友人が手配してくれました。

この部屋は2人定員、広い部屋だが同室の男がいた。台湾人で、こちらを値踏みするように煙草などを勧める。それを断って、逆に持ち歩いているバーボン・ワイルドターキーを勧める。一口飲んで男は、顔をしかめた。南になるほど強い酒は少ない。45度あるからな、ターキーは。そんなやり取りで、安心したのか、彼は仕事を始めた。この男は出稼ぎ密輸団というか運び屋団のボスでした。

夜の街で重宝される日本のタバコや、果物、テレビなどいろんなものを税関の規定を超えて運び込む。手下はすべて女性たち。大箱洗剤を買い、中身はビニール袋に明け箱の中には煙草を詰め込む。テレビも後ろをはがし同様にものを詰め蓋をする。なかなか面白い。僕も手伝い、仲良く作業した。「リーベン、ニーハオ」とにわか国際連帯。船は石垣沖で4時間ほど停泊。時間をつぶして朝、基隆港へ。石垣と基隆はすごく近いので石垣出港してすぐ沖合で停泊している。朝7時過ぎに基隆につくまで密輸団には格好の仕事時間となる。

特一等船室はすっかり密輸団の作業工場と化した。

税関を通るとき、僕も果物箱を持って通りました。税関の職員が、ニタッと笑って僕に、この箱はあなたのものかね、前を行く女性のではないのかね、と聞く。ノオ、といい、50メートルほど歩いて密輸団の女性に渡した。振り返ると税関の男がニタッと笑っている。

ま、税関職員と密輸グループとは出来レースとわかっていたので、面白く楽しみました。

10月6日、基隆から台北に入り屋台で酒を飲んだ。台湾料理は口に合う。紹興酒とシジミ漬けで楽しんだ。僕は中国語も全くダメ。しかし、漢字圏はありがたい。台湾ひとり旅は筆談で何とかなりました。

翌日10月7日はバスで埔里へ。バスを乗り換え山道を霧社へと向かう。バスは扉が無く、所々で止まり運転手が荷物を投げて渡していた。

僕が目指すのはモーナ・ルーダオの墓碑だ。お茶と養蜂の郷、霧社は「霧社事件」の本で知っていました。(『証言霧社事件　台湾山地人の抗日蜂起』草風館、1985年)

1930年、台湾の先住少数民族の一つであるセデック族が抗日武装蜂起した。リーダーがモーナ・ルーダオで300人を率い武装蜂起、日本人134人が死亡、一方先住民約1060人が虐殺された。これが第一次事件、翌31年に第二次蜂起が起こっています。

明治に台湾併合した日本帝国主義は、この地を徹底した警察力と分断統治で支配した。

この圧政に抗して決起した少数民族を徹底的に弾圧した。この反乱部隊はほぼ全員が虐殺された。日本警察は現地女性を現地妻にしていた。明治の帝国日本は、台湾のこんな山奥の地まで分け入って侵略支配した。僕は帝国主義・植民地主義のすさまじさに戦慄しました。この地には日本人の私生児が多いという。

しかし、年配者は僕を見ると「リーベン(日本人)か」と親しげに微笑んで声をかけてくる。年配者のほとんどは日本語がわかるという。皇民化教育は、悲しいまでに徹底していたのでしょう。僕はあいまいに笑って首を振ることしかできなかった。

後に霧社蜂起は映画になり多くの賞を取った。台湾映画「セデック・バレ」です。

この日は、近くの山中にある廬山温泉に泊まった。山中の吊り橋が印象的な小さな町でした。鄙びた山の温泉宿で湯につかり、今さらながらに日本帝国主義のアジア侵略のすさまじさを思いました。

10月8日、台南を目指す。古都台南、日本人は「小京都」と呼ぶそうだ。日本でも台南料理は親しまれています。小鉢のラーメンは僕の大好物だ。

台南で陳さんと合流。彼女は日本留学中に労働相談の通訳をしてくれた。その時は当地の成功大学で講師をしていました。屋台で酒を酌み交わし、久しぶりに日本語で会話した。彼女は酒も強いしウイットに富み、辛辣な日本批判もする。酒がぐいぐい進んだ。陳さんの姉夫婦のお家に泊めていただいた。

10月9日、バスで高雄へ向かい飛行機に乗ってバンコックへ向かいます。

バンコックで「アジアで環境と自立を考える」ツアー一行と合流するためです。

10月9日から19日までのこのスタディツアーは山岸秀雄さん（のち法政大大学院教授）が企画した。大学教師や地方議員など7名が参加、タイ、ペナンなどの開発の問題とNGO・NPOの活動を学ぶためだ。同時に13日に開催される「世界銀行批判！　NGO会議」の傍聴も大きな目的でした。

空港へ出迎えてくれた森本喜久男さんと出会う。彼は西陣織の職人をしていたが、タイの活動家の訪問と出会いからバンコックに住み、当時は当地での草木染やタイシルク製品などを開発していました。空港そばのゲストハウスも経営していて、宿帳には新左翼系の活動家の記帳もあった。森本さんとなぜかウマが合ってツアーの休養日に2人でマラッカ海峡で遊んだ。森本さんはタイに来て初めてこんなにのんびりした、という。僕はマラッカ海峡で泳いで、強烈なクラゲに胸を刺された。しばらく腫れがひかなかった。

その後、森本さんは幻といわれたカンボジアシルクの復活に取り組み成功させました。さらにカンボジアの森を開き、自給自足に近いエコロジーな村をつくった。がんで余命三年を宣告されたが八年間生き抜いた。彼の自伝的な本があります。『「自由に生きていいんだよ」お金にしばられずに生きる「奇跡の村」へようこそ』（旬報社、２０１７年）。話していて発想がユニークで面白い男だった。

このツアーでは、バンコックのスラム「クロントイ」やパタヤビーチの乱開発の現状とこれに再生計画を対置しているタイ環境クラブの活動家や大学教授と話しました。13日に世界銀行総会へのカウンター行動に参加した後、カンチャナブリに向かった。クワイ河鉄橋と戦争博物館を見学。日本軍がイギリス捕虜などを虐待したことを残した博物館だ。「戦場にかける橋」のクワイ河マーチが脳裏を流れた。無名戦士の墓を見学しました。

人は、いつどうしてどこで果てるのか、空の青さが悲しかった。

この近くに「子どもの村」学園があった。ストリートチルドレンたちに食と住居と学びを提供する、全寮制の学校です。責任者の事務局長は日本人男性、彼の案内で見学して回った。先年、俳優の工藤夕貴さんが訪れ子どもたちを見て「私と一緒だ」と涙を流したという。彼女は寄宿舎一つが建つぐらいのカンパをした。来年には建つんですよ、事務局長は嬉しそうに語った。子どもたちは、いつの世も真っ先に被害を受ける。

きれいな川が流れる、緑豊かな場所、水泳授業は川でするという。気持ちの洗われる場所だった。ツアー団は精一杯のカンパをしました。

15日にはペナンへ飛んだ。ペナン消費者協会、当時アジア最大級のＮＧＯといわれていた。広い芝生の中に二階建ての立派な建物。篤志家の館を寄付され使っています。調査・教育機関や印刷・出版部門、農民組合事務所、弁護士事務所など運動に必要なものは何でもそろっていた。こんなのが日本にあったら、と夢を膨らませました。

後にユニオン運動センターを作り、弁護士事務所併設も目指した。弁護士事務所は実現しなかったが、ペナン消費者協会は私の妄想に火をつけたことは間違いない。

10月19日、バンコックから成田国際空港へ帰り着きました。

帰りの日本航空機内で、日本人ＣＡから、なぜか「外国人入国」の手続き書類を渡された。日本人グループの中にいたのだが、色が黒くてサングラスかけている僕を見て「外国人ブローカー」と思われたに違いない。ツアー仲間から散々にからかわれた。

10月2日から19日（１９９1年）まで、僕の沖縄――アジアへの急ぎ旅は終わりました。

今一度、何のために・誰のために闘い続けるのか、肝に銘じながら生きていけ、という声が心の隅々に残りました。

帰国して、ほどなく城南総合病院の組合づくりと病院存続の闘いで、３か月を超える病院の組合事務所泊まり込みをすることになります。

第7章　ユニオン運動を全国へ——阪神・淡路大震災での被災労働者ユニオン

コミュニティ・ユニオン全国ネットワーク

僕は東京ユニオンとしては、１９９１年末に委員長を退任し、その後書記長をやったり副委員長をやったりしました。一方で、コミュニティ・ユニオンというのが、細々とですが、全国にありました。総評の最後の頃にパート110番というのをやり、パート労働者などの相談を受けていましたが、相談を受けるだけでいいのかということから、一部で、パートのためのユニオンを作ろうという動きが起こりました。一番早かったのは、東京の江戸川ユニオンと大阪のＵＮＩＯＮひごろでした。

マスコミには、けっこう好意的に取り上げられていましたが、当時の私の感想としては、「労働組合として機能するのかな」ということでした。規模が小さいこともあり、組合費も、当時の言葉で言うとコーヒー1杯分の５００円ということで、５００円の組合費でどうやって成り立つのか疑問でした。当時は総評の末期で、県評の下に地区労があったので、その地区労に事務所を置き、地区労の専従者が実質的に書記長などをやり、地区労の役員が名前を連ねているというユニオンがほとんどでした。

そういうひ弱な組織でコミュニティ・ユニオンは始まりました。我々は、全国一般を卒業し、全くの独立で、どこの上部団体にも入っていないという状態になりましたが、もう亡くなりましたが、当時の連合の担当者の柳生さんという方が僕に電話をくれて、話を聞きたいということで会いました。ある種の口頭試問でしたが、「君は、今の労働運動の連合時代をどう思う」と言われて、「右だ左だといっても、労働運動全体が地盤沈下しているのが現実。どうやってこれからの時代の労働運動を再興していくかということが大事だから、イデオロギーで争うような時代じゃない」というようなことを言いました。

それで、「あいつは極左と聞いていたが、そうでもなさそうだ」という話になり、じゃあ、コミュニティ・ユニオン全国ネットワークができたばかりで本を出すので、その本に、東京ユニオンとして文章を書けと言われて、私ではありませんが、何人かが書きました。そして、『コミュニティ・ユニオン宣言』（第一書林、１９８８年）という本が出ました。

このコミュニティ・ユニオンという名前は、高木郁朗さんが、新しい名前が必要だろうと言って付けた名前です。そこから、コミュニティ・ユニオンという言葉が社会的に流布されていきました。そのコミュニティ・ユニオン全国ネットワークが、大分の第2回交流会でできましたが、先ほど言ったように、全体にすごくひ弱であり、会費もとても安い組織でした。江戸川ユニオンの書記長をやっていた江戸川の地区労の専従の小畑さんという人が、初代の事務局長になりましたが、この人が自治労に就職することになりました。彼は兼任はできないので、次の事務局長を誰にするかということで、僕に事務局長をやらせようということになりました。組織としてはっきりした路線もないし、曖昧模糊としているし、自立した労働組合と言えるようなものではないということで、私はあまり乗り気ではありませんでした。引き受けても、名前だけで、何ができるかわからないので、最初はお断りしていましたが、小畑さんが自治労へ行くことになっていたので、どうしようもなくなり、1993年の東京での交流集会、前段の代表者会議らしきもので、すったもんだありましたが、お前やれということになりました。

僕がその時にかなり強く主張したのが、共同代表制にしてくれということでした。北海道、東日本、関西、九州の四つの地方ブロック的な所から代表を出してくれと主張しました。今でも確か、4人代表制になっていると思います。ネットワーク型組織のあり方を考えたからです。従来にはなかった組織スタイルです。やる以上は、それなりの目標持ってやらないと、やり甲斐がないと思ったからです。僕は人事でとやかくいう方ではありませんが、そこにはこだわりました。総会の前の日にやった事前の会議で全く決まらないので、「僕、ちょっと外に出てきますから」と言って出ていき外の喫茶店で1時間ほどコーヒー飲んでました。戻ったら、一応そういうことで了解するということになり、それで事務局長を引き受けるということになりました。東京の総会で最後に人事を発表する時に、一応名前だけが紹介されましたが、挨拶する場面もありませんでした。

挨拶もなしに、組織の次の責任者になったということで、おいおい、前途多難だなと思いました。こうして、1993年秋に全国ネットワークの事務局長になりました。先ほども言ったように、共同代表制の事務局長なので、企画も含めて発案をして、お金もない組織で持ち回り的に電話やFAXでやり取りして運営を決めていきました。

連合・鷲尾悦也さんを口説く

まずやったことは、小さな組織の集まりで、どうなるんだろうと不安に思っている人が大勢いることがわかっていたので、そうじゃない、これから我々が運動の一翼、場合によっては主流になるというぐらいの気概を持ってもらおうと思い、連合事務局長になった鷲尾悦也さんを集会に呼ぼうと画策をしました。これが、1994年に秋田市でコミュニティ・ユニオン全国ネットワークの全国の総会と交流会をやった時です。この時に、もう亡くなりましたが、朝日新聞の中野隆宣さんと親しくさせて頂いていたので、彼に、ぜひ鷲尾さんを呼びたいと相談をした。彼が鷲尾さんを説得して、鷲尾さんは「ああ、いいよ」と言ってくれました。これは、連合の内部では大顰蹙で、普通は組織を通して申し入れるところを、頭ごなしにやった。連合の中では、これはどうなっているんだ、いったい誰がどうしたんだ、そんなの認めていいのかと、相当揉めたらしいです。鷲尾さんは「俺、行くって言っちゃったもん」と。これは中野隆宣さんが「高井さんたちのユニオンのようなところに、連合の責任者が行くようにならなきゃだめだ」と鷲尾さんを口説いてくれたおかげでした。この時はシンポジウムをやり、鷲尾さんにも登壇してもらい、パートとか賃金とかいろいろな話をしました。今でも覚えているのは、その時に北海道に工藤仁美さんという、札幌パートユニオンの会長で、後に衆議院議員になった方が僕のところに来て、「まあ、ほんとに鷲尾さん、来たのね。てっきり高井さんの元気付けのホラだと思ったけど、ほんとに来たのね」と、とても喜んでいました。

それが終わってから、秋田県知事の佐々木さんとその秘書と鷲尾さんと僕の4人でスナックへ酒を飲みに行きました。鷲尾さんはカラオケ好きなので、それに付き合って、話をしました。その時に僕は、これは胸に秘めていたんですが、ナショナルセンター連合は、これから増える不安定雇用、非正規、パート、そういう人たちをきちんと組織することをやるべきだと、それをやらないと、日本の労働運動は、俗に言われているように、正社員だけの企業内秘密クラブの集合体で、一般の人々からますますかけ離れてしまうので、こういうことをやるべきだと話しました。

後に連合も、「社会的な労働運動」と言うようになりますが、それのきっかけの一つになったと思います。酒を飲んで、カラオケをやりながら、こういう話をくどくどくどくど話した。鷲尾さんは「おお、わかった。やるよ、やるよ、いいよ」と言って、了解しました。その後、すぐに、当時連合の組織局にいた徳田さんという人が、鷲尾さんから連絡もらったからと渋谷道玄坂の東京ユニオンの事務所に来ました。ユニオンとはこういうものだという資料を整理しておいたので、それをどっさりと渡したところ、彼が、それを持ち帰り、分析して、翌年、1995年に、連合が「地域ユニオンクラフトユニオン」という方針案を出しました。

連合が「地域ユニオン」方針へ

そういうことで、連合が初めて、構成産別という、電機連合とか鉄鋼とかというものではない、連合が直接、地域ユニオンクラフトユニオンというのを作り、いわゆる非正規の人たちや中小企業の人たちを組織しようとなりました。これは、連合の路線から言うと、今までそんなことは考えたこともなかったわけで、実は大転換でした。やはり、酒とカラオケの効果です（笑）。

「連合」になるときに、同盟系では総評が持っていた県評や地区労の力が怖かったようです。総評社会党ブロックが選挙に強かったのも、産別だけではなく、地域にそういう組織があり、そこが具体的な選挙闘争やポスター貼りをやっていたから、強かったわけで、しかも、そこは地域からいろいろなものを拾ってくるから、真正面から社会と向き合うような労働運動を曲がりなりにも一応やっていました。同盟系はそこをすごく嫌ったわけですね。

だから、連合になる時に全部切れということで、総評は屈服しました。それでできたのが連合です。それなのに、いつのまにか、地域ユニオン方針が始まってしまった。連合は、事務局長がそういうことを言って、全体で了解された方針になり、進んでいきました。連合は、最近また逆転して、地方切り捨てに近い形が始まっていますが、それは後の話です。そうして私がコミュニティ・ユニオン全国ネットワーク事務局長になり、鷲尾さんを呼び、少し勢いをつけました。

阪神・淡路大震災とユニオン

１９９５年に阪神・淡路大震災が起こりました。その時事務局長になって実質2年目、足掛け3年でした。こんな大震災が起こるんだと、驚きました。しかも、故郷の大阪に近い兵庫、神戸なので、「どうなるんやろう」と思い、大量に失業者が出ると思いました。その時に問題になると思ったのは、非正規の人たちやパートの人たちは、今よりはるかに雇用保険にも社会保険にも入っていなかったことです。

特に、雇用保険です。失業した場合には、とりあえず雇用保険で食いつなぐしかないわけですが、入っていないことが想定される。僕らの経験でも、労働相談を受けて、入ってないケースが本当に多かったので、そういう問題が起こる予感があり、いろいろと対策を立てました。当時、兵庫には尼崎の武庫川ユニオンと、神戸の神戸ワーカーズユニオンの二つのユニオンがありました。専従事務局長は2人とも神戸大学で学生運動をやっていた優秀な人でした。しかし、ユニオンとしては、当時、僕の知る限りでは、それぞれ50人くらいでした。地区労の役員を含めて50人くらいの組織で、ありていに言えば、名前はあるけど実態は、という組織でした。

一方で、関西のユニオンを中心にして兵庫へ歩いて入ったりしました。とてもひどいので何とかしなきゃいけない、大震災ホットラインをやろうという話になりました。行く前に、僕は当時の労働省の担当者と電話で、かなりやり取りをしました。雇用保険は入っていなくても、遡及加入、遡って加入ができます。そうすれば、失業手当がでることになります。しかし、この手続きに時間がかかります。もう一つは、企業もダメージを受けているので、企業に対する支援金、雇調金、これもまた手続きが面倒くさくて何か月もかかります。

その二つについて、当時の労働省の役人は、課長だったと思いますが、電話でけっこう熱心にやり取りしてくれました。「もっと早く出るようにして欲しい」と言ったら、「わかりました、私もそう思っています。通達を出します」と言ってくれました。確かに通達は出ました。一つは、雇用保険の遡及加入を簡便に早くやれというもので、もう一つは、雇調金だと思いますが、企業への給付も、早くやり、今まで3か月ぐらいかかっていたものを1か月ぐらいででるようにしろというものでした。僕は、それを確認し、解雇の問題をどうするかも含めて、簡単にマニュアル化しました。

神戸は、事務所にひびが入っていて、地区労事務局長、ユニオン書記長の専従者の黒崎さんの家も倒壊し、彼も避難所に行っていて、連絡が付きませんでした。尼崎は比較的軽かったので、担当者の小西純一郎さんという、すごい行動派で腕力も知力もある男ですが、彼と連絡を取りながら、ともかく、ホットラインをやろうということにしました。それで、先ほどいろいろな話をしたことをマニュアル化して、尼崎の地区労の中にユニオンがあるので、その小西さんのところにＦＡＸで送り、こういう風に対策できるのでやろうと言いました。彼は、後で、それについて、「力強くて、やれると思った」と言っていました。やはり、地震だから何もできないと思ってしまいますが、以前、確か新潟地震の時に闘った労働者の記録を読んだことがあったので、なんとかしなきゃいけないし、なんとかなるだろうと思い、簡単なマニュアルを作り、彼に送りました。

一応、全国のユニオンに緊急カンパを呼び掛けて、２００万円以上集まった。思ったより集まって少し驚きましたが、そのお金を現地のホットラインの立ち上げなどに使い、ホットラインを開設しました。

現地へのりこむ！

なにせ、当時現地に入るのが大変でしたが、尼崎は比較的被害が少なかったので、尼崎まで行き、尼崎の地区労界隈に僕らもたむろして、ホテル取ったり、ホテルは確か大阪でしか取れなかったのかな、それで尼崎に一旦集結をして、そこから神戸に行きました。私の大阪の実家も宿泊所に使いました。母が、何くれとなく気づかってくれたことを思い出します。まだ全面復旧はしていないときでした。そして、全員、寝袋を持って来いと指示して、僕も寝袋を持ち、もうひとり、解雇されて闘争中だった組合員で、パソコンが非常に優れた鶴崎さんに、パソコンを担いでもらい、2人で入りました。現地からパソコン通信で情報を発信しました。

神戸の事務所とやっと連絡がつき、事務所にヒビが入っていましたが、倒壊はしていなかったので、そこを根城にして、そこでホットラインをやりました。ホットラインをやるといっても、みんな被災して避難所にいて、新聞も読んでいない。どうやるか。がれきがゴロゴロしている状態の中を、手分けして避難所へ歩いて行き、ダンボールにホットラインのお問い合わせ電話番号の紙を貼って、相談してくださいと掲示しました。

阪神・淡路大震災ホットライン

そうやって、ホットラインを始めました。これが、ものすごく反響があり、新聞でも報道されました。だんだん、ラジオなどもフォローして、相談がたくさん来ました。最初に一番大きく取り組んだのは、雇用保険に入ってない人の遡及加入をやるということでした。

これは、先ほど話したように、東京の労働省とは議論して「速やかにやる」という通達が出ていますが、現地は混乱しており、それどころではありません。相談に来た人を連れて、一緒に遡及加入の手続きに行くと、これは無理もないところもありますが、手続きは遅いし、今までと同じこと言っているので、これではダメだ。小西純一郎が「こりゃ、あかんわ。集団でやろう。集団で」と、20~30人で押しかけて、職安の窓口でガタガタやりました。それもあり、新聞なども、なぜ雇用保険がきちんと出ないのかといったキャンペーンを張ってくれたこともあり、だいぶ浸透していき、かなりの人が雇用保険の遡及加入で救われました。実際に、「自殺しようと思ったけれども思いとどまりました」と、お礼にお菓子を持ってきた人も、何人もいました。そういうところから始まりました。

笑い話ですが、最後の頃、それが行き渡った頃、ある食堂で働いていた女性が雇用保険に入っていないと相談に来ました。食堂は倒壊してなくなっていましたが、職安へ連れて行ったところ、職安の人が、「いや~、何の証拠もなく失業給付を出すわけにいかないんですよね。なんかないですか。食堂の割りばしの袋でもいいんですよ。そこに食堂があったっていうことが確認できれば、この際ですから出しますから」と言ったぐらいでした。

これで、かなりの人が救済されたと思います。これは行政手続きの問題ですが、やはり、運動で勝ち取ったものだと思うので、そこは大きかったです。

カネテツ・ダイエー・そごう

雇用保険以外では、やはり、だんだん失業が拡大して、例えば有名なものでは、カネテツデリカフーズで、大量にパートの人が解雇されました。それはおかしいということで、すでに被災労働者ユニオンを作っていたので、被災ユニオンの支部として団体交渉を申し入れました。向こうは、いい返事をしないので、最後は、小西純一郎が先頭になり、団交後に、会社の会議室に、そのまま居座ってしまいました。職場占拠をしてしまったわけです。向こうは困ってしまい、激しい闘争でしたが、労働者の要求がほぼ通り、解決しました。

それから、ダイエーです。これは大闘争になりました。ダイエーは、中内さんが関西出身なので、被災直後に、救済のためにヘリコプターで食料を運ぶとか、かっこいいことを言っていたんですが、このダイエーが、被災を理由にして、パートを大量に解雇しました。被災労働者ユニオンダイエー分会を作り、団体交渉をしました。僕も、1~2回出ました。ダイエーの担当者は、まず、「なに言ってるんですか。この際、パートでも解雇しないと、会社がもたないんですよ」と言う。神戸の黒崎事務局長が怒って、「ふざけんな、お前ら何考えてんだ」って。当然ですよね。彼は、「もうダイエーは神戸に帰ってくるな」というポスターとチラシを作りばらまきました。ダイエーは、東京と大阪の2本社だったので、僕が指揮して、東京の三田の本社を200人ぐらいで包囲して抗議行動をやりました。そのようなことをやり、なんとか解決に至りました。

人情の「そごう」

あと、記憶に残っているのは、デパートのそごうです。ここも当然、営業不能になり、一旦は解雇と言いました。そこにもともと神戸のユニオンの組合員の女性がおり、「筆耕」というのし紙などに字を書く仕事をしていました。解雇と言われたということで相談が来て、団体交渉を要求しました。僕も行きましたが、この時は、団交場所もなくて、まだ使えたどこかの役所の出張所かなにかの会議室を借りて行いました。向こうの担当者も、当時震災ルックと言われていましたが、帽子をかぶり、マスクをして、50ccのバイクで来ました。話をしていて、「苦しいのはみんな一緒じゃないですか」と説得したら、「もう、おっしゃる通りで、自分たちは、ちょっと早計に物事を運んでしまって申し訳ない」と言って、解雇を撤回しました。

そこは企業の姿勢として、パートの解雇は当たり前じゃないかと言ってはばからないダイエーに対して、そごうは、老舗として、担当者も立派で、感心しました。諄々と説得したら「苦しいのはみんな一緒なので、パートの人を解雇するというのは間違っていました。撤回します」と、努力をしてくれて、僕の印象に残っています。

『大震災でクビを切られた』

これを、後に『大震災でクビをきられた』(第一書林、1995年)という本にして出しました。被災労働者ユニオン編になっていますが、事実上は、企画も内容も、僕が作りました。佐高信さんに、帯を書いてもらおうと頼んだら、本の中に出てくる事例に「解雇されたって言って監督署に行ったら、監督官が、文句言うんなら地震に言えと言った」というのがあり、佐高さんは、「地震に文句を言えとはよく言ったもんだ」とか、「どんな時でも、人の助け合いの連帯の花は咲くんだ」という、かっこいいコピーを作ってくれました。

労働基準法の解雇をする条項の中に、「天変地異やむを得ざる時は解雇をしてもいい」という条項があります。どう解釈するかと言うことですが、その条項があると屁理屈を言った人もいました。僕は、別に法律に生かしてもらっているわけではないので、そんなものは基本的に認めない、生存権だと主張した。そんなくだらない議論は必要ないと、労働者の生存権を守ることだけを考えて前を向いて進めとやった記憶があります。

後日談では、最初は50人ぐらいしかいなかった兵庫の二つのユニオンが、全県下で被災労働者ユニオンの運動を通じてものすごく大きくなり、その勢いでいろいろなところに組合ができて、今は7つぐらいのユニオンがあるのかな、一時期、組合員が1000人になったそうです。震災をバネにして兵庫の労働運動は格段に前進しました。

僕が就任して実質2年で、ある種のモデルといいますか、ユニオン運動の典型をここで作ったと言っていいと思います。全国の人たちが、あれを見て、ユニオン運動というのは、力になれるし、力を持てるという確信を持ってくれたと思います。地震は不幸なことで、あってほしくないですが、その中でも工夫して闘えばやりようがあるということを示すことができた運動だった。

阪神・淡路大震災と「ひまわり」

大震災の時に、兵庫へずっと通っていました。しかし、事務所にこもりっきりの指揮命令でした。事務所の近くなどは歩きましたが、実は、被災地はそれほど歩いていませんでした。それで、一度、4月が終わった連休の入り口あたりに、だいぶ落ち着いてきたので、半日、被災地を歩きたいと思い、阪神電車の青木(おおぎ)駅で降りて、歩いてみました。ここは、震災の被害がものすごく激しかったところでした。降りて少し歩いたところ、無知というのは恐ろしいというか、自分で恥ずかしくなるんですが、「なんだ、この辺は一階建ての低い家ばかりだな」と思った。そうではなく、よく見たら、潰れて二階が一階になっていたのです。それが、ずーっと続いていました。それで、牛乳びんや缶などに野の花が活けてありました。そこは、人が亡くなったところとのことでした。

その時、空が青くて、空を見ていたら、突然、頭の中に音楽が流れてきました。その時は、なんの曲かわからなかったのですが、でも、どこかで聞いたこともある曲だなと思っていました。後でわかったのですが、映画の「ひまわり」のテーマ曲で、それが頭の中を流れてきました。その頃はそんなに好きな曲でもなかったので、本当に不思議でした。やはり、あの映画で、ひまわりの花の下に全部、人が埋まっているというシーンがあります。頭の中で、勝手に連想していたようです。それで、「ひまわり」の曲が頭の中を流れてきて、涙が出ました。

被災地は、実際に見ると、やはりショックです。今でも悔やまれるのは、一階が潰れているのに、この辺は二階建ての家が無いのかと思ったなんて、俺アホやなと思いました。そういうことがありました。なぜ「ひまわり」のテーマ曲が頭の中を流れてきたのかは、今でも不思議です。その後、しばらく、携帯電話の待ち受けにしていましたが。

組合がやる「派遣会社」

2000年に作った企業組合スタッフフォーラムについて説明しましょう。1999年に派遣法が改悪され、いわゆるネガティブリスト化と呼んでいますが、派遣法の仕組みが抜本的に変わりました。それまでは、職安法で派遣は原則禁止で、派遣法という特例法により、やってもいい職種を指定していました。それを、逆に原則、何をやってもいいけれども、ダメなものだけ指定するというネガティブリスト方式と呼ぶものに変えるということを、1999年に政府および労働省が言い出しました。それまではポジティブリスト方式です。フィルムのネガとポジから連想して下さい。

それまで僕らは派遣法自体に不満がありましたが、そのうえに原則禁止となっていたものを解禁して、なんでも派遣ができてしまうということで、これは大変なことでした。派遣がダメなのは、医療とか港湾とか、そういう若干の事情があるものだけとなりました。製造業は元々ダメでしたが、製造業も解禁することになり、いわば、総派遣時代で、なんでも派遣できる仕組みにするということを提案してきました。

派遣法改悪反対運動をガンガンやっていた時に、当時の労働省の担当者、確か後に事務次官になった人が、僕のところに何回か来て、どうしたら賛成してくれますかと聞くので、「どうしたって、賛成なんかできるわけないでしょう」と、そういうやり取りを何回かやりました。国会でのいろいろな質問なども、発信源は全部この辺りだとわかっていたので、課長が飛んできて、何回か話をしました。

労働組合は、職安法の44条、45条を使い、労働組合の供給事業という派遣に近い形のことができますが、これは、供給先に雇用される形になります。しかし、供給先の方は、例えば労働者の社会保険とか労働保険には、めんどうなので入りません。保険に入る話をすれば、一般的な派遣会社に負けてしまうので、結局、労働組合供給事業に従事する労働者というのは、変な話ですが、自営業扱いになってしまいます。そこを労働省の課長もわかっていて、最後になって、こちらが頼んだわけではありませんが、「そこをなんとかしますから、派遣法改正に賛成してください」と言ったので、「賛成なんかできないよ」と言いました。しかし彼が、「供給派遣」という仕組みを作りました。

それはそれとして、もうできてしまった法律なので、「じゃあ使うか」と、第一号で作ったのが、私たちが作り、後に僕が理事長をやった企業組合スタッフフォーラムでした。これは、労働組合から企業組合へ労働者、組合員を供給するというもので、供給して、そこで社会・労働保険に入ります。そして、その企業組合が派遣業をやり、派遣先を探して労働者を送り出すというものです。そういう新しい仕組みができ、それを使った第一号でした。ちょうどその頃、1９９年の秋ごろに、20周年記念事業ということで、東京ユニオンの事務所を西新宿に移しました。

当時はまだユニオン全国ネットワークで、僕が事務局長で、後に、それは全国ユニオンの事務所になりました。その移転の時に、最初から、この企業組合の事務所も入れることを考えました。7年ぐらいやったと思いますが、黒字になったのは1期だけでした。それは、僕がとってきた、ある仕事で黒字になりました。やはりこの手のやつは、「武家の商法」といいますか、なかなかうまくいきませんでした。マネジメントする能力をきちんとトレーニングして事業運営しなければ、持続できませんね。成功しているのは「フォーラムジャパン」、観光労連、いまのサービス連合が設立した派遣会社です。添乗員労働者のための派遣会社です。高橋均さんが中心になって設立したのですね。

移転した事務所の広さは、51坪でした。その前の道玄坂の事務所がだいたい20坪ぐらいだったので、2・5倍ぐらいになりました。費用は、毎月１００万円近くかかりました。それは、20周年ということで、ユニオン全体を、いろいろなことをやれるようにしようということで、かなり分不相応で、金は払えるのかなあと思いつつも、事務所だけは立派なのを作るということをやりました。

過労死促進法反対

　ホワイトカラーエグゼンプションという、舌を噛みそうな問題が出てきました。これは、アメリカに、ホワイトカラーの一部は労働時間規制から外す、エグゼンプション、適用除外するという制度があり、それを導入したもので、こういう言葉で出てきましたが、これは、また規制緩和をすすめるということでした。政府および厚労省は、この方針を何とか通したい、つまり、労働基準法を改悪したいということで、これは、2006年の安倍内閣のときから始まりました。我々は、この時、「この法律ができた時を想像してください、時間規制がないので、過労死を促進するような法律ですよ」という主張をしました。横文字はイメージが作りにくいので、何かいいネーミングはないかと作ったのが「過労死促進法」という言葉で、それに反対する共同アピール運動を起こしました。これは、派遣労働ネットワークと、過労死問題が絡むので全国安全センター、ここにも知り合いがいたので動いてもらい、労働弁護団もタッグを組むということで、この3者が中心になり、過労死促進法反対で動きました。

　同時に、全国ユニオンも連合に入っているので、連合の中でも、労働法制委員会でどんどん主張して、連合も、規制緩和反対の方針になりました。後に、いろいろと動いて、連合の関係者が、過労死の遺族の会の人たちを連合の高木会長に会わせるといったことをした。「悲惨な過労死がもっと拡大するような法律なんだ、だから絶対ダメなんだ」ということで、連合もはっきりと反対しました。その頃、僕が周りの人に言っていたのは、「万機公論（ばんきこうろん）に決すべし」です。先ほど言ったように、やはり、連合の中に入り、どうどうと論を張って進めることができたので、連合に入ったことは正解だったと思います。

　実際に起きている問題にどう取り組んで、一歩でも二歩でも押し戻す、あるいは、法律が改悪されたとしても、言葉が悪いですが、キズを付けて、労働者が闘えるように、足場を作っておくことが必要だと思います。過労死促進法を、なんとか阻止しなければいけないということで、労働側全体として反対しました。

魚河岸物語

　東京ユニオンの事務所は約10年ごとに変わってます。単に、こちらの財政事情だけではなく、時代背景もありました。事務所を変わっていくときに、正直言って、毎回かなり分不相応な事務所を借りました。それで、なかなか苦しいので、道玄坂に移ったときに、組織が増えましたが、スタッフも増えて、自分の給料が出なくなりました。それで1986～88年にかけて、魚河岸に2年ちょっと行きました。朝5時から午前中は築地の魚河岸、風呂に入って魚の臭いを流す。そしてスーツに着替え、午後は委員長として動く。夜は酒盛りの日々。40代前半だからできたことですが、一日3時間ほどしか寝ていませんでした。今思っても、よくやれたと思います。一日300本ほど鯖を下ろしたりしていました。魚河岸は私の性にあって面白い日々でした。

第8章　規制緩和、新自由主義との闘い——労働者の人間らしく生きる権利を求めて

規制緩和と全面対決——「四ネット方式」草の根の運動

１９９５年は村山内閣、その前の中曽根後の橋本、小泉などの内閣で、規制緩和路線がどんどん出てきました。村山内閣は、規制緩和をすすめ、新自由主義の導入期だったと思います。僕らから見て一番分かりやすいのは、労基法と派遣法の規制緩和でした。これは、このままいくと、労働者の団結権は根本から否定されることになりかねない。これを何とかしなければいけない。各潮流を越えて、議論をして、「労基法改悪ノー」「派遣法改悪ノー」の全国キャラバンをやろうということになりました。北海道からと沖縄からと宣伝カー、キャラバンカーを走らせて、最後に東京で合流して中央大集会をやるという構想で、１９９７年に始めました。

この時に、四つの小さなネットワークを主催者にしました。大きな労働組合でやってしまうと、親分共闘、大きな組合同士の共闘になってしまい、運動に身体性がない、当事者性がない。リアル感がなく、上から降ってきたものという感じになり、僕はあまり好きではありませんでした。そこで、派遣労働ネットワークと、パート研究会、有期雇用研究会といった、四つのNPO的な小さな組織を主催者にして、共同アピールを出し、そこにみんな結集しようという、この指とまれ型で、四ネット方式ということを僕が提案しました。そこに集まっていた労働組合の皆さんも、そういうやり方があるのかと、皆さん了解してくれました。それをいろいろな労働組合が下支えするというやり方でした。そして、全国で集会を打つ、同時に中央だけではなく、各地の県庁の労働部や県にある職安などに、「改悪をやめるように、君たちも中央に働きかけをしてくれ」と、署名を集めるところもあったし、申し入れだけのところもあり、そういう積み上げをやりながら東京に集中していくというやり方でした。

特に１９９８年だったかな、僕の手帳を見ると、年間全国50箇所の集会で発言、講演をやっていました。そういうことを地域で積み重ね、小さな集会もいっぱいやり、地域でもデモをする、そういうことを草の根型でやりながら、最後は日比谷野音で集会をやり、国会デモをやりました。

労働問題というと、どうしても署名運動とか、大きな組合の集会とか、あとはもう国会でロビイングするなど、限られてきますが、そうではなく、グラスルーツ、草の根型でやるということを考えた。僕がこの時、特に意識したのは、実行委員会の中でも派遣労働の問題に関心を持っている人が少なかったことです。大きな労働組合には、まったく関係ない話でした。しかし、後に、あちこちで講演していてわかりましたが、講演が終わってから、実はうちの娘も派遣で、と言ってくる組合の幹部が大勢いました。派遣だけど、どう考えて

GU

発行　労働組合 東京ユニオン　　編集　ＧＵ編集室
東京都渋谷区道玄坂1−19−10　大東ビル4Ｆ
☎03(3770)3471㈹　FAX03(3770)0874
定価（１部）200円　組合員の購読料は組合費に含めて徴収しています
郵便振替口座　00140-3-195908
毎月一回一日発行

人間らしい生活と労働をつくろう

新連載

酔眼鳥瞰図①

お陽さまはどっちにでているの

今年は規制緩和万能論者（競争社会推進派）どもを打倒する年にしよう

高井晃こと紅の新宿豚

似顔絵は全港湾建設支部の尾崎画伯の作品

[illegible]「雇用不安」（野村正實・岩波新書）。著者の野村さんと酒のうえで少しく語った。「インチキな規制緩和派の学者どもが許せない！」野村氏の怒りは深い。同世代の彼の情熱におおいに共感した。

「今、規制緩和を煽っている御用学者たちは2〜3年でまたぞろ変節する、私はチェックし続ける」同感である。

彼の「全部雇用」論と「雇用賃金平等実現」にはまだなお架け橋がいりそうだが、内橋克人さんとも共通する中小企業や家内商業、つまり庶民への愛情がほとばしっている。

大きく強い奴らが弱肉強食で世間を席捲するのは許せない。

規制緩和派は、実はバケの皮が剥がれているのだが、その支離滅裂さは、いまだ世間一般の共通認識になっていない。

「規制緩和すればものの値段が下り需要が喚起され雇用が拡大し景気がよくなりみんなハッピー」およそこの程度が規制緩和をオウム返しに唱えてきた御用学者たちの「論理」だった。

ぜんぜんそうならない。そうなるわけもない。規制緩和派は「まだ規制緩和が不充分だから、だ」と言い逃れている。

もちろん、官僚たちのタテ割り行政にみられる無用な規制はどんどん改革すべきだ。だが、「無制限競争一本勝負」のような社会編成は、当然にも、弱い立場にある労働者の大多数や女性、障害者の仲間に矛盾のしわよせをする結果をもたらす。

いま経営サイドは「規制緩和」の風にのり使い捨て雇用の実現へとひた走っている。

われわれはこれを許さない。

人権と社会的公正システムを対置してあらゆる闘いを挑む。

「老人力」に思う

昨年からちょっと流行っているのが「老人力」という言葉。赤瀬川さんの著作の題名だ。

ま、わたしもそういう言葉にいたく関心をもつ年になったということだが、「世の中にはプラスもあればマイナスもある」と「反努力」の力だ、としゃれのめしている。「力を抜く力」ともいう。あまり肩ひじばかりはってると疲れるよ、足し算ばかり考えるなよ、足し算よりも引き算が大切だよ、とのメッセージと受取った。

ゴリゴリの競争社会に慣れすぎた私たちへの「冷やかし」であり、競争にあくせくすることへの対案ともいえよう。

あくせくせずにのんびりと、だ。

「チャンスは無言で通り過ぎる」

田中秀征さんは常々注目している政治屋ではない政治家の一人だ。

といいながら、テレビでみた田中秀征さんの言葉にひかれた。

ものほしげにしていると真のチャンスをみすごしてしまう。

つまり「志が低ければいかなるチャンスが来ていてもそれをつかむことはできないのだ」と田中氏自身の反省をこめてかたっておられた。

われわれのユニオン運動も、この言葉をもって座右の銘としたい。

奥秩父・端牆山で新年を迎え今年も元気だけはあります。

９９春闘合宿に参加しよう

今年も春闘の季節がやってきました。東京ユニオンは「不況のしわよせと規制緩和攻撃に対し、人間らしい生活のできる職場と社会を作ろう」という方針を掲げ、９９年春闘を闘います。そのための合宿を行います。日時、場所、参加費、内容などは以下の通りです。

日時：１９９９年２月６日（土）〜７日（日）

場所：むさしの村コープパレス（埼玉県加須市）

参加費用：支部負担／２０００円+交通費　※支部会計のない方は本部が負担します

内容：☆春闘方針の確認　☆各支部春闘の取り組み確認　☆経営分析講座　など

○支部分会代表者会議を行いますので、必ず各支部から代議員を選出して下さい

◆参加申し込みは、お早めに本部（０３−３７７０−３４７１）まで

いいかわからないということでした。実行委員会でも、派遣労働問題なんて付け足しで、演説でしゃべる人はほとんどいませんでした。労働基準法改悪はひどい、反対だと言っていましたが、派遣法については、よくわかっていなかったところがあり、ろくろくテーマにもなりませんでした。

それはまずいということで、僕は意識的に、派遣労働というのは、労働者の基本的権利をすべて剥奪する働かせ方なので、ちゃんと注意しようと言いました。そして「あなたの子どもさん、あるいは恋人の問題なんですよ」と、会場にいる人の目をみつめて講演しました。すると、先ほど言ったように、終わってから、うちの娘も派遣で、どう考えたらいいかと相談されるなど、少しずつ浸透したと思います。今日みたいに、労働者全体の4割が非正規労働者になったのは、派遣型というのが入って、雇用の根本を崩したことが、すごく大きいことでした。中央職安審の会長だった高梨昌信州大教授が「使用と雇用を分離するというのは自分のアイデアだ」と自慢気に言っていました。それを考えたのは自分の手柄だと。危険な働かせ方なんです。そのことを、キャラバンをやることで多少、理解はしてもらえたかと思っています。

もう一つは、ここに書いた、当事者を前に出すという実行委員会の四ネット方式です。見える闘い作りというのは、自分の、あるいは自分の家族の問題であり、僕は若い男性労働者には、派遣労働の問題は、あなたの恋人の問題なんだと。ハケンは女性労働から入ってきましたので、そういう意味で、その闘いはみんなの闘いであり、特別なことではないということを強調しました。最近は「可視化」「見える化」という言葉もできた。

この頃から、連合の路線が少しずつ変わってきて、僕の友人も連合の本部にもいるようになりました。また、当時、全労連に寺間という、立命館のゲバ民だった京都の男がいて、酒飲んで仲良くなりました。彼もいい男でした。亡くなりましたが、連動していろいろ仕掛けてくれた。あとは、新聞記者で、いろいろな人がいて、しょっちゅう飲み会をやり、議論をして、みんなけっこう協力して動いてくれました。「風談会」という朝日の中野さんや毎日の山路さん、各労組関係者と、労働専門紙の人たちの飲み会もあった。

国会前の「同時集会」1万人

1999年、連合が1万人ウォークラリーを国会前でやりました。

デモと言うと警察が、それは困るということになるので、ウォークラリーという言い方をしました。こういう悪知恵が働く人は、副事務局長だった高橋均さんあたりだと思います。全労連も同じ日に国会前行動をし、我々四ネットグループも、同じ日にやるということで、そこはかとなく連絡を取り合いながら、日にちと時間を合わせて、3グループ一斉に国会前に登場しました。これは、日本の労働運動としては、しばらくぶりの大行動で、連合が1万人ラリーと言いましたが、3グループ全員合わせて1万人はいったと思います。それが、国会前をうろうろする。連合は、ゼッケンはまずいというので、わざわざスローガンの入ったジャンパーを作っていました。

我々は、ゼッケンとか腕章をまいていましたが、それが、国会前で、結果として合流するという形でした。多分、国家権力は、びっくりしたと思います。そうして、労基法の改悪反対、派遣法の改悪反対ということを様々にやりました。同時多発の1万人国会前行動、面白かったですよね。

この時はもう、鷲尾会長、笹森事務局長だった。全労連の女性が花束を鷲尾さんに渡して、鷲尾さんは喜んでもらっていた。笹森さんが、それ全労連だぞと言っていました。共闘してはいませんが、現場では共闘の形になる。これは、建前上、特に連合の性質から言うと、一緒にやるとなると、それだけで「何だ」ということになる。結果的にできればいいんだからということでやっていました。この時に、朝日の中野隆宣さんに「高井さん、四ネットというのは、いい接着剤だね」と言われました。記事にも書いてもらいました。そういう、実質的な共闘体制が組めた。これで派遣法の理解が深まりましたし、政府や財界が言っているようにやったら、労働者は、ものすごく反発するということを一目瞭然に示すことができ、野党議員も元気になり、国会の中でも論戦が激しくなりました。そんな感じで進んでいきました。

「君はアメリカ労働運動を見たか」

もう一つ、この頃大きかったのが、1999年と2000年に、東京ユニオンが呼びかけて、訪米行動をしたことです。訪米と言っても、カリフォルニアだけですが。一番大きな動機になったのは、柏木宏さんが書いた『アメリカ労働運動の挑戦』(労働大学出版センター、1999年)という本が出て、それを読み、これは面白いなと思ったことです。柏木宏さんは、今、法政大の教授ですが、彼は当時アメリカにいて、NPOをやっていて、本を出しました。私はアメリカの労働運動について良く知らず、どうせ、白人のブルーカラーの太ったボスみたいなおっさんがやっているんだろうくらいにしか思っていませんでしたが、彼の本を読むと、全く違う、新しい芽が出てきている。「これはすごい、ぜひ学びたい」と思いました。

アメリカでは社会的な労働運動をやるという感じになり、大きな産別も若手のオルグをどんどん投入して、組織作りをやるということが始まっていました。

後に映画になった「ブレッド&ローズ」、戦場のピアニストで、後にアカデミー賞をもらったエイドリアン・ブロディがユダヤ人ルーツのオルガナイザーをやっている映画がありますが、あれはよく雰囲気が出ています。つまり、労働者の現場で、白人以外の、特にヒスパニックとかそういう人たちがどんどん増えており、その人たちをどう組織化するかということで若いオルグを投入して働きかけをする姿がそこに出てきました。

もう一つは、柏木さんはそこでNPOをたくさん紹介していて、貧困とか教育とか、労働に関わるNPOとかの紹介がされていました。これも非常に面白いと思い、行ってみた方が早い。彼と連絡を取って、訪米団を1999年に組織しました。これは、東京ユニオンの20周年記念事業が中心で、金もかなりの額を出しました。東京ユニオンだけでなく、全国の、そういうセンスのある人を集めて、東京以外の人にも入ってもらい、訪米団を組織しました。

中野麻美弁護士も一緒でした。カリフォルニアだけですが、1日に2~3箇所を回り、労働団体、NPO、大学の教授とディスカッションをして、いろいろと学びました。私がしゃべると柏木さんが英訳する。さらにそれをスペイン語に通訳する。そんな交流会でした。ヒスパニック系労働者がどんどん増えていたのです。泊まったホテルの一つが、ロサンゼルス暴動の時に焼き討ちされた韓国人街の中にあるホテルでした。毎回、といっても2回ですが、報告集を作り、「君はアメリカの労働運動を見たか」という題を僕が付け、みんなで感想文を書いて出しました。

これは、非常に反響を呼び、いろいろな人たちが参考にした。一番参考にしてパクったのが当時の高橋均連合副事務局長です。彼に渡してしばらくすると電話をかけて来て、「高井さん、これ面白いよ。我々も行こうと思うんだけど、大丈夫かな」って言うから、「いいね、行けば」と言って、柏木さんを紹介しました。そして、連合も訪米団を出しました。連合は、カリフォルニアを中心に、ニューヨークへも行ったようです。我々が作った報告資料を読み、高橋さんは、「これを、やる気のあるメンバーにちゃんと体感させようと思った」と言っていました。もう亡くなりましたが、ゼンセンの名物オルグの二宮さんや、こちらも亡くなりましたが、全国一般の田島さん、あと、サービス連合の片岡千鶴子さんたちが団員でした。その後、連合が報告書を出したのですが、我々の書式をそのままパクっていて、うちのメンバーに見せたら、「え~、ここまで真似したんですか、連合が」と言っていましたね。(笑)

これはこれで、連合の中に、今アメリカで起こっている

1992年6月10日第三種郵便物認可

発行 労働組合 東京ユニオン　編集 GU編集室
東京都新宿区西新宿7-22-18 オフィスKビル1F
☎03(5338)1266 FAX 03(5338)1267
定価(1部)200円 組合員の購読料は組合費に含めて徴収しています
毎月一回一日発行 郵便振替口座00140-3-195908
http://www.t-union.or.jp/
E-mail:gu-net@t-union.or.jp

酔眼鳥瞰図 2000/9/15 ⑲

ユニオン運動の戦略探る アメリカ駆け足紀行 NPO運動の底力を見た

高井晃こと★組の新宿豚

集中し徹底した組織化戦略

昨年に続いて訪米した。今年は「コミュニティ・ユニオン訪米団」総勢9名の団長としてカリフォルニアのユニオン・NPO14カ所を訪ねた。また今年もカリフォルニアに集中して訪ね歩いた。強行軍である。おまけに古傷の足痛をひきずっての旅だった。

昨年、日程の都合できちんと交流できなかったSEIU（国際サービス労組120万人）も2か所を訪ねた。ジャニター（清掃労働者）を組織するローカル1877支部と、福祉労働者を組織するローカル399支部である。いずれもアメリカ労働運動の組織化運動の最前線に位置しているといっていい。

「ジャニターに正義を」という名高い組織化キャンペーンはアメリカ労働運度の特徴をよく表現している。さげすまれていたビルの清掃労働者の組織化に成功し、いまでは彼らはビルのオーナーとも協定をむすびノンユニオンの清掃業者を入れさせない闘いに勝利しているという。この支部は組織化のために組合予算の40%を投入している。

彼らの闘いの方法は大量の組織化を目的に、徹底して分析し、戦略をたて、過半数突破からユニオンショップ獲得に攻めこむ。もちろん、過半数を獲得しなければ法的に公認されないと言うアメリカ労働運動の事情から発しているといえるのだが、その徹底した手法はあらためて感心する。組合事務所の壁には、大きな地図のうえに組織化ターゲットが記され、組合結成に成功した箇所には小旗ピンが立つ。

組合専従は「アナリスト」（組織化のための調査分析）そしてオルガナイザーと役割がはっきり分かれている。

そして感心したのは「兵力の逐次投入」ではなく、集中して攻め、組織化することだ。

共同組織化の前進

ロスアンジェルス国際空港ではナショナルセンターによって「共同の組織化」プロジェクトがすすんでいた。売店レストランはホテルレストラン労組HEREが、ガードマンや清掃はSEIUが、組織化に成功している。なわばり意識の強いアメリカ労働運動でも画期的な試みが成功し始めている。

多様で、明るいアメリカオルグ群像

また、オルガナイザーの若いことにも感心する。20代がおおい。女性が多いし、ヒスパニックなどマイノリティ出身も多い。元気だ。一方で、ハイスクールの教師をやめて昨年からオルグをやっているという男性、大学教員からオルグになった女性、弁護士でオルグをしている女性、23年バーテンダーとして働いた職場で組合をつくり、2年前からオルグをしている女性たちとも出会った。

賃金は必ずしも高くはないが、「社会正義」のために働く意義をとくとくと語ってくれた。

50の大学に労働運動のためのレイバーセンターが設置されている

タックスペイヤー（納税者）意識が徹底しているアメリカでは経営者だけでなく納税者である労働者のためにも大学を役立てろ、とレイバーセンターが設置され、労働運動の前進に寄与している。UCLAやバークレー校では、学生をユニオンサマー（ユニオンオルグとしての研修イベント）に送り出している。

注目すべきリビングウエイジ（生活給）条例運動の取り組み

昨年、今年と力をいれて視察した一つにリビングウエイジの運動である。現在全米40の自治体で条例が制定され、なお拡大している。最低賃金規制が低すぎて話にならないのはアメリカも同じ。そこで連邦貧困ライン（日本の生活保護基準のようなもの）をひとつの根拠として時間賃金を設定し自治体に関係する業者にその水準をクリアーすることを法律的に義務づける運動である。最低賃金の1.5倍をこえる水準を確保している。

各地のNPOが軸となり労働組合も共に進めている。そしてこれは組織化の大きな武器にもなっている。アメリカの草の根運動のパワーにまたも圧倒された10日間だった。

帰り着いた東京は、大天候不順だ。各地の地震、噴火といい天変地異が続く。そして暗愚の政権、3万人を越す自殺者。「世直し」が求められているが、「主体」がみえない。全国のユニオン運動は閉塞を拓く「希望」になれるのだろうか。

JUSTICE FOR
¡JUSTICIA!
JANITORS
SEIU LOCAL 1877

「社会的労働運動」を学び、どう取り入れるかという議論になっていきました。後に、笹森会長の時に、社会的な労働運動という文言が前面に出てきましたが、これの影響もあったと思います。副事務局長に高橋均さんがなっていた。大きくは、連合の路線の変更にもつながっていきました。

労働戦線統一問題の時から、ともかく「連合は帝国主義的労働運動」で、資本家の手先だということを言っていれば自分の存在証明になるような左派の活動家が多かったですが、それだったら、自分たちが強くなり、力を持たなければダメで、そういうレッテルを貼ってもなんの意味もありません。僕の発想は、そういう表現や右翼的労線統一といった表現は、使うべきではないと思ったので、一度も使っていません。むしろ、自分がどういう運動を作るのかということが大事だと思っていました。

全国ユニオンへの道

話を戻すと、笹森会長になり、連合がそういう社会的な労働運動ということで変わっていきました。我々もアメリカに行ったり全国キャラバンをやったり、いろいろなことをやってきた。そして、連合が社会的な労働運動ということを言い出したということを踏まえて、満を持して、僕はここで、我々も連合に加盟すべきだということを言い出しました。当然、ものすごい反発がありました。また、その後、ただちに全国ユニオンの結成をしようということを提唱しました。

２００１年に全国ネットの総会が、三重の賢島でありました。そこで私は、方針の中で、連合に加盟しようということを打ち出しました。正直言うと、全国ネットの会費は安いし、弱い組織で、連合の会費は払えません。しかし、流れとしてそうだという事を提案しました。もちろん、一回で決められないし、決める必要もないので、1年間議論して、来年、結論を出しましょうと言いました。これには、本当に反発されました。事前に議案書を送ってあったので、反対意見をいう人も大勢いて、まとまらない。それはわかっていたので、とにかく1年延ばそうということになりました。その間に、会費問題があり、また、全国ネットワークは協議体なので、財政も弱いので、そのままではとても入れないことを半ば承知の上で、進むべき道、方針としてはそうだという提案をしました。

1年かけて翌年、今度は大阪・信太山であった全国総会でです。一方で、全国ユニオンを作るということを打ち上げている。全国ネットの事務局長は降りますと、私はそこで辞任しました。後は神戸の黒崎さん、被災ユニオンで頑張った神戸の地区労の事務局長に託しました。その時に、最後に、長年事務局長をやっていただき、ご苦労様でしたということで、花束を贈呈しようという話になったそうです。大阪の実行委では、誰もあいつに渡したくないということで揉めて、花束贈呈するので壇上へというので僕が上がったのですが誰も来ません。降りたら喧嘩を売るようなものなので、僕はじっと待っていました。大阪の女性2人が登壇し、渡してくれるのかと思ったら、机に叩きつけて帰っていきました。アハハ。

「花束叩きつけ事件」

全国ネットワークということで、震災に取り組んだり、全国キャラバンに取り組んだり、訪米団をやったり、国会前同時多発三団体闘争をやったり、この時は、全国的に走り回っていました。そして、連合も変わった、いい意味でサポートするという立場に立つべきではないか。外野から石を投げているのではなくて、グラウンドに降りて一緒にプレイしようよと、そういう言葉を使いましたが、なかなかユニオンの一部の理解は得られませんでした。

最後は花束叩きつけ事件でした。後で誰が言ったかわかりましたが、「高井は連合から3000万円、金をもらって転んだ」という噂を流されました。高橋さんに、「そういう噂を流されてるんだから少しは出してよ」って言ったら、「冗談言うな」って言われた、そりゃそうですね。関西方面から流されたデマでした。

笹森さんとはけっこう親しくしてもらいましたが、すごいのは、すべての講演をノー原稿でやっていたことです。演説はうまいです。レジュメも作らず、全部、頭の中で組み立てていました。

笹森さんに「すごいですね」と言ったことがありました。「いや、高井さんね、違うんだよ。我々は、現場を回って、現場で挨拶してやってきたんで、先輩からも、絶対そんなものを見るなって言われてたんだ」と、全部、頭の中に入れて組み立てて、何分かの話の中で勝負するのが組合の幹部だと東京電力労組で叩き込まれたそうです。

彼の話には、あまり重複が無いです。背も高くてかっこいいし、みんな、声がいいと言っていました。ある女性記者は、「あの人のテープを聞いていると、うっとりしちゃって筆が進まない」と言っていました。

笹森さんを呼んで記念講演をやり、全国ユニオンを結成しました。その翌日に連合に加盟申請をしましたが、普通は1か月くらいで承認されるところが、なぜか、6か月以上かかりました。噂によれば、一番大きい組織であるゼンセン同盟が反対をして、裏で糸を引いていたと言われています。

「口頭試問」

最後は加盟しましたが、加盟の直前に、直接我々から話を聞くということになりました。自動車総連、日産出身の草野忠義事務局長と高橋均副事務局長の2人が話を聞きたいという連絡があったので、会長の鴨桃代と会長代理の設楽と僕の3人で連合の役員室へ行きました。そこで、「口頭試問」を受けました。草野さん曰く、「それぞれにお聞きしたいんですが、なぜ連合に入られようと思ったんですか」僕は、「いや、アメリカの労働運動がすばらしいので……」と、アメリカの労働運動をほめたとたんに、彼の目が輝いて、「うーん。なるほど」と。鴨さんはまじめな人なので、「パートの問題、非正規の問題、……」と堂々としゃべりました。そして「設楽さんは、確か、若いころ全労協の副議長かなんかをやられたんですか」と言われて、「そうなんですよ。若気の至りで、いろいろと……」と。若気って、あの時はもう、50歳を過ぎていましたが、そういうことをペロッと言うので、設楽さんは面白い。

そして、いろいろと聞いてきました。僕が一所懸命答えましたが、鴨桃代さんが、隣で僕のズボンを握り、頭にきてか手が震えていました。失礼だと怒っていた。僕もそう思いましたが、入るまではしょうがないと思い、韓信の股くぐりをやっていました。ようやく、6か月後に加盟が決まりました。後にもれ聞いた話では、常任役員会（？）か何かで、「全国ユニオンってうさんくさいな」と発言する人がいたそうです。総合国際局長の中嶋滋さん（自治労出身）が「うさんくさいのはここにいるみんなそうじゃないの」と一喝したそうです。中嶋さんは後にＩＬＯ理事としてがんばった人で、早稲田大学法学部で学生運動もしていた私の先輩にあたる人です。

事務所物語

次に、東京ユニオンの運動路線についてお話をしておきたいと思います。

東京ユニオンは、ある時期から「人権労働運動」というスローガンを出しました。雇用の多様化が始まっていたので、同時に「あらゆる働き方に権利を」というスローガンを付け加えて、あらゆる課題に人権を第一にしながら、労働を考えるという、今でいう社会的労働運動の走りみたいな、そういう路線を提唱し、大会でも確認しました。

もう一つは、「自立・連帯・協同」というもので、これは、労働者が会社から自立すること、仲間として連帯して助け合っていくこと、そして、みんなの力を寄せ合って協同で仕事を確保したり未来を切り開いていくということを意味する大きなスローガンとして掲げました。

１９８５年の第6回大会で、名称を、それまでの「北部統一労組」から、「総評全国一般」という冠を付けたまま、「総

GU

発行　労働組合東京ユニオン　編集　GU編集室
東京都新宿区西新宿7−22−18 オフィスKビル1F
☎03(5338)1266　FAX 03(5338)1267
定価(1部)200円　組合員の購読料は組合費に含めて徴収しています
毎月一回一日発行　郵便振替口座00140−3−195908
http://www.t-union.or.jp/
E-mail:gu-net@t-union.or.jp

☆均等待遇要求はパート派遣の人権宣言！

二〇〇二・十一・十六

全国ユニオン 結成

社会的労働運動の推進と均等待遇の実現へ おおきなうねりを呼びこそう

高井晃こと★紅の新宿豚

意気と熱気の結成大会 嵐の中を船出した 新生 全国ユニオン

十一月三日、全国ユニオンが結成された。

「社会的労働運動を推進し均等待遇を実現しよう」

一七〇名の仲間が参加して意気と熱気がビンビンと伝わ……

あけて四日、連合笹森会長の記念講演は、一時間四十分にわたった。用意した席が足りず立ち見が出たが、参加者はみんな最後まで集中して聞いていた。

東京ユニオンの仲間をはじめ各ユニオンの仲間たちの努力で、気持ちが溢れる、いい集いになった。ユニオンプラスは十二名にメンバーをふやし特訓を重ねて臨んだ。楽しいレセプションで、人が溢れて、あっという間に食物がなくなってしまった。御免！

仲間とはいいものだ、と実感した。

北海道はじめ全国からたくさんの仲間が集い、日本列島つらぬく連帯が実感できた。

とくに来賓の皆さんの愛情溢れる励ましには心から感謝したい。労働弁護団井上幹事長、農団労・岡田委員長、全日建・小谷野書記次長、そして福島瑞穂社民党幹事長ほか励ましの言葉を頂いた。

これからが本番 年末から〇三春闘へ 全国ユニオンは駆ける

十一月五日、全国ユニオンは連合本部にあてて、正式に連合加盟を申請させていただいた。鴨会長、設楽会長代理、高井事務局長の三名である。

連合本部は草野事務局長、高橋副事務局長、高橋組織拡大センター綜合局長で対応していただいた。二、三、お尋ねがあり、全国ユニオンとしての思いをお伝えした。

あとは、連合内部の手続きの問題となっていく。

新聞報道でも散見されるような批判的意見もあるようだが、パート・派遣など非正社員の組織化と均等待遇にかけるわれわれの熱い思いはきっと正しくご理解いただけると信じている。

全国ユニオンは第1回全国委員会で、来春の「パート・派遣労働者に権利を」全国キャンペーンの展開を徹底議論する。すでにこの秋、労働法制改悪との戦いが始まっている。派遣法労基法など、歴史的な規制緩和・改悪が予定されている。

来年通常国会は、悪法目白おし、が予定されている、

全国ユニオンは全国一斉の行動と首都圏一日行動を計画している。そして、攻勢的にかつ、楽しく、キャンペーンを展開していく。具体的な現場の闘い（セイコーパートやTBS契約社員の賃金差別・解雇）をつつみながら、パー……・派遣労働者の人権宣言」をかかげて闘う。「均等待遇」要求はまさにパート・派遣労働者の人権の旗印である。

日本労働運動の未来をみつめて、全国ユニオンは駆ける。

労働弁護団沖縄総会 宮里さんが会長就任

十一月七・八日、那覇で日本労働弁護団総会が開催された。代ゼミ、神谷その他で弁護活動をして頂いている宮里邦雄さんが会長に就任された。

総会議論はまさに、時代の転換点にある労働法制・企業法制にかかわるものだった。

新自由主義下で、会社分割や民事再生の手法で雇用が切り捨てられる。労働法制の規制緩和は歯止めなく進行する。労働委員会は無力化し「使用者概念」は拡大するのではなく、逆に切り縮められていく。持株会社が悪用され、雇用責任が覆い隠され免脱される。

労働者の人権、風前の灯火という今、どのように反撃するのか、熱心な議論があった。いくつものヒント・手がかりも感じた。現場の声を聞き、天下の眼で見る、労働運動の再構築を考え沖縄の青い空の下で泡盛の古酒（クースー）をかき喰らった。

特別報告で鵜飼弁護士が「司法改革」問題を語られた。鵜飼さんはユニオンのフィルグラフィックス倒産争議の主任弁護人でもあった。

「司法改革」には危険な流れもある。しかし、千載一遇のチャンスとして捉え返し、労働参審制など労働者の権利救済のために積極的に懐に飛び込むべきだ」と力説していた。その話の中で全国ユニオン結成にもふれられた。

変革への燃える志

歴史を批判し、現状を憂えるは易しい。しかし、大事なのは、現在動いているこの「歴史」に棹差し、どう変革するか、なのだ。

鵜飼さんは、燃えるような情熱で司法改革の只中に取り組んでいる。おそらく批判の石礫は、味方の隊列の後ろからも飛んでいるであろう。しかし、なんのために・誰のために改革するのか、立脚点が明確であれば、なんらおそるるに足らず、である。我々も、もって瞑すべし、である。

日本近代でいえば、明治維新、太平洋戦争敗戦と戦後改革、それにつづく第三の大変革期の只中に、我々はいる。

ユニオン運動も第二創業期にある。現実との格闘の中から自らの運動の足らざるを知り、未来を見つめて橋を架けていく、それなくして飛躍はない。運動において進取がなければ保守主義となり、今までの成果に甘んじていれば、その運動と組織は風化し、ついには壊死するであろう。

評全国一般東京ユニオン」に名称を変えました。これは、ユニオンアイデンティティ（ＵＩ）ということで、組合員の一票投票も含めてアイデアを募って進めました。当時、コーポレートアイデンティティ（ＣＩ）という手法が流行っていたので、それに倣ってやりました。

同時に、事務所は四谷三丁目の舟町の倒産した会社を占拠したところにありましたが、そこは決着を付けて一定の資金を確保して、渋谷区の道玄坂の上の方に事務所を構えました。

すでに神谷闘争が本格化、長期化の様相を見せており、神谷商事は、渋谷の反対側の宮益坂の方にあったので、何かあったらすぐに駆けつけられる、場合によっていろいろと行動する時にも、出撃拠点にもなるし使い勝手がいいということで、渋谷区の道玄坂に事務所を構えました。こんなに賑やかなところに組合事務所を構えたところはあまりないと思いますが、そこは、かなり無理をして事務所を構えました。

そして、第6回大会で、先ほど話したように、名前を「総評全国一般東京ユニオン」に変えたり、ロゴを作ったり、旗を作ったり、あまり歌っていませんが組合歌を作ったりしました。その道玄坂の事務所は、四階で約20坪でした。三階が住吉連合系の組の事務所で、彼らは1年ぐらいで出ていきました。

１９８２年11月に中曽根内閣ができ、これが、大規制緩和のはじまりのはじまりでした。就任早々に、いきなり、「日本列島不沈空母」と言いながら、一気に右にかじを切りました。同時に、ご存知の通り、社会党総評ブロックを解体するということで、国労攻撃を始め、国鉄の分割民営化といったことも言い出しました。

大きく言うと、ここからもう戦後の終わりが始まっていると言ってもいいと思いますが、非常にきな臭くなってきました。

障害者生産協同組合――ハリ・マッサージユニオン

この時、「自立・連帯・協同」の「協同」として、労働者が自主的に運営したり、起業したりできないかと考えました。神谷商事闘争のときに、中心メンバーの島崎さんが視覚障害者でしたが、彼も参加していた視覚障害者労働問題協議会、視労協の人たちから相談を受け、障害があると、なかなか仕事がうまくいかないので、何か一緒に考えてくれないかと言われました。僕は、スペインのモンドラゴンのような生産協同組合に、非常に関心があった。それでは考えようということで、事務所も道玄坂にけっこうな値段で借りていましたが、そこを上手く活用すればできないことはないと思い、渋谷地区労を通して全建総連系のところの大工さんに事務所に間仕切りを作ってもらい、事務所の一部を治療院にして許可も取りました。

組合員の一名を事務員として配置し、名前を「障害者生産協同組合　ハリ・マッサージユニオン」とし、視覚障害の人たちによる施術をしました。その時に理事長になったのが堀利和さんで、参議院選挙に一度出て落選していました。後に1989年夏の参議院選挙、これは反消費税、土井ブーム、「山が動いた」というやつですが、そこで、彼は何と名簿18位で当選し、参議院議員になりました。

この選挙運動も、場所がないというので、ユニオンの事務所の一画を仕切って選挙事務所にしました。また、選挙運動も、結局、僕がずっとサポートし、視覚障害者候補の介助で、選挙の時は、北海道から九州まで飛行機に乗り、手弁当で一緒にまわりました。

まあ、ユニオンの人は鷹揚ですよね。私には選挙組織からは一円も出ませんでした。そうした結果、反消費税ブームで当選し、議員になりました。その後も、秘書になる人が急にはいないということで、僕が参議院議員会館に秘書まがいで、手弁当で張り付いていました。3か月ぐらいで、ようやく解放されましたが、そんなこともありました。

自分たちで仕事起こしをやるということで言うと、だいぶ後になりますが、1999年に西新宿に事務所を移した時にスタッフフォーラムを作りました。これは、企業組合でした。派遣法が規制緩和でどんどん拡大していき、派遣労働者が増えていくことに対して、こちら側の対抗措置の一つとして、自分たちで仕事をできるようにしようということで、作ったものです。

1990年頃に、女性の組合員による女性のための労働相談をやってみたり、1990年の少し後に、セクシャルハラスメント問題が社会問題になり、その時に、後に議員になる福島瑞穂弁護士や何人かで、職場のセクシャルハラスメントを考えるネットワークを作りシンポジウムをやったり、小冊子を出したりして、いろいろと活動しました。

外国人労働者問題と日本語学校

当時、もう一つ、外国人労働者問題に取り組みました。中曽根内閣が1983年に何の根拠もなく、留学生1万人計画というのをぶち上げました。何をしたかと言うと、就学生、今は、これは留学生に変わっていますが、就学生という新しい資格を作り、1987年から1988年に、これを受け入れる「日本語学校」、正式には学校法人ではないところが多かったので「学院」というのが多かったですが、これが、雨後の竹の子のように乱立しました。これが、教育と言いつつ、宿舎を手配し、アルバイトも手配し、そして授業料をとり、いろいろと掠め取っているという、すごい商売でした。今、問題になっている実習生と変わらないぐらいひどいものでした。

ところが、日本ブームみたいなものがあり、アジア系の人が多かったですが、次から次にどんどんどんどん日本に来ました。金満大国ニッポンへの憧れが支配した時代です。そして、乱立した日本語学校でいろいろなトラブルがあった。それでは、そこにいる職員はどうなんだということで、少し当たってみたところ、実は何の資格がなくても教師がやれました。当時、業界では、高学歴の女性たち、子育ての手が空いたような女性たちを先生にすると世間体もいいので、その人たちに先生をやってもらっていました。しかし、待遇はパートタイマーと同じような低い時間給で、そういう意味では、高学歴の女性たちをかなり食い物にした事業の運営形態でした。

いろいろな相談も入ってきたので、1988年に東京ユニオンの中に日本語学校教職員ユニオンを結成しました。そして、1990年の第2回大会の時には、駿台日本語学校、国際友好学院、王子日本語学院、早稲田日本語学校、東京中央日本語学院、ノースウェスト千葉、これは千葉で一番大きな日本語学校でしたが、こういうところに、支部がどんどんでき、10支部を超えていました。そういうことで、新しい分野でユニオンを作っていきました。しかし、これは、定着が悪く、労働者が入れ替わり、こちらの対策に問題もあり、2007年ごろにはほぼなくなりました。千葉はもうしばらく残っていましたが。

外国人労働者の問題が非常にクローズアップされてきて、この外国人労働者問題を何とかしなければいけないということで、他の団体やいろいろな人たちと議論をして、CALLネットワーク、これは、「アジアの働き学ぶ仲間と連帯する労働者・市民の会」という長い名前の頭文字をとったものですが、これを作り、外国人問題シンポジウムをやったり、いろいろ啓発したり、役所と交渉したりといったことを始めました。ある程度、形ができてくると、いろいろなところが外国人労働者問題に取り組みだした。開拓したということで、私は徐々にそこから手を引きました。外国人労働者問題の先鞭をつけたものと思います。そういう活動も当時ありました。

求人情報誌の規制

1987年に「求人情報雑誌等規制対策会議」というのを

作りました。これは、後にリクルート事件の問題も含めて、真っ向からいろいろな問題と対決していく大きな展開になります。最初のきっかけは、神谷商事でストライキをやり、アルバイトが解雇され、こちらがいろいろと闘っている最中に、神谷商事が求人誌に募集広告を出していたことです。右手で人を切っておいて、左手で人を入れるのは、おかしいじゃないかと、職安法などをいろいろ研究した。職安法20条には「公共職業安定所は、労働争議に対する中立の立場を維持するため、同盟罷業又は作業所閉鎖の行われている事業所に、求職者を紹介してはならない」と定めている。これをどう解釈するかですが、同盟罷業中のところに人を供給してはならないとある。そこはある意味、運動的に解釈して、こちらはストライキをやっているのに、どうして、そこに人を入れるのか、そんなことしたらスト破りそのものじゃないか。冗談じゃないということで、求人誌で大手のリクルートと学生援護会と交渉して、争議中のところには募集広告を出しませんという一札を取り付けて、まず確約させました。

しかし、これは今後、広く起こってくるだろうと考え、当時、電算労、労供労組協の林丘さんと話をして、私が代表になり、「求人情報雑誌等規制対策会議」を作りました。そして、日本で初めて求人誌に関わるシンポジウムをやり、それを当時の『労働法律旬報』に全文掲載しました。労働省の組合、全労働の人たちも関心を持ち、いろいろ、こちらにアプローチしてきて、つながりもできました。後に、リクルート問題と言われる贈収賄事件が起こり、我々はこの規制対策会議の活動も含めて、リクルートの追及を始めました。

当時、求人誌は、都道府県単位の誌面構成でしか発行できませんでしたが、それをリクルートの江副氏が、広域で、首都圏単位でできるようにと役人に働きかけてOKになりました。これは求人誌にとっては、各都道府県でしか作れなかったものが、首都圏版として、共通で一気にバラまけるので、段違いに利幅があがる。都道府県単位の規制が良かったかどうかは別として、それを政治とカネの力で裏からひっくり返したのが江副で、それが、リクルート事件の始まりでした。それで、我々は、直接、株をバラまいたりしました。それで、我々は、そういう求人誌のあり方やリクルートのあり方がおかしいと、ずっと「求人誌協会」と交渉をしていきました。そんなことも、1987年頃からやっていました。たしか50項目ほどの改善要求を出し、48項目ほど改善させた記憶があります。

中曽根内閣ができて、1983年からいろいろなものが規制緩和された。私はきな臭くなってきたという感覚を覚えきたので、ここは労働運動としても、社会的に訴えて頑張らなければいけないと思いました。1985年には、派遣法と均等法そして第3号被保険者制度という主婦層の優偶制度ができた。この1985年というのは、やはり日本の労働法制史の中では、時代を画するような年でした。

ちょうど、我々がユニオンアイデンティティをやり、東京ユニオンもガンと出ていく、こういう危機感もあり、重なっていました。そして、派遣法は、その後どんどん規制緩和され、拡大して、今日にいたるわけです。私たちはずっと闘いを継続しています。

「規制緩和」とニュージーランド――内橋克人さんのこと

求人誌を規制して、それに続けて、派遣労働にも取り組んだという話をしました。この頃、「規制緩和の先進国ニュージーランドを見ろ」という、ものすごいキャンペーンがあり、テレビで久米宏あたりまで、二言目には「ニュージーランドに学べ」といった軽薄なことを言い、政府が一貫して規制緩和路線を出してきて、規制緩和がものすごく激しくなりました。労働の中の規制緩和というのは派遣法、労基法を緩めていくということですが、その規制緩和との闘いを、僕たちはずっとやってきました。特に、中小、未組織の労働者は、やはり、最低限の法律で守られているということがあるので、そこを改悪されてしまったら、もうやられっぱなしとなる。かなり力を入れてやってきました。

中野麻美弁護士をはじめ、女性たちだけがチームを組んで、ニュージーランドに行きました。そのニュージーランドで、法学者のジェーン・ケルシーという女性が、規制緩和はおかしい、人々を不幸にすると、際立って、極めて明快に言っていました。非常にいい話だし、翻訳したものを読んでも良かったので、その人を日本に呼んで集会をやろうとなりました。その時に、こちら側の日本でも、そういうことを言っている論者をきちんと出した方がいいということで、僕は、内橋克人さんに、ぜひ来ていただけないか、と手紙を書きました。しばらくして電話があり、先約があるが、それはなんとか調整するので、ぜひ出させてくれと連絡をいただきました。内橋さんは、わざわざ予定を変更してシンポジウムに参加してくれた。非常にいい話をしてくれて、感銘を受けました。ジェーン・ケルシーと内橋さんと中野さんが参加したそのシンポジウムの様子は、岩波ブックレットになっています。

別れ際に、内橋さんに車代ですと金を出したら、「そんなのいらないよ。カンパだ。使ってくれ」と言ってくれ、さらに、「いや、あなたたちにもっと早く知り合えていたら、もっと大きいことができたのになあ」と言われた。「いやいや、こちらこそ」と言って別れました。その後、東京ユニオンの新聞なんかもずっと送っていました。だいぶ前から、お体の調子が悪いと聞いていましたが、亡くなられてショックです。

あの頃は、本当に、規制緩和に反対する人は、国賊みたいに言われました。そういう時代でした。

規制緩和と派遣法「新時代の日本的経営」

先ほどの話をおさらいしますと、規制緩和攻撃、1985年派遣法ですよね。

この後、1995年に、日経連が「新時代の日本的経営」というのを出しました。これは、労働者を三つのタイプに分けるというもので、私は、これは「三つの身分」だと言いました。正社員幹部社員と専門能力活用型労働者とパート派遣などの非正規の労働者の三つに分けました。これが出た時に、僕は、これはもう、今までの日本的労使関係、日本的経営の終焉、死亡宣言だと、言っていました。当時日本企業の強さと言われた、いわゆる三種の神器、「終身雇用」、「年功序列」、「企業内組合」は、もう終わったということを、使用者、経営の側から宣言したと等しく、大変な時代が始まると思いました。

派遣法ができた

もう一つは、派遣労働の問題がこの頃から、本格的に出てきました。1985年に派遣法ができ、1986年に施行されました。これはおかしいということで、我々も総評など労働四団体もいろいろな労働組合も、反対していました。当初は、労働側は全部反対していましたが、1985年に当時の中立労連の中の電機労連が、大会で、「いや、必ずしも反対だけではダメだ」ということで賛成に回りました。労働側内部から、新しい時代には必要だということで派遣法賛成に回る勢力も出てきて、派遣法が成立し、一気に派遣が解禁され、派遣労働が拡大していきました。反対運動の側は、派遣法が成立して派遣労働が生まれ、その後、どうなったのかということについて、どこもチェックしていませんでした。我々も、意識的にチェックしたわけではありませんが、東京ユニオンは、相談活動を非常に熱心に始めていました。おそらく、これほど手広く労働相談を始めたのは、日本の組合では初めてだと思います。

特に、事務所が道玄坂に移ってから、地の利が良いということもあり、いろいろなジャーナリズム、マスコミも取り上げてくれて、僕もあちこちに短い論文を書き、東京ユニオンは相談活動をやっているということが広まりました。その時に、日経ウーマンの記者が取材に来て、「派遣労働の問題はどうですか」と言うので、「実はけっこう相談が来てる」と言いました。そして日経ウーマンが、特集で、派遣労働者を

2人参加させて座談会をやりました。そこに小さく、相談先として、東京ユニオンと、東京都の労政事務所、電算労が載っていました。それを見たということで、次から次に77本ぐらい電話が入ってきました。当時、派遣労働の問題は新しい分野であり、私がひとりで対応していた。いろいろと分析、整理をして、「派遣労働10の問題」という小冊子、パンフレットを自分で作り、弁護士やジャーナリスト、東京都労政事務所の人たちや、他の労働組合にも呼びかけて勉強会を何度かやりました。

そうした中で、やはりこれは、今までとは非常に違う事態が進行しており、対応しなければいけないということになり、1991年に、第1回の派遣トラブルホットラインという電話相談をやりました。日本で初めて派遣労働者ための相談活動、ホットラインを大々的にやった。これは後に『自分らしく働く派遣スタッフ読本』（労働教育センター、1992年）という本になりました。

派遣法はすごく変な法律で、「雇用」と「使用」を分けており、そんなことは、今までの日本の労働法にはありません。さらに「派遣業法」というつくりで「業法」であり、労働者保護は二の次の作り方でした。

これは、審議会の会長だった高梨晶信州大教授（当時）が、「俺が考えたんだ」と、えらく自慢していました。私は高梨氏と何度も議論しましたが、本人曰く、「いやいや、日本の女性労働者にはガラスの天井があって、結局、一定程度勤めたら、その企業で展望が見えないから、せっかく技能を持っていても辞めてるじゃないか」と。彼はある雑誌で、「そういうお嬢さんたちのための」という言葉を使っていましたが、今だったらアウトですが、「そういう人たちを活用する、そういう働き方なんだ」と言っていた。要するに、派遣元、派遣先の二つに分かれていますが、人手不足的なものもあり、また、OA化が進んでいたので、端末を触ることができるような女性たちであり、だからパート労働とは違い、もう少し技能がある、学歴もまあそこそこで、そういう人たちの新しい市場を、派遣労働市場として作るとして、始まったわけです。パートの賃金は安かった。確かに当時の「派遣」は、それに比べれば、賃金が良かった。今は、派遣もとても低いですが。当時、「派遣」は、本人たちも好きな時間に好きなだけ働ける、高賃金である、お金も貯まるから、仕事を休んで、海外旅行へも行ける。それを扱う業者も儲かる。供給を受ける先も、有能な技能労働者を入れられるという、Win-Win-Winだと言っていました。

日本初、派遣トラブルホットライン

ところが、私が受けた相談だけを見ても、どうもそうでは

1992年6月10日第三種郵便物認

GU

発行 労働組合 東京ユニオン　編集 GU編集室
東京都新宿区西新宿7-22-18 オフィスKビル1F
☎03(5338)1266　FAX 03(5338)1267
定価（1部）200円 組合員の購読料は組合費に含めて徴収しています
毎月一回一日発行 郵便振替口座00140-3-195908
http://www.t-union.or.jp/
E-mail:gu-net@t-union.or.jp

酔眼鳥瞰図 その三二

2001・9・14

アブナイ「小泉改革」の嵐が吹き始まった 「規制改革会議」の打ち出す競争万能主義を許してはならない

高井晃こと★紅の新宿豚

規制改革会議「中間答申」は雇用破壊・労働崩壊への最悪のプログラムだ

草の根から、全労働戦線をあげて反撃しよう

革の形が明らかになってきた。

内閣府に属する「総合規制改革会議」は七月二四日、「中間とりまとめ」を発表した。医療、福祉、人材など六分野にわたり、無原則な規制緩和・競争主義に貫かれたしろものである。

医療関係でも高齢者や低所得者に冷たい内容となっている。「安上がりでさえあればいい」という底意が丸出しだ。

労働分野では、さらに質が悪い。「有期労働契約、派遣労働などの雇用の選択肢を更に拡充し、働きやすい・雇いやすい環境づくりを進める」としている。

具体的には、派遣法関連で「派遣期間の延長」や「解禁」などをぶち上げている。

国会・労働法無視の「小泉改革」

労基法関連でも「ホワイトカラーイグザンプション」として裁量労働制の幅を大きく拡大したいとしている。ようするにホワイトカラーには残業代は支払わなくてもよい、ということである。

これのどこが「改革」なのか、聞いて呆れるものが羅列されている。

許せないのは、その多くに「直ちに見直し」とか「見直し前倒し」とか、労基法や派遣法改訂の法的ルールを無視した結論付けが横行しているのだ。97年からの「労基法改悪NO」運動や国会前座り

のなかで作ってきた働く側からの歯止めを一切無視し、国会での審議経過をも無視していとも簡単にこのような結論づけをしている。いったい、あなたたちは「なにさま」なのですか。

このペーパーは近年私が目にした政府関係ペーパーでも最悪の質のわるさである。

え、これが「委員」？

しかも、あえて問題にしたいのが「改革会議」の委員の質の悪さ、だ。たとえば、奥谷禮子という派遣会社「ザ・アール」の社長が委員である。この「会議」は内閣府におかれ、首相直轄の会議であり、いわば、特別な諮問会議だ。個々の役所を超越した「超法

5人で、その一人にこの奥谷社長がいる。この人は、派遣会社の社長という「利害関係者」であり、「人材」部会で、ひときわ大きな声を出している。こんな露骨な利害関係者を「委員」にする小泉政権のセンスは、それだけでも批判に値する。それだけではない。この女性社長さんは、かつて自社の女性社員に暴力をふるったとしてニューヨーク市警に逮捕され罰金刑を食らっている。これは「朝日ジャーナル」に大きくかかれた事件である。

いったい、どのような「見識」を評価して、このような人物を委員としてえらんだのか、首をかしげるばかりだ。

こんな連中に、「国の進路」をきめられては、たまったものではない。

「時限立法」方式登場

9月十四日、朝日新聞によれば、なんと、時限立法方式で派遣労働の期限延長などを盛り込んだ「緊急雇用対策法案」を今秋の臨時国会に提出するという。

「改革」に名を借りて、使用者の「労働力使い捨て」の野望を実現しようとする者たちとの厳しく激しい戦いが、また公然と始まった

派遣労働、3年に期間延長
緊急法案、臨時国会に
厚労省方針

小泉政権が進める構造改革の先行プログラムに盛り込まれた派遣労働の契約期間延長について、厚生労働省は14日、原則1年までとなっている派遣労働の契約期間を、時限的な特例措置として3年に緩和するため、「緊急雇用対策法案」を今秋の臨時国会に提出する方針を固めた。小泉内閣が進める規制改革路線に沿って、企業が従業員を雇いやすくするのがねらい。ただ、身分が不安定な派遣社員が増えることにもつながることから、労組などから「むしろ雇用不安を助長する」との反発が出るのは必至だ。

派遣労働の特例措置は、雇用情勢の厳しい中高年層などに対象を限定し、派遣契約期間の上限を現行の1年から3年に緩和しようというもの。

派遣労働は、派遣会社の登録社員などが、3カ月や6カ月の細切れの契約で会社に派遣される仕組み。利用する会社にとっては、直接の雇用関係がないので、経営状況に応じて従業員を増やしたり減らしたりできる「調整弁」として使いやすいメリットがある。

しかし、働く側にとっては身分が不安定になる側面もあり、会社が正社員を減らして使い勝手のいい派遣社員に置き換えていくという心配もある。このため、99年の労働者派遣法の改正では、契約期間を最長1年までとし、正社員の代替労働者とすることに歯止めをかけた。

経済界などにはこうした規制を緩めてほしいとの要望が強く、政府の総合規制改革会議でも、雇用の「受け皿」拡大につながるとして、派遣法の見直しを急ぐ意見が出ていた。

ただ、99年改正の際、派遣期間などの見直しについて、3年後に法改正の影響など実態調査を踏まえて再検討するとされた。調査もないままに法改正をすることには、審議会などで異論が噴出することが予想される。このため、同省では規制緩和の対象をできる限り絞ったうえで、派遣法そのものの改正ではなく3年間の時限立法とし、特例措置と位置づけることで、理解を得たい考えだ。

9/14 朝日 夕刊

ない。一例としては、派遣先に行ってみたら、ＦＡＸの感熱紙が転がっていて、見たら自分の履歴書がそのままＦＡＸされていた。「これはいいんでしょうか」と。いいわけないよね。派遣労働者の人権はおとしめられ「モノ扱い」。そんなことも含めて、勉強会をやり、ホットラインをやりました。１９９１年です。

これには、ものすごく反応がありました。労働運動としても、法律ができてしまった以上は、それに対して観念的な批判だけではなく、きちんと対応しなければダメですね。しかも、図に描くと、派遣労働というのは、「派遣労働者」、「派遣先」、「派遣元」、これは派遣会社ですが、この三角形の関係となりますが、僕に言わせると、対等なパラレルな三角形ではなく、三段の重ね餅を逆にしたような形が実態だ。派遣先にすごい力があり、間に仕事をもらう派遣会社がちょこっと挟まり、一番下に派遣労働者が押しつぶされそうになっているという、「三段逆重ね餅型」と名付けて、ガンガン批判しました。

ただし、派遣労働というのは、派遣元と派遣先というボスが2人いる働き方なので、問題解決のためには2回交渉をしなければいけないし、どちらに何の責任があるかが、当時はまったく、はっきりしておらず、対策するのが非常に大変でした。実際に「元」「先」と何回も交渉をしたことが何度もありました。派遣労働者は基本的に派遣元にはいかずに派遣先ではひとりなので、集団的になりません。同じ派遣会社から行き、そこで話をしていればともかく、大体みんなひとりで行くので、仲間と言ってもそれは架空の仲間で、「労働者は団結せよ」と言っても、「だれと団結するんだ」という話になってしまいます。

だから、社会的にキャンペーンを張り、きちんと法律による規制を強化させて対応することも含めてやっていかないと、これはとても対応できないと考えました。研究会をやりながらネットワークを作っていき、名前はどうするかということで、中野麻美弁護士が、派遣労働ネットワークという名前がいいという。「それでは中野さん、代表をお願いします」と、今もある「派遣労働ネットワーク」ができました。

派遣労働ネットワークと中野麻美弁護士

２００１年7月にNPO法人になりましたが、最初は任意団体で発足しました。そして、そこから、派遣労働問題の本格的な取り組みが始まりました。これが、日本で初めて派遣労働の問題への取り組みのスタートになりました。派遣労働自体は、１９６７年にアメリカの株式会社マンパワーが上陸してから始まりましたが、当時は、派遣法はなかったので、ありていに言えば、偽装請負、違法派遣でした。

テンプスタッフを起こした篠原欣子さん、大経営者で、後に自分の持っていた株を売り出し、キャピタルゲインで日本の長者番付の4位か5位に一瞬入った方です。彼女は、創業当時、逮捕されるのを覚悟でやっていたと本にも書いていました。

当時、小さな派遣会社が7つくらいあったと思います。彼女は、会社を辞め、オーストラリアに留学していたときに、派遣の仕組みを知り、これは経営の側から見て役に立つと考えたそうです。日本でもやろうと帰ってきて、彼女は朝日の「ビジネス戦記」に、一部屋を借り、半分机を置き、半分を自分の居場所にして、そこから始めたと書いていました。細腕繁盛記の典型のようなものです。

派遣労働と女性ジャーナリスト

派遣トラブルホットラインをやるときに、その頃の新聞の労働記者の人たちはほとんど男性でした。話をしても、全然反応が悪く、ピンとこないようなので、僕は、もうおっさん相手に話してもラチがあかないと思い、先ほどの日経ウーマンや、各新聞の当時で言う婦人部、女性部、家庭部、婦人家庭欄といった女性記者たちをオルグして、先ほどの勉強会にも参加してもらいました。

それで、第1回の派遣トラブルホットラインの時に、各紙がものすごく頑張ってくれて、家庭欄、生活欄に、4段抜き、5段抜きで出ました。おじさんを相手にしていたら数行ぐらいだったと思うので、そこは正解だったと思います。それを見て、派遣トラブルホットラインに電話がどんどん入り、相談が来ました。これは頑張って5日間やりましたが、192件の相談があり、一番多かったのが解雇でした。当時、よくあったのが、差別丸出しですが、一定程度年を取ったら、やはり若い女の子がいいと、差し替えられたといった話がゴロゴロしていました。当時はそんな話が普通にありました。

いろいろな問題を浮き彫りにして、やっていきました。先ほど話しましたが、労働省が一番ショックを受けたのは、履歴書がFAXで送られて、回覧されていたり、垂れ流しになっていたという事例でした。ホットラインの結果をまとめて、すぐに労働省と交渉し、「こんなことでいいんですか。人権も何もない世界ですね。なぜ、派遣労働者というだけで、普通だったら人事の奥の棚に入っているような個人の履歴書が、FAXで垂れ流されて、面白半分に回覧されるんですか」と言ったら、労働省の担当者の顔色が変わりました。すぐに、「そういうことはしてはいけない」と文書指示を出しました。当時は、毎年ホットラインをやり、労働省と交渉して、いろいろと改善していきました。

派遣先・ソニーとの闘い

派遣の問題で、ソニーに派遣されていた女性、沖縄出身の山城さんという女性から相談が来ました。派遣元はテンプスタッフで、派遣先はソニー。彼女は１９８９年8月からソニーに派遣されて働いており、契約書の業務内容は営業事務、ＯＡ機器操作ということでした。当時、「ＯＡ機器操作」という名目で何でもやるということが多かったのですが、これもそうでした。

彼女は、仕事ができて、英語もできたので英語で資料を作ったり、申請書を作ったり、さらに、非破壊検査をやらされていました。めちゃくちゃです。娘がいたので残業はできないと言いましたが、残業もどんどん増えました。そこで、彼女は、仕事をやらないのではなく、頑張ってやるから時給を上げてくれという交渉をしました。

ところが全然改善されず、さらに、「あまりうるさい派遣はもうやめてもらった方がいいと言っている人もいるぞ」と、派遣先からブラフをかけられるということがありました。電話をかけてきて、僕が受けて、「同じような人がいるのなら、連れてきて下さい」と言ったので、職場の派遣労働者に呼びかけました。

そうこうしているうちに、ソニーが契約を打ち切り、事実上の解雇となりました。ここはまずは派遣元のテンプスタッフに、不当解雇だということで交渉して、一定の解決金は出しますっていうことでしたが、雇用の確保はできないとなりました。しかし、問題は派遣先です。こんないいかげんな使い方をしておいて、しかも契約解除で実態として解雇になっているので、東京ユニオンとして、ソニーに団体交渉を申し入れました。しかし、労働者派遣法は、成立するときに国会でも様々な議論があり、宮里弁護士もそこで意見陳述をしましたが、法律の中には、派遣先に団体交渉の応諾義務があるともないとも、何も書いてありません。これは、今でもない。そこはごまかして作り、とにかく派遣法を成立させられていました。

派遣先の責任を問う

派遣先と団体交渉する権利を獲得しておかないと、「派遣先は知りません」、「派遣元はもう仕事が無いので無理です」となると、もう打つ手が何もありません。せいぜい、派遣元からそれなりの金を取るぐらいで、雇用ということになると、一切、手が届かないということになります。それでは、派遣労働者は、物を言ったら、派遣先から契約解除、つまり解雇されるということになります。だから、ここはなんとか踏ん張らなければいけないということで、私はソニーに団体交渉を申し入れ、「君たちが事実上、解雇しているんだから、団交に応じろ」と言いましたが、当然、拒否してきました。これを労組法7条2項違反の不当労働行為として、東京都労働委員会に申し立てを行いました。派遣法成立後、初めて派遣先の団体交渉の応諾を問う闘いでした。

この弁護団には、派遣労働ネットワークの代表になった中野麻美さん、そして宮里邦雄さん、当時労働弁護団の幹事長だった鵜飼良昭さん、その他、そうそうたるメンバーで弁護団を組み、挑みました。相手側にも、経営法曹の大物弁護士がついていました。

派遣会社は、派遣労働者に就労してもらい、手数料を稼げればいいので、むしろ、辞めないで行ってほしい。だから当時のトラブルの原因は、ほとんど派遣先にありました。派遣先が、わがまま放題、好き勝手に、まさに商品を扱うように派遣労働者を扱う。派遣先に、きちんと団交権を認めさせなければダメだということでソニーとの闘いを始めました。

これは、東京都労働委員会で、僕も証人として証言するとともに、僕自身が相手側を証人尋問したり、いろいろやり、約1年かけて運動し、労働委員会で和解が成立しました。和解の内容は、ソニーは今後は派遣労働者から苦情の申立てがあった場合には、誠意をもって対処する、同じくソニーは派遣労働者の労働条件等について、今後はきちんと誠意をもって対応するというものでした。和解なので、明確に団交に応じなければならないとはなっていませんが、実質的には、労働条件、その他について、関係者と話をしろということにはなりました。しかも、ソニーには遺憾の意を表明させ、我々から見たら向こうは謝ったという解釈で、彼女の約1年分の賃金相当分を補償させました。職場復帰にはなりませんでしたが、実質的には勝利した和解と言っていいと思います。この闘いにはソニーの少数派組合も協力してくれました。

我々は、この和解内容を活用し、この後、派遣先とやる時に、「東京都労働委員会で、こういう和解をしているんだ」ということを主張しながら迫っていきました。日本事務処理サービス協会、今の日本人材派遣協会が、「かなりうるさいのがでてきたな」ということで我々との話し合いに応じていました。我々が改善点を出し、向こうが応じるということをずっとやっていました。しかし10何年か前に、連合が派遣協会と「共同声明」を出すことを始めました。「労働関係の団体としては連合とやるので、お宅とはもうやらない」と言われて、その後は、玄関払いをくっています。こういうのは、きちんと具体的な問題について改善点を出していかないと、煮詰まっていきません。しかし連合は、交渉になっていないような「話し合い」をやっています。連合も、やるのであれば、ちゃんとやってほしいですね。それを理由にして、派遣労働ネットワークとの交渉を断ってきましたが、当初は、それなりにいろいろと改善をさせました。

ネガティブ・リスト——1999年の大改悪

この後、派遣法は、頻繁に、いろいろと変わっていきました。1999年のネガティブリストで、大きく転換しました。大改悪です。それまでは、この職種はやっていいという派遣法の枠でしたが、その後は、原則何をやってもいいが、ダメなのはこれとこれというネガティブリスト、基本は全部派遣OKだが、特別なものだけ、例えば、建設現場と港湾、医療業務はダメというものでした。

その後も、細かい点がいろいろと改善されていますが、そのほとんどが、我々が派遣トラブルホットラインを始め、人材派遣協会と交渉したり、同時に、毎年労働省と交渉をしたりして、そこでぶつけて、改善を迫った結果です。

先ほどの履歴書の話や、派遣で一番大きい問題だった「事前面接」をはっきりと禁止させ、規制を多くかけさせました。そういう意味で、具体的な相談と運動の積み重ねで、労働省とも交渉して、それが派遣法の条文などに、かなり反映されています。派遣労働の問題では、東京ユニオンが中心になり、派遣労働ネットワークを設立し、具体的にいろいろと押し込んでいったということです。その後民主党政権のときに規制強化しましたが、安倍政権で逆に規制緩和されてきました。その結果、派遣法という法律は古い本館に次々と別館を建て増した温泉旅館みたいなもので、どこが本館か判らないという状態。本当に煩雑でわかりにくい法律になっていきました。

日経新聞の派遣労働者——「ハケンの品格」

派遣労働で問題になったのは、日本経済新聞の子会社派遣会社の日経スタッフでの問題です。日経スタッフから派遣されて、日経の系列の出版社で働いていた女性2人が相談に来ました。会社の根拠は良くわかりませんが、「今度から2年入れ替え制にするので、2年間勤めたら、あなたたちとは契約しない、2年入れ替え制で、既に2年以上働いている人たちは総入れ替えする」と言われたということでした。しかし、彼女たちは日経スタッフに入社する時に、「うちは安定しているので、5年でも10年でもいてください」と言われていました。入社時のことを聞いたところ、日経で求人広告を出し、「中途入社で大卒の人は、日経スタッフへ行ってください」と言われて、派遣に回されたとのことでした。そして、派遣会社から本社の日経出版部門へ派遣された。

こういうケースは多くありました。労働組合を作ろうと説明会をやり、7~8人が集まりましたが、縁故で来ている人が多く、そのうち組合加入したのは3人でした。日経スタッフとの団交で、今までの人には適用しないということで妥協的に解決し、2年入れ替え制は適用しないことになりました。

しかし、2年後に改めて、契約打ち切りだということになりました。東京ユニオンの支部として春闘も組合員として交渉していたので、じゃまだということだと思いました。この時は2人になっていましたが、これも親会社を攻めるしかない。日経新聞本社の前に宣伝カーをつけたりして、抗議行動をしました。子会社と話してもしょうがないので、日経新聞そのものに、団体交渉に応じろと、迫っていきました。

後にわかりますが、日経本社で会議をやった時に、経営法曹のOという弁護士が、「東京ユニオンごときに名を成さしめてなんとする。最高裁まで、徹底的にやれ」と演説をぶち、断固対決と社論が決まったそうです。それに対して、私のところへ日経の記者も取材に来ていたので、そういう人たちが心配してくれました。日経の人で話がわかる人がいるので、非公式で会ってみないかと言われて、会いました。この人は、後に「昭和解体」という国鉄分割・民営化についての本を書いた牧さんで、早稲田の政経を出て記者になり、当時は人事の部長で、後に取締役になり、関西の方の放送局の社長になった人でした。熱血漢のいい人で、話をしたら、「そうか、それはまずいな。だけど、取締役会で断固闘うって、決めちゃってるんだよな」「だけど牧さんね。あなたたち日経が日本株式会社派遣問題のトップになってやる必要もないでしょう。こっちも引きませんよ。徹底的にやりますよ」と言ったら、「そうだよなあ」と答えました。もうひとりいた副部長が、なかなかの知恵物で、いいアイデアを出しました。派遣法の中に、派遣先は派遣労働者の苦情処理をしなければいけない、話を聞かなければいけないというものがある。これはホットラインなどをやり、こっちが入れさせたものでしたが、「それを使って、話を聞こうじゃないか。取締役会の決定があるから、『団交』は受けられないけれども、苦情を聞き、そこに高井委員長と責任者の関根書記長が同席して、苦情処理についてそこで話をして、決着をして職場に戻すということでどうか。それだったら、取締役から文句も出ずに、争議も解決する」という、なかなか面白い知恵を出しました。

「それはいいね。やろうか」ということで、向こうは苦情処理と言い、こちらは団交と位置付けて、まあ、大岡裁きみたいでしたが、これで解決しました。もちろん日経本社への社前抗議行動もずっと激しく行っていました。

その時に面白い話があり、この勢いでいったらユニオンの組合員たちは仕事もよく出来るし、正社員として認めるんじゃないかと僕は思いました。その女性2人に「日経の正社員化の要求はどう?」って聞いた。「何を言ってるんですか、高井さん。私たちを、あんな仕事しない、だらしない日経の社員と一緒にしないでください。あんなのと一緒になりたくありません。私たちは派遣でけっこうです」って怒られてしまいました。派遣労働者のまま職場へ帰ったという、「ハケンの品格」ともいえる面白い事例です。

テンプスタッフの名簿流出事件

次に、「テンプスタッフの名簿流出事件」という事件がありました。これは、派遣社員を採用するときに、本人にはわからないように、女性の容姿のランクをA、B、Cで付けていたという件です。下請けのコンピュータプログラマーが、その容姿のランクのデータを抜いて、流出してしまいました。名簿屋に売られたのです。

それで、大騒ぎになり、ある新聞記者から情報が入りました。「えっ」ということで、うちの組合員でテンプスタッフに行っていた人もけっこういた。翌日から、個人情報リストホットラインを1週間やり、70件、相談がきました。流出した情報には、氏名、住所、電話番号、生年月日に、容姿A、B、Cが含まれており、Aは「花があり、すれ違ったときに、あっ、美人だなと思うような人」、Bは「普通」、Cは「ちょっと」。これは、実際のマニュアルが匿名でうちのユニオンに送られてきて、わかりました。

記者会見もやり、ユニオンの組合員にテンプスタッフの該当者も何人かいたので、それを原告として裁判もやりました。同時に、テンプスタッフとギリギリの交渉をして、団体交渉で決着しました。テンプスタッフとの間で、かなりの項目の個人情報保護の協定、労働協約を結びました。こちらも内容的には大きく、その後、1999年に派遣法が改正されましたが、その協約が派遣労働者の個人情報保護のベースになりました。そういう成果を上げました。その後、2003年に成立、2005年施行の個人情報保護法を先取りする形で、派遣法の中に入りました。派遣会社にもちゃんと訴訟した本人たちも納得するような解決金、これはペナルティなので、それをきちんと支払っていただきました。

ハケンの年齢差別

その次、これもまた、女性差別丸出しの話ですが、パソナから高砂香料工業という会社へ受付として行っていた女性の話です。彼女は長く勤めていた人ですが、ある時、派遣先の総務課長に「ちょっとおでんでも食べよう」と呼ばれて、「ちょっと、手を出してごらん。受付嬢の嬢の字、君、わかる? 嬢というのは娘だよ。あなた、もう年とっているでしょ」彼女は手のひらに「嬢」の字を書かれたのです。要するに、あなたは年を取っているから辞めなさいということを言われました。彼女は、「全身の血が逆流するかのような緊張を感じて、その場を逃げ出したいと思った」と言っていました。

これは、当時の派遣労働者の待遇を象徴していますが、社内では「リースさん」と呼ばれていたそうです。人間なのに「リースさん」、外の人、借りてきた人ということです。よく仕事をして社員から慕われていて、評判は良かったのですが、年齢を理由にしてだんだん嫌がらせをされた。我慢ができないということで、1995年の年末に東京ユニオンに相談に来ました。関根書記長が彼女の話を聞きました。

この人は、派遣法のできる以前の1971年から、パソナから派遣されてずっと働いている人でした。東京ユニオンに入りましたが、雇用は続いているので、すぐには会社へ組合員としての通告をしないでくださいということでした。当時東京ユニオンの中に、「ハローユニオン」という派遣労働者の情報交換の場を設けていました。「ハケンロードウシャ」の「ハローユニオン」です。一人であちこちに行っている人たちが最低月に1回集まり、情報交換をしていたので、そこに入って交流をして、組合員として、いろいろ勉強をしました。本人から後で聞いた話ですが、初めて相談に来た時にはホッとして、道玄坂の事務所から坂を下るときに、涙が出たということでした。

今まで、相談する場がどこにもなく、派遣労働者の友人もおらず、会社にひとりポツンといて、長年働いても、最後はそんな扱いです。そして、彼女に「嬢」の字を書いた課長は、ご丁寧に、人事部長宛てに「受付嬢交代依頼の件」という稟議を出し、それをわざわざ本人に見せていました。そこには、「問題点：近年、O嬢の高齢が目立っており、交代の時期がきている」と書かれていました。彼女は、かなり高齢の母親とふたり暮らしで、働かないと生活ができない。ずっと我慢していましたが、結局、1998年4月に高砂香料の本社が高輪から蒲田へ移転することになり、そこで、彼女は、ついに「終了」と、11月20日をもって「解雇」されました。解雇理由に、「職業柄、年齢的に限界」と書いてあった。よく、こんなことを書くなと思いました。

それで、ユニオンから高砂香料に対して団交を申し入れました。会社は、話し合いは派遣元の「パソナ」とやってくれと回答しましたが、こっちは、「冗談じゃない、受付業務を継続してちゃんとやれ」と要求書を出し、これを受け入れて一応、団交は開催されました。派遣会社が、派遣先にご迷惑をおかけしないように対応しますと言ってきましたが、こちらは、パソナは質の悪い派遣会社だという認識があったので、この時は、パソナなんか相手にするなと「パソナ無視」

としました。パソナは同席させてくれとうるさかったのですが、かまわず派遣先と団交をやっていました。

派遣先労働組合の支援・連帯

しかし、高砂香料工業の方針は変わらないので、裁判の準備をしながらいろいろ探ってみた。高砂香料の研究所の労働組合が我々の話を受け入れてくれて、この女性の雇用を守るために会社にいろいろ働きかけるということを執行委員会で表明してくれました。

その後、裁判に移行し、抗議行動もどんどんやりました。この組合はなかなか立派で、組合で動員をかけて、特に研究所のある神奈川の方から10人ぐらいが、毎回、東京地域の裁判を傍聴に来ていました。

派遣先の労働組合で、派遣労働者の問題で、これほどきちんとやるところはあまりありませんでした。今でも、東京ユニオンとは大会の時にエールの交換をしています。

マスコミ対策もしました。本人も決意して、NHKと朝日新聞で、写真入りで登場し、NHKも、彼女が自宅で母親といるところを撮りました。結局、2年間、法廷で争い、裁判所で和解しました。派遣先である高砂香料が、雇用責任や年齢差別の責任を認める形で、解決金を支払うと共に、長年受付業務を誠実に行ったことへの感謝状を出す、「嬢」の字を書いた課長が彼女へわび状を出すということで、解決しました。派遣先が全責任を認め、かなりの金銭を支払いました。職場復帰はできませんでしたが、派遣先に全面的に責任を取らせたということでした。

この時は、この派遣先の労働組合の協力は大きかったです。その後も、いろいろなケースで、こちらは必ず、派遣先の労働組合に連絡を取り、こういう事件が起こっていると話しましたが、ほとんどの組合が「いやいや、そちらでやってください。うちの社員じゃありませんから」となります。しかし、多くの派遣労働者が職場に入っているわけで、それに対応しないというのは、僕は労働組合としてはいかがなものかと思います。

「西陣・キャリエール支部」

もう一つ。派遣先に直接雇用させようという闘いがありました。これは、キャリエールという派遣会社から、平河町にある西陣というパチンコ遊技メーカーに派遣されて、就労していた派遣労働者の話です。キャリエールは当時の名称で、後にアヴァンティスタッフという名の大手銀行系の派遣会社です。

１９９９年10月に、「２００２年5月までに3年を超えて継続就労している派遣労働者の契約を解除します」という通告をされました。この対象となった派遣労働者は10名で、一番長い人で11年でした。東京ユニオンに相談に来て、私が受けました。内、7人が頑張って闘うということで、ユニオン支部を結成しました。この時は、派遣先の責任が大きいので、僕は支部名を、わざと、東京ユニオンキャリエール西陣支部と、派遣元と派遣先の名前をくっつけました。

派遣元に対しても団体交渉を申し込みました。派遣元のキャリエールは、自分たちとしても雇用確保に努めたい、派遣先にも働きかけに行ったと一応言いましたが、力関係ははっきりしていました。派遣先の西陣は、一旦は、２００２年5月までに契約解除というのを撤回しましたが、単に先送りをしただけで、後に、また打ち切りを言ってきました。僕は、いずれそうなるのだろうと予感はしていました。とりあえず雇用関係がある間は、春闘交渉をやり時給を引き上げたり、派遣元と派遣先の両方に、団体交渉をやれといった要求を出しました。

結果としては、この時、派遣会社に、時給を一律３０円アップさせましたが、それを妥結した5か月後に、支部の書記長になった女性の契約を12月までで打ち切ると通告してきました。その女性の職場は、業務に繁閑があり、いつも必ず「一人工」が必要なわけではないということ言い、切ってきました。これに対して東京ユニオンは、そんな理由では納得できない、しかも組合で活動している人を契約解除してきたわけで、不当労働行為じゃないかと通告しました。西陣と団体交渉をするということでやっていきました。

その後は、派遣元、派遣先と東京ユニオンの3者で懇談会を開かせて、改めて、契約を継続しろとやりました。この時も、西陣は、一旦は撤回し契約を当面更新すると約束しました。「当面」という言葉が付いているので、いずれくるなということで、派遣先の西陣に対して、徹底的に団体交渉の開催を要求しました。西陣には、どこにも入っていない企業内組合があり、いろいろな経緯があってその人たちを少し知っていたので、相談しながらやっていましたが、最初は協力的でした。しかしだんだん自分たちの手に負えなくなったようです。そこで、こちらの独自の行動に切り替え、派遣先に対して、団交の開催を要求しました。いろいろな要求をした中の一つに、組合員を西陣で直接雇用しろという要求もありました。直接雇用するにあたっては、派遣労働者の時に達成していた労働条件を維持して、これは賛否両論ありましたが、いきなり正社員では会社ものみにくかろうと、直接雇用で契約社員として入れろという、少し、トリッキーな要求をしました。しかし、回答がない。これは不当労働行為でやると時間がかかってしまい大変だろうと判断し、労働委員会への斡旋を申請しました。

労働委員会での「あっせん」

はたして西陣が斡旋に応じてくるかという問題がありましたが、いろいろと働きかけをしました。相手は応じてきました。そうこうしているうちに、残りの6人に対しても、契約が打ち切られるということで、抗議行動を展開しました。結局、派遣元、派遣先、ともに斡旋申請を受け入れて斡旋の場に着くということで、とりあえず、契約打ち切りを強行せず、契約期間を1か月延長し、そこは確認を取り付けた上で、また、斡旋の場でも、再三、派遣先への直接雇用を求めました。そういうことで、契約社員という案も含めて、労働委員会に提案しました。

結局、西陣は「社員にする意思はない、人が余っているので派遣労働者がやっていた業務は正社員が対応する」ということを、急に言い出しました。その姿勢を崩さなかったので、裁判も考えました。しかし、組合員の人たちも、長引くのはつらいとなってきたので、派遣先への直接雇用は断念をして、最終的には、労働委員会の斡旋和解で、金銭で解決をしました。しかし、こちらが派遣先に対して雇用申し込みをしていく正当性は、労働省とのいろいろな交渉も含めて出てきていたので、この場合、派遣先の会社側は、知らぬ存ぜぬでは通用しませんでした。あまり長期化すると、本人たちが苦しいということなので、そこはそれで、手を打ったということになりました。その支部の支部長だったSさんは、65歳で年金生活者になるまで東京ユニオン組合員でした。65歳で退会のお手紙をいただき、僕の胸に熱いものがこみあげてきました。ユニオンに入っても自分のことが解決すると退会する人が多くなっている。最後まで労働者の仁義を尽くす。うれしいですね。僕の著書にサインをして送ると、返事が返ってきました。

「高井様、人生捨てたもんじゃないという言葉を頼りにがんばります。ありがとうございました。弥生」

なお、西陣は2023年3月に廃業だとマスコミに報じられました。

「鴨さん、がんばれ」連合会長選

その後、2005年の連合会長選挙問題がありました。当時、私は全国ユニオン事務局長として連合の役員選考委員会のひとりとして会議に出ていました。連合の場合、組織を四つのグループに分け、そのグループごとに役員選考者協議をしており、各構成産別の委員長、書記長クラスが出て、僕は全国ユニオンの事務局長ということで出ていました。

当時の話は、笹森さんの後の会長、事務局長を誰がやるかという議論でした。役員を若返りさせるということが、錦の御旗でした。そんなことがあり、選考委員会で話がありましたが、決まらないまま、選考委員会は流れていきました。

ある時、選考委員会のまとめ役になっていた、当時、商業労連でデパート出身だった桜田さんから電話がかかってきて、「選考委員会全体の話として、この際、ゼンセンの高木剛さんを会長に押したい」ということでした。私は、「いや、ちょっと待ってください。若返りをするということで、草野事務局長の昇格をなくすと、そう言っている時に、なんで60歳を過ぎた高木さんを会長にという話になるんですか。経過が全然違うじゃないですか」と。桜田さんは、「いや、そうは言っても、もうこれでいこうっていうことで選考委員会は固まりましたので、よろしくお願いしたい」、「私は、そういうことは納得できません。話が違うじゃないですか。なんでそういう密室の協議で、筋の違うことを平気でやるんですか」と抗議したところ、彼は困ってしまい、「まあ、お伝えしましたので、よろしく」、「よろしくと言われても困りますよ」それで、電話は切れてしまいました。今までの会議は何だったんだと腹が立ち、しかも、全然、若返りになっていません。高木さんが出るのは、確か2回目だったと思います。要するに、談合したんだろうと私は思いました。密室での決定です。

それで、僕は、鴨さんや設楽さんに、「ひどいな。ちょっと頭にくるな」という話をしていました。その時に、いろいろな動きがあり、連合の会長選挙に推薦はいらず、我々も1票持っているので、「じゃあ出られるな。出ようか」。連合内部の有志からも、「このままじゃ談合政治みたいで困る。活性化したい。出てくれないか」という話も届いた。「よしやろう」という気持ちで、「鴨さん、やろうよ」って言った。彼女はけっこう度胸がある。「あっ、いいの？　いいならやろうよ」となり、鴨さんの立候補を決めました。

鴨さんに、組合員を1人付けて、連合の本部に立候補の申請に行きました。受け付けた連合の女性が追いかけてきて、「これ、間違いじゃないんですか」「間違いじゃありません。立候補届けです」「ほんとにいいんですか。組織で確認しているんですか」「してますよ」私のところにも、誰かがそんなことを言ってきました。

これは、手続的には、全国ユニオンの役員に、持ち回りですが、全部電話して、経過を話して、こうこうで、やるよって言ったら、ひとりも反対がありませんでした。ぜひ、やってくれということで、東京ユニオンの事務所が西新宿にあった時で、そこに全国ユニオンの事務所を併設しており、そこを中心に動いていたので、近くの全労済東京会館を借りて、激励集会をやりました。出ることに意義がある。

立候補宣言してすぐに、これは元々予定していたことでしたが、社民党の福島瑞穂さんとやっていた非正規雇用フォーラムの運動の一環で立候補翌日から韓国に行き、視察して、帰ってきました。私も一緒です。「青島幸男の都知事選みたいだね」と冗談いわれました。その後に、会長選がありました。この会長選挙はなかなか面白くて、驚いたのは、連合の大会の会長選挙当日の朝日新聞の社説に、「鴨さん頑張れ」そういう人が出ることはいいことだ、と書いてありました。えーって、驚きました。しかも、その記者には、私も含め誰も一面識もありませんでした。労働関係にはまったく縁のない人でした。当時は、産別の会長でも女性は珍しかったので、注目されました。

前々日に、鴨さんが一緒に何か作業をしていたので、「もういいから、うちに帰って、美容院に行って、すっきりして、明日、X時にいらっしゃいよ」と言ったら、「いいの？いつも気を使ってくれるわね。高井さんは意外と気が利くのよね」とか、余計なことを言っていました。

そして、前日は、美容院に行ってすっきりして、珍しく化粧をしたということでしたが、当日、すてきな演説をしました。僕が彼女にお願いしたのは、最初と最後はこうしてくれ、間は自由にやってくれということで、最初は、やはり非正規労働者や派遣労働者、女性労働者の権利の問題に取り組める連合にしてくれと、最後は「アイ ハブ ア ドリーム、私には夢がある」で、こういう連合にしてほしいと言ってほしいと。

彼女はすばらしい演説をしました。シーンとした空気が流れて、会場の空気が変わりました。本来なら1票のところですが、私も若干の工作はしましたが、全体で３００票ぐらいの内の約１３０票になりました。それなりのものだったと思います。

裏話で言うと、無理やり草野さんが押さえられたということについて、自動車関係の反発もあったということです。それと、後でわかりましたが、いろんな人が勝手に鴨さんに入れていました。鴨さんと全国ユニオンが挑戦した会長選は、大きなインパクトがあったと思っています。今回の会長選で女性の会長が選出されましたが、それに多少はつながったかもしれません。主張と内容は全くちがいますがね。

労組法を改悪させない

僕は秋田集会で鷲尾さんを引っ張り出して、カラオケして、酒を飲んだ。その後、連合が地域ユニオンクラフトユニオンという方針を出していきました。それは、こういう社会的な運動を連合にやってほしいということがありました。

もう一つの背景として、関西の経営者団体である関西経営者協会、関西経協が、日本の労働組合法を変えなければダメだと一貫して言っていたということがあります。労働運動では「西高東低」と当時いわれていた。大阪の全金など激しい闘いで、労働組合の最先端を走っていた。全金南大阪・田中機械など、倒産には工場占拠、自主生産で闘っていた。暴力ガードマンは実力で排除した。ひとりしかいない組合が団交権を持っており、こんなに労働者の側に一方的に有利な労働組合法は日本だけで、経営者に対して不平等ではないかと言っていました。例えばアメリカでは、一定の領域で過半数を取らなければ、協約締結権、団交権を持てません。ヨーロッパも含めてそうだ。日本だけ、ひとりでも入れば団体交渉権が発生するとなっており、著しく組合側に有利になっている。おかしい、変えろと言っていた。三分の一以上でないと団体交渉権を認めないことにしろと、一貫してキャンペーンを張っていました。

僕の思いとしては、合同労組やユニオンは、ひとりでも入れて闘えますと言っていたけれども、法律的にそれを一気に変えられると、組織として、成り立ちません。したがって、労働組合の多数派がそれを支持しているということをやらなければいけないと思い、連合にもユニオンをつくるその方針を提案しました。

秋田から帰った後、担当者が事務所にみえて、資料をあらいざらい渡しました。そして、連合が研究し、ああいう方針を出していきました。その後、経営者側では、一度もそういう団交権制限の議論は起きていないので、僕は、これは正解だったと思っています。連合が方針を出したことで、使用者団体側は法を変えるためには組合全体を相手にしなければいけなくなりました。そうでなければ、全国一般とか、ユニオンとか、そこを潰せばよかったわけです。僕は、連合もそれをやっているということが大事だと思います。大きな流れを、こちら側に引き寄せて作っていかないと、世の中は変わりません。

くどいようですが、ユニオン運動で楽しく、マスコミから少し注目されてやっているというのは、自己満足であり、労働運動、社会運動としては不充分です。そういうことで、僕は連合に提案したわけです。同時に、電力総連出身の笹森さんが、ある意味大化けしました。彼の時に、「ニュー連合」の方針になり、「社会的な労働運動」と言っていきました。最初は「な」が入っていました。僕は全国ユニオンを作り、連合に加盟しました。ほんとに、後ろから石がバンバン来ましたが。まあ、来るだろうなと思っていたので、そんなものはいい。

運動は自己満足ではダメです。実際に世の中を動かす、法律を変えるといったことをやらないと。派遣法はその例です。放っておいたらもっと悪くなっていました。派遣労働の問題は、実際には、東京ユニオンが動いて、派遣労働ネットワークを作ってやってきたから、労働者の権利に関する領域が法律のなかに入りました。

それまでの労働運動の人たち、反対運動をしていた人たちでも、何もしておらず、大手組合も連合もまったく関係ありませんでした。放っておいたら、派遣労働はもう、無権利の荒野みたいな感じになっていたと思います。

この後も、規制緩和、新自由主義の大波がガンガンガンガン、押し寄せてきました。直近で言えば、安倍、菅の9年間です。非正規は4割になり、タメのない生活になり、仕事がなくなったら、家から放り出されてホームレス状態になるということが、当たり前のように起こってきました。だから、労働運動も、塀の中の秘密倶楽部で正社員の権利だけ守っているというのは、実際には、全体としては、守れていないわけです。そういうことが、この後もどんどん起こってきます。

日雇い派遣・派遣切り――グッドウィルがつぶれた

そんな運動をずっと繰り返してやっているうちに、皆さんご存じの通り、2008年にリーマン・ショックが起きました。実は1999年に派遣法はネガティブリストになり、リーマン・ショックの前から、派遣がどんどんどんどん拡大していました。東京ユニオンに派遣労働者の交流をやるセクション「ハローユニオン」があり、そこに、ある時、派遣労働者が、もう一つ日雇い派遣に行き、足りない分を稼いでいるという話が入りました。我々も知らなかったのですが、こんなことが流行っているのかということになり、現在の全国ユニオンの事務局長の関口さんとか、派遣ユニオンの書記長の関根さんとか、彼らがみんな、現場に行って、日雇い派遣を経験してきました。

彼らは、オルガナイザーですから、ちゃんと問題点を見ていて、これは、ただ単に人間を放り込んでいるだけという、ひどい実態をつかんだ。派遣というのは労働者の管理を派遣会社がしますが、この日雇い派遣はただ送り出しているだけでした。この頃から、携帯メールが使われていたので、それで、ポーンと仕事の手配が流れていく。そういうのを派遣会社はマッチングと呼んでいました。現場を知り、非常にひどい状態だということがわかり、それに取り組み始めました。

一番大きな取り組みになったのが、グッドウィルの問題でした。当時、すごい勢いで事業を伸ばしており、折口社長は経団連の役員に入り、若手経営者の代表みたいに取り上げられていました。グッドウィルとは〝いい人〟という意味ですが、バッドウィルじゃないか。特に大きかったのは、これは業界の慣習で、闇の紹介手数料みたいなもので、正規のマージンの他に、「データ装備費」とか、そういう名前のわけのわからないものを、一稼働ごとに200円を引かれていました。不当ピンハネされている。やはり現場に入ってわかり、これは、どう見ても、正規のマージン以外に不当に強制的に取っているということで、何人かそういう問題点をかかえている人でグッドウィルユニオンを作り、関根さんが先頭になって組織化をして、乗り込んで行き、団体交渉を求めました。本社が六本木ヒルズだったので、その前に宣伝カーを持って行き、大々的に宣伝をしたりしました。

マスコミも、「ああ、こういうことがあるんだ」というのがわかり、いろいろと追いかけだしました。グッドウィルに対して、データ装備費を返せと言ったら、組合員で名前出しているのが数十人だったので、最初、返しますと言いましたが、その人たちだけに返しますという意味でした。こっちは、「馬鹿言ってるんじゃない。制度として反対しているので、全員に返せ」と主張しました。またそれを、関根さんが発信して、そのメールを見た人が、じゃあ私も私もとなり、次から次に、「グッドウィルにちゃんと払え」と言ったら、向こうは方針転換して、最初の人に払うと言っただけで、こんなに大勢来るのでは払えませんと言って、拒否しました。じゃあ裁判だということで、中野麻美さんら弁護団を編成して、データ装備費返還訴訟をやりました。

そして、「なんだ、このおかしな金のとり方は」ということで、社会問題化しました。他にもどんどん相談が来るので、例えば、港湾運送、つまり港湾労働は派遣法で禁止されているのに、そこに派遣していたとか、建設現場も原則ダメですが、派遣していたとか、特にグッドウィルに、そういう違法派遣がいっぱいあることがわかりました。こういう時は、集中してガンと攻めて、問題を展開するという「一点突破、全面展開」でグッドウィルを攻めました。結局、訴訟も含めて、いろいろな不備が出てきて、マスコミでもガンガン書かれて、結果として、間を端折りますが、グッドウィルは企業としてもたなくなってしまいました。

違法派遣の象徴としての、しかも六本木ヒルズのヒルズ族で、経団連の若手出世頭みたいにしていた折口を、結果的には叩き落とすということになりました。同時に、やはり、こんな派遣法はおかしいじゃないかというキャンペーンにもなりました。

その後はフルキャストで、これが当時、日雇い派遣で二番手でした。フルキャストは今でもありますが、方針を変えて、派遣ではなく日々雇用型の職業紹介に切り替えました。これはこれで、非常におかしな話ですが、ここには今も派遣ユニオンの組合員がいるので、春闘交渉をして、今、関根さんが頑張っています。最低賃金が法律で決まっていますが、それではダメだ、それより上積みしろということで、最低賃金プラス8円とか9円という企業内最低賃金協定（労働協約）を作らせて、今でも交渉をねばり強くやっています。これは、やはり、規制緩和反対と派遣法反対運動をずっと続け、1999年にネガティブリスト化されてからも、それを組織化して追いかけたので、そういう日雇い派遣についても全面的な闘いができたということです。

リーマン・ショック、派遣村——国を動かす

2008年に、いきなりリーマン・ショックがドンときました。この時の特徴は、リーマン・ショックでいきなり経済規模がダウンしたことで、製造業派遣の人たち、主に男性が一斉に切られたことでした。製造業派遣の場合、派遣会社が住宅を手配し、みんなそこに寝泊まりしながら工場に派遣されていたということです。したがって、派遣契約が切られると、仕事も家も失うことになりました。そういう相談が、東京より、むしろ地方の方から、どんどん入ってきました。

関根さんは、その2008年のリーマン・ショックの時に、「派遣切り」という言葉で流行語大賞をもらっています。それぐらい、世の中に、派遣の問題、派遣が切られているという問題が明らかになっていきました。これは大変なことになっている。いろいろと相談をして、結果的には、暮れに、日比谷公園で年越し派遣村をやることになりました。これは、いろいろな本にもなっています。冬ですし、行き倒れで死ぬ人が出るのではないかと、本当にそう思いました。

一番前に出て動いたのは関根秀一郎で、派遣村のテレビ報道を見るとわかりますが、彼は広報の責任者ということもあり、全部彼が受け答えをしていました。彼が広報の責任者で、鴨桃代さんは炊き出しの食料の責任者、僕は、役には就いていませんが、毎日そばにいて、何かあると関根、鴨と相談するという体制でやっていましたので、いろいろなことに関与していました。

結局、公園を使うことについて、都は、何も言ってきませんでした。世の中の注目がすごかったので、いくら反動石原といえども、手を出せなかった。そこは、作戦成功でした。大きく報道されたことで、全国から大勢がやって来ました。三日三晩、静岡の方から歩いてきたという人もいましたし、いろんな人がいっぱい来て、それで救われた人がいました。しかし、昼間でも寒く、夜、あそこに寝ていると寒くてどうしようもないということで、「厚生労働省に大きな講堂があるじゃないか。なんとかさせよう」と、厚労省へ行き、我々で鉄柵ごしにガタガタと話をしていたら、厚労省の役人がもうお手上げになってしまいました。

そうすると、当時副大臣だった、自民党で今愛知県知事の

大村さん、彼は議員でした。議員は年末年始に地元を回るので、正月に地元で年始回りをしていましたが、それを中止して、すぐに東京の現場に来ました。彼と湯浅誠さんらと我々の何人かが話をして、こっちは、「死人が出てしまう。何とかしよう。労働者に大講堂を開放してほしい」と話した。彼が「ちょっと待ってくれ」と言って、あの時は、たしか厚労大臣が舛添さんで、許可を取ったと思いますが、「わかった。前例がないけど、講堂を開放する」と言って、厚労省の講堂を、歴史上初めて開放しました。

関東大震災の時でも、役所がそういう施設を開放しなかったのに、前代未聞だと言われました。そこは、暖房が入っていたので、建物がある世の中はこんなに暖かいのか、みたいな感じでした。そうやって「派遣村」が講堂を開放させた。そして、政治家もいろいろ動いていたので、自民党も含めて、この事態はまずい、何とかしなければいけないとなり、いろいろな所に宿泊所を作り、若干のお金も支援して、再就職のための相談にものるということになっていきました。本当に一点突破でやり、派遣切りということがその前にあったことと、年末年始を挟んで、そういうひどい状態になっているということを可視化する、今は「見える化」と言いますが、見える化したことが、この未曾有の闘いの一つのポイントだったと思います。

その後、食料、衣類といった物資が派遣村実行委員会の連絡先の全国ユニオンにどんどん送られてきました。カンパも２０００万円ぐらい集まったと思います。

規制緩和から新しいグローバリズムの時代に入っており、それこそリーマン・ショックで国中がおかしくなってしまい、派遣切りが出る、そういう事態の中で、例えば、中小企業が、外資のファンドに身売りする、乗っ取られるというときに、どういう闘い方をするか、京品ホテルの闘いは一つの先鞭をつけたわけです。そこは、ちゃんと教訓化しなければいけない。

そういう意味で、派遣村も含めて、法的には必ずしも裏付けがなくても、そこはもう実力で突破しないとダメな局面だと僕は判断したのでやりました。時代が変わってきており、その時に、労働運動は、どういう闘い方をするかということが必要なので、そこを切り開いた闘争だったと思います。

この本の「まとめ」として掲載（巻末参照）した「東京ユニオン運動のキーワード」、「世界的危機の時代とユニオン運動」、この二つは、僕が書きました。一つ目に、ミッションは「自立・連帯・協同」で、基本的な運動のスローガンは「人権・労働」です。その後、「世界的危機の時代とユニオン運動」ということで、一番目に「想像力と可視化戦略。野戦病院の思想」が必要だと書いています。想像力というのは、今までのケースでもそうでしたが、一つの相談や物事を見た時に、その背景に何があるのかを想像することです。そこは、やはり、ある種の想像力を働かせて、例えば派遣労働の時もそうですが、ああいったトラブルが起きているということは、今後、どういう事態になっていくかということを想像し、じゃあそれを運動として、どう対策するかを考えるという意味で、想像力と書いています。

それから、可視化です。最近は「見える化」と言いますが、派遣村や、我々がやった派遣労働者への対応のように、派遣というシステムの中で起こっていることを見えやすくして、必要なら裁判をやるし、社会的なアピールもして、それで法改正につなげていくという、そういう運動、そういう、見える化をしてやるということです。三つ目に、「野戦病院の思想で闘う」ということを言っています。

つまり、これは発想の基本ですが、運動でも仕事でも、あれがないからできないとか、これが足りないから無理だとか、そういう発想がよくありますが、そういう、「闘えない言い訳を考えるのではなくて」、ちょっとすごい表現ですが「ちぎれたタオルを包帯代わりにして、今そこにいる傷ついた人々を手当てする野戦病院としてユニオン運動はあるんだということである」ということです。

労働運動は、特にこの時代になると、大きな組合は企業内化しており、闘うという言葉自体も、たまに書いているだけで、実際には何をやっているのかわかりません。それに対して、私は、必要があれば実力で闘うという考え方や、そういう立ち位置で運動をやってきました。したがって、波乱万丈でした。よくこれでパクられなかったと、今でもしみじみ思います。

その後で言うと、シニアユニオンが２００７年にでき、これは僕ではなく、設楽清嗣氏が提案してやり、設楽さんが委員長を降りるというので、代わりにお前やれとなって、２０１５年の第10回大会で僕が委員長になり、今日に至ります。

（完）

東京ユニオン運動のキーワード

東京ユニオンの運動のなかで育まれた合言葉（キーワード）はいくつもあるが、代表的なものを見てみる。

1　ユニオン運動の命題（ミッション）は「自立・連帯・協同」

東京ユニオンの運動は、中小企業と不安定雇用労働者の仲間づくりを基本として進んできた。

「自立」とは企業からの人間としての自立を意味し、「連帯」とは労働者の仲間としての連帯であり、「協同」とは労働者が仲間同士で助け合うことを意味する。

また、この三つの言葉はそれぞれ連関しており「ユニオン運動の3要素」ともいえる。東京ユニオンは労働運動の基本課題として、「企業からの自立」「仲間としての連帯」「労働者同士の協同の力を発揮する」ことを掲げ、相互の闘いの支援はもとより、知恵と力を合わせた職場づくりや企業組合づくりを進めてきている。

2　すべての労働者の人権を確立する「人権労働運動」

東京ユニオンは「人権労働運動をすすめよう」を合言葉に、マイノリティの人権を大切にする労働運動を進めてきた。

これは「人間らしい労働と生活を作ろう」という合言葉でもある。現代風に言うなら、「ディーセント・ワークの実現」ということである。

東京ユニオンは、どんな働き方の労働者であっても「権利は平等だ」を合言葉として、パート・契約労働・派遣労働者と、「あらゆる働き方に権利を」という取り組みを進めてきたのである。

3　人間らしい生活と労働を作る12項目要求運動

春闘で始まり、通年闘争として実現すべき要求課題である。10項目要求運動としてスタートしたが、現在では項目が増え、12項目要求闘争として定着している。

①賃金、②労働時間、③雇用契約、④退職金、⑤要員確保、⑥安全衛生、⑦ワークライフバランス／生活時間獲得、⑧ユニオン共済と労働・社会保険、⑨母性保護、⑩職場での人権／性差別、年齢差別撤廃と男女平等、⑪組合活動の権利／事前協議、⑫内部告発者の保護協定、などである。

世界的危機の時代とユニオン運動
——東京ユニオン、さらに前へ

1 「想像力」「可視化戦略」「野戦病院の思想」

「百年に一度の危機」が喧伝されるリーマン・ショック以降の世界的危機状況のなかで、労働運動に何が問われているのだろうか。

東京ユニオンは、ハゲタカファンドとの闘いに勝利した京品ホテル闘争や、同時期に展開した「派遣村」運動のなかで、持てる全力を尽くして闘ってきた。

そこでの闘いを担うなかから、「想像力」を持って闘いを構想し、「可視化戦略」を具体化し、「野戦病院の思想」で闘いを組み立てる、という新たなキーワードが生まれてきた。

「想像力」を持って闘おうというのは、企業内に閉じこもった労働組合のありようや、「ユニオン運動」といっても、ちまちまと個別相談を受けて良しとしているのではなく、隣にいる労働者の困難に思いをはせ、攻勢的に闘いを構想することをいい、「可視化戦略」とは、まさに派遣村に見られたような闘い、派遣労働者の現状を「可視化」し、社会的問題として提起することである。

さらに「野戦病院の思想で闘う」ことは、あれが足りない、これが足りない、だから闘うことが困難であるという、闘えない言い訳を考えるのでなく、ちぎれたタオルを包帯代わりにし、「今そこにいる傷ついた人々」を手当する野戦病院としてユニオン運動はあるのだ、ということである。これは、阪神・淡路大震災におけるコミュニティ・ユニオンの活動スタイルとも重なっていく。

◉「私の提言 第3回(二〇〇六年)連合論文募集」入賞論文

情けは人のためならず・あなたの隣の労働者に声をかけよう

——非正規雇用労働者の組織化によせて

高井 晃

はじめに

「非正規労働者の組織化」について語る前に、まず、「非正規」労働者という用語それ自体について考えてみたい。連合では「非典型」という言葉を使っている。

私が何度も交流した韓国非正規労働センターでも、この用語問題をめぐっては悩ましい議論があったという。「非○○」という言い方は差別的ではないのか、との議論もあったが、結局のところ差別的実態と格差の中に労働者がおかれている現実を考えれば、あえて「非正規雇用労働」と真正面から用語として使おう、この克服こそが社会全体の課題であり、なかんずく労働運動の一大課題なのだと、運動の観点から割り切り今日にいたったという。

同センターは今や「非正規労働」問題の一大オピニオンリーダーとなり、韓国の二大ナショナルセンターや各産別、単組に大きな影響力を持っている。それのみならず、55%をこえ、なおも非正規労働者化が進行している韓国にあって、非正規労働問題では、政府ですらこのセンターを無視できない存在として韓国社会にその位置を占めている。

結局は、「言葉」の問題というより、どんな運動をおこすか、に尽きるといえよう。ここでは「非正規雇用労働」という言葉を中心的に使用することとしたい。

1 「非正規労働」とはなにか

ところで、非正規あるいは非典型、非正社員とは、いったいなんだろう。

定義の基軸となるのは次の点である。

① 雇用関係が直接雇用かどうか〔雇用主〕
② パーマネントな雇用か、期限付き雇用か〔雇用期限〕
③ フルタイマーか短時間雇用か〔労働時間〕。
④ 「偽装雇用」におかれていないかどうか、

この4点を全てクリアーしないものは「非正規雇用」と定義できる。

① 雇用主は誰か

まず、「雇用主が誰か」という点で大きく直接雇用と間接雇用〔三角雇用〕にわかれる。

なお、一見「直接雇用」で「無期雇用」「フルタイム」の正社員であっても、偽装請負で違法な派遣状態にあり、発注先から指揮命令を受けている場合、はたして「非正規雇用労働」でないといいきれるのだろうか。やはり『非正規雇用』と定義すべきではないか。

② 有期雇用か否か

つぎに「雇用期限」、有期雇用かどうかの区別がある。非正規雇用労働者のほとんどは期限付き雇用＝有期雇用である。有期雇用の特徴は、「期限切れ」の雇い止めという形で雇用関係の切断＝「解雇」が、容易に成立するところにある。

つまり上記の2点は、労働者の「つまみ食い」と「使い捨て」が自由であるという、きわめて使い勝手のよい、使用者にとって有利な雇用システムである。１９８５年に派遣法が成立し、派遣法体制ができて以来、中間搾取や労務供給を原則として禁じた、近代的労使関係法の根本である直接雇用原則が崩されつつある。『偽装請負』の蔓延はそれを示すものだ。

③ 労働時間はどうか

労働時間については、今後、非正規雇用の概念から外れていく可能性もある。というのは、日本では「パートタイマー」労働者は、本来の定義である「単に労働時間が短い」働き方という建前を大きくはみ出して、「パートという身分」に転化している。そのはなはだしきものは「擬似パート」「呼称パート」「その他パート」と呼ばれるフルタイマーパート労働者の存在である。「パート」が身分をさす雇用形態のことである日本では、このように論理矛盾をきたしている概念が平気で、官庁にあっても使われている。ともあれ、今後、均等待遇などの実現とともに「短時間正社員」制度などが生まれれば、パート労働を「非正規」の枠に閉じ込めなければならないことはなくなる。たとえばオランダモデルのように、転換可能で均等待遇であれば、パートが「非正規」であるとする必要はなくなる。

2　非正規雇用労働者の実情

① 三分の一をこえる非正規労働者

厚労省二〇〇三年度調査によれば「非正社員労働者34・6％」となっている。

派遣労働者は平成二〇〇三年度事業報告によれば、２３６万人とまたも増加している。パート労働者は１０００万人をはるかにこえるにいたっている。女性の非正規率は52％をこえている。

② 短期的経営観の横行と労働者使い捨て

使用者側の非正社員雇用の多用への傾斜はまだまだ続くと見なければならない。

その動機は、一つには短期的企業経営観の蔓延である。「株主重視の経営」の意味するものは、企業実績を短期的に判断し、雇用と熟練技術の企業内での蓄積を切り捨てることであった。「リストラをすれば株価が上がる」こうした逆立ちした状態が続いている。

そしてこの経営観は、雇用については、即戦力重視、つまみ食いし使い捨てできる労働力を大量に必要とした。95年日経連の「新時代の日本的経営」路線は労働者を三つのタイプ、いや三つの身分に分けた。いわく「長期能力活用型」「専門能力活用型」「雇用柔軟型」である。「幹部社員」「専門契約社員」「パート・派遣・バイト」というわけである。

これを法的追認すべく、際限なき規制緩和の労働法規の改悪が続いている。

③ 社会の二極化

こうした日本型雇用の解体は、すさまじい社会の二極化と不安定化をもたらしている。

約35％を占めている非正規雇用労働者の特徴は、不安定化と低賃金化に象徴される。日本型雇用は解体され、労働者は二極化している。ほんの一部の「勝ち組」セレブと非正規雇用労働者である。後者は、低賃金、不安定な「細切れ雇用」〔実際、最近の登録型派遣労働者の雇用契約期間は2か月程度、1か月ごとの契約というのもある〕にさらされている。最近では「日雇い派遣」まで横行している。携帯電話やメールで前日に呼び出され就労する、首都圏でも1日7000円前後というのが実情のようだ。

非正規労働者の増加は、結果として年金などの社会保障から脱落させられる労働者を大量に発生させ、さらに低賃金は税収入も低下させていくこととなる。社会の基礎が成立しなくなっていく。二極化・格差社会は将来にわたって日本社会を蝕んでいくこととなる。

④ 低下する労組組織率と「低位平準化」攻撃

労働組織の組織率低下がいわれて久しいが、非正社員の増加もその大きな要因である。「正社員の会員制クラブ」であった多くの企業別組合は、増加する非正社員労働者に対して、自らの組合への加入を実現しないできた。こうして、低落傾向にある労働組合の組織率はますます低下する一方で、ついに18・7％を数えた。

いいかえると、未組織で不安定な状態に置かれている80％強の労働者が「スタンダード」になっており、労働組合に加入している労働者が圧倒的少数派になっているということなのである。使用者側は、労働組合に加入し労働条件をそれなりに確保している労働者が例外で、特権的であるとの主張を強めてくる。公務員への攻撃もその一環である。そして、こうした低位平準化の攻撃は、今のままではますます強まるだけであろう。これに対して、後に述べるような全体水準の底上げが緊急の課題として問われている。日本社会全体が「持続可能な共生社会」として存在するために、欠かせないテーマである。

3　非正規雇用労働者の特徴

①　若年者雇用の問題

さらに、若年層の非正規化は、自分の将来が描けない、希望が持てないという問題に逢着している。山田昌弘教授は現在の社会の二極化とリスク化を「希望格差社会」と名付けた。人生への「希望」を持つこと事態に格差が生まれ、少年期の当初から「絶望」しか育むことができない階層が大量に生まれている社会。問題視されている「フリーター問題」「ニート問題」も、根本にはこのような雇用の二極化、格差社会の進行という問題がある。

フリーター問題は当初はバブル期ともかさなり、若者のモラトリアムと「自分探し」という文脈で語られていた。今日の問題点はそのようなものではない。安定した雇用と労働条件を求めても、非正規・非正社員という「谷底」に落ちたものは、容易に「正社員」の尾根にはよじ登れない構造である。フリーター・バイトや派遣の職歴は、履歴書の上の職歴としては評価されていないし、何より、正社員募集そのものが圧倒的に減少している。かくしてフリーター層は、希望が見えず将来設計が立たず、結婚や家族形成に踏み込めない。こうして、少子化のデフレスパイラルとでもいうべき悪循環に入っていく。

「ニート問題」にいたっては、日本特有といわれる社会的引きこもり問題と混在しており、日本のパイプラインシステムと呼ばれた教育システムの崩壊とも関連している深刻な社会問題と化している。しかし「やる気のない若者」呼ばわりの危険な差別的風潮には警戒が必要である。安易に「ニート」というべきではない。「大人たち」は知らねばならない。劣悪な労働環境が、若者たちの雇用への希望を閉ざしているということを。

②　雇用のジェンダーバイアス

雇用のジェンダーバイアス〔女性労働の非正規化〕もまた深刻である。先ほどの厚労省統計では女性労働者の52%が非正規雇用労働者である事実が浮き彫りになっている。

高度成長期に、労働力不足の解消と世帯収入の増加として拡大していった女性のパート労働は、サービス業などでは基幹労働者とされつつも、圧倒的な低賃金労働層とされている。均等待遇立法は遅々としてすすまず、仕事は一人前・賃金は半人前という状態が続いている。私の所属する全国ユニオンは「誰でもどこでも時間給1200円以上」というスローガンを掲げ春闘を闘っている。「時給1200円は高い」という声もあるが、果たしてそうか。パート労働者が時給1200円で2000時間働くとして〔パートが年間2000時間労働というのはそれ自体、定義の矛盾だが、あえていう〕年収240万円である。月に直せば20万円、労働者が個人として自立して生活するにはぎりぎりの水準である。

また、85年の派遣法導入時に懸念したとおりに、「悪貨は良貨を駆逐」している。女性の非正規化は急激に進み、女性の事務職は急激にパート・派遣に置き換えられていった。

今日、求人広告などを見れば歴然としているように、女性の雇用について言えば、新規募集は圧倒的に非正規雇用型であり、8割を超えているという説もある。

4 企業別労働組合と非正規雇用労働者

① 企業別労働組合と非正規労働者

日本の労働組合はほとんどが企業別労働組合として組織されている。企業別組合の組織は、その規約上「正社員」を構成員として、そのうえに「ユニオンショップ」と「チェックオフ」によって成り立っていることが多い。そうした企業別労働組合からすれば、非正社員・非正規雇用労働者の位置づけ、そのなかでも「派遣」「請負」「外注」など社外労働者の位置付けはなかなかに難しい。さらに、他企業の労働者が別企業の労働組合に加入するか、という問題点もある。

06年春闘において全労金労働組合は「労金職場で働くすべての労働者〔パート・契約・派遣も含めて〕の企業内最低賃金協定」を締結するという画期的な成果を挙げた。こうした先進的な取り組みがすすめば非正規労働者の労働組合への結集もすすんでいくだろう。

② 「情けは人のためならず」

さて、よくいわれている言葉で「非正社員は正社員雇用の安全弁」か、という問題である。本当にそうなのか。構造の奥底で考える必要がある。

「景気回復」にもかかわらず労働分配率は一貫して減少している。これは、結論的には、パイの取り合いではなく、分断され、それぞれが締め付けられ押さえつけられていることを意味している。全体的な賃金の底上げがないままでいくと、正社員の賃金が高いと「低位平準化」を経営者は主張し、そこに焦点を当てた攻撃が展開されることとなる。「逆均等」「低位平準化」攻撃といってもいい。労働組合は、原点に返って、雇用形態の壁を超えて、「隣で働く労働者」との連帯と団結の運動を強め、彼らの労働条件の底上げ、均等待遇をすすめる必要があるのだ。まさに「情けは人のためならず」である。

5 非正規雇用労働者にかかわる雇用と労働法・労働政策

非正規雇用労働者が自らを労働組合に組織し、主体的に労働条件の改善と地位の向上を実現しようとするときに、立ちはだかるいくつかの壁がある。

① 使用者概念の再構築と「労働者」概念の再確立

まず、第一に、「使用者責任、雇用責任の再構築」が必要であるということだ。

雇用責任をまぬがれて労働者を使用するという「派遣法」の存在や、偽装請負・違法派遣状態が拡大している今日、使用者としての雇用責任を明確にし再定義する必要が生じている。違反や脱法行為があったとき「使用主」の雇用責任を自動的に義務付ける「みなし雇用」規定の法的確立が必要である。

全国ユニオンは、派遣労働者の派遣先への直接雇用をすすめてきた。キヤノンへの直接雇用の実現などであるが、日本経団連、規制改革会議などは派遣法改悪＝派遣期間制限撤廃の声をますます大きくしている。直接雇用の芽そのものを摘み取ろうというのだ。

派遣先にさまざまな使用者責任を課すことは、雇用の安定のためには避けて通れない大きな道である。そうでなければ、派遣先の無責任な使い捨て構造は、企業のモラルハザードさえ生み出しかねないし、何より派遣労働者の不安定さ、雇用不安は高まるばかりである。

また、労働者を「個人事業主」化して雇用責任をまぬがれ、労基法適用から逃亡し、労働・社会保険の義務も放棄している事態が発生している。こうした「偽装雇用」の手法は、コンピュータソフト関連や出版関係などで横行している。介護関係では、一部の使用者は呼び出し雇用型（オンコールワーカー）のような、仕事が発生したときにだけ「呼び出す」形態を個人事業主と称している。このような「偽装雇用」が一段とはびこる危険がある。

二〇〇〇年6月のＩＬＯ総会は持ち越されていた偽装雇用とコントラクトワーカー問題、労働者性の問題について一定の決着をつけた。「雇用関係に関する勧告」がそれであり、「偽装された雇用」に対して労働者性の基準を明確に示したものといえよう。これには、労働側委員だけでなく日本の政府代表も賛成した。これを活用することが問われている。

②「魔法の剣」有期雇用の禁止を

第二に、「合理性なき有期雇用の法的禁止」を実現しなければならない。

非正規雇用労働者が組合を作り要求実現に立上がったときに、真っ先に逢着する困難が有期雇用による「雇い止め」解雇攻撃である。結局のところ、持続した雇用関係の実現なしには賃金・労働条件の維持向上、積み上げは実現できない。有期雇用の乱用は、まさに使用者にとって勝手気ままに雇用関係を断ち切ることのできる快刀乱麻の「魔法の剣」となる。有期雇用問題で、何よりも問われているのは「入り口規制」である。少なくともドイツ法が規定しているような「合理的理由のない有期雇用は禁止」という立法措置の実現である。有期雇用規制が機能してはじめて職場での均等待遇の実現も持続する。

③均等待遇の実現

第三に、「均等待遇立法の実現」である。賃金、労働条件の均等待遇の実現、男女平等の立法化の課題である。先ほどから見てきたように非正規労働問題として現れている「雇用労働条件のジェンダーバイアス」の解消のためには、徹底した間接差別の禁止が求められている。いうまでもなく、均等待遇は比例原則によって短時間労働者などにも適用されるのは当然だが、単純な量的比例ではすまない質的な均等待遇の実現に留意する必要がある。ディーセント・ワークの観点からする人間としての尊厳を確保した働き方の実現である。

④非正規差別の典型である産休・育児休業取得の権利剥奪

第四に、非正規、有期雇用労働者の産休・育休・介護休業の取得権利の保障である。

有期雇用であることを理由として、産休や育児休業などの権利さえ非正規の女性労働者たちは行使できないのが現実である。つまり、産休期間中に「雇い止め」「期限切れ」となる、あるいは妊娠がわかったとたんに「次の契約はありません」と告げられる派遣労働者のケースなど、まさにこれは、社会的に仕組まれた差別以外の何物でもない。

⑤全体の底上げを、まず公務関連の職場から

第五に、リビング・ウェッジ運動〔公契約条例運動、生活賃金条例制定運動〕や最賃闘争の強化などの全体水準底上げ

運動の推進である。二極分化の進行の中で、こうした運動の重要性はいうまでもない。低位平準化ではなく、全体水準の底上げの実現、そしてそれを阻む規制緩和攻撃、競争入札万能の指定管理者制度導入との闘いである。

現在の日本の自治体周辺のように、その足元でまさに「ダンピング合戦」がおこなわれている現実に対して労働運動全体の問題としての取り組みが必要だ。

6 非正規雇用労働者の組織化への挑戦

① 非正規労働者の「要求」はなにかをつかみとる

先ほどから見てきたように、非正規雇用労働者がおかれている不安定化、低賃金・労働条件、差別的状況をどのように労働運動が克服できるのか、その展望を示し具体的に実現できるのか。すなわち「有期雇用」からくる不安定さをどう克服できるか。「均等」ならざる労働条件をどう向上させられるか。ここへの回答なしに、組合への組織化はない。

② 組織化のいくつかの類型

(1) 職能結集での組織化

コンピュータ関係や、ヘルスケアワーカーなどは職能的な団結形成によって労働条件の維持向上が見えてくる。したがって「クラフトユニオン」型などの個人加盟も含んだ職能組合が考えられる。さらに、職能研修機能、それに加えて労働組合による供給・派遣事業の展開も可能となる。たとえば東京ユニオンの労供・派遣事業がそれである。ヘルパーなどの場合、地域に密着しながら労働組合が企業組合も立ち上げ、介護事業所を設立し、高労働条件を維持している介護・家政職ユニオン田園調布のような実践もある。

「クラフトユニオン＋職能形成＋共済＋労組による供給・派遣事業」という構図である。

(2) 地域を受け皿とする組織化

地場中小などに働くパートの場合、むしろ「地域を職場とする」つまり短い通勤時間で就労を選択する労働者が多数存在する。こうした場合、地域のコミュニティユニオンなどを「よりどころ」とするワンストップサービス型が展望できる。さらに共済事業、法律相談、各種のＮＰＯ活動などをおこない地域の活性化をもめざす。

(3) 組合規約の改定→非正規労働者の組合員化〔企業別組合による〕

正社員のみの組合であっても、規約改正によってパート・契約社員の組合加入が実現できる場合もある。問題はあげて「正社員労働者」の側のやる気と本気度にある。

(4) 産業別組合によるユニオンショップ協約締結による組織化

業界全体を展望して、いわば「上から」ユニオンショップとチェックオフの網をかける方法も一部で取られている。この場合、中央交渉だけでなく、現場の組合員の要求をどう吸い上げるパイプをつくるか、ここが課題として問われる。

7　派遣労働をめぐる取り組み　非正規労働の取り組みの一例として

①　派遣法成立その後と派遣トラブルホットライン

派遣法制定に対する反対運動があったが、派遣法が施行されたのち労働運動側の目立った取り組みはなかった。私は「華々しく反対運動はやるが、その後はお構いなし。悪法といえども法は法、人々はそのしばりの下で生きていくのだから、労働運動は持続する志と取り組みが大切なのだ」と自戒した。１９９１年6月3日から4日間、首都圏4箇所で日本初の「派遣トラブルホットライン」を開催した。１９２人からの悲鳴のような相談が寄せられた。ホットラインの結果は新聞各社でも大々的に報じられた。

②　行政と業界を動かす

労働省との交渉を行った。それまでの行政のスタンスは、派遣労働スタッフ・派遣元・派遣先みんながハッピーで、ウィン・ウィン・ウィンの関係という、おめでたい認識だった。派遣トラブルホットラインが浮き彫りにした現実は、これを覆す衝撃的なものだった。多発する中途解約と、そして履歴書垂れ流しFAX事案は、派遣システムの現実を浮き彫りにした。「派遣先職場へ行ったら私の履歴書がFAXされ、そこいらに転がされていた」という人権侵害と差別の象徴的事案が何件も持ち込まれた。ここを画期として、労働省は「派遣労働には問題点がある」と認識せざるを得なくなり、あわてて同年10月には予算措置もないまま「全国派遣相談」として全国10箇所の職安で「相談受付」をおこなった。翌年から全国的に開催されることとなっていく。また派遣労働の実態調査もようやく本格的に開始されることとなった。さらには業界横断的な水準形成のために、「派遣春闘」として全国ユニオン・派遣労働ネットワークと㈳日本人材派遣協会との間で派遣業と派遣労働をめぐって公開交渉が開催されている。

③　労働ＮＰＯの活動

それ以来、毎年1回から2回、派遣トラブルホットラインが全国的に展開されている。その中核を担ったのが、派遣労働に関心を寄せる法律家、労働者、研究者、労働組合などで組織する「派遣労働ネットワーク」である。ホットライン活動は、その後も続き、２００５年6月には第18回派遣トラブルホットラインが開催され札幌から福岡まで7つの相談窓口が開かれた。またインターネットを活用した「派遣スタッフアンケート」も4回をかぞえ、働く側から見た派遣労働の実態、時間給が下落し続け「細切れ契約」化を明らかにした。

不安定かつ流動的な派遣労働者の組織化および社会問題提起の方法の一つとして、このようなNPO型運動は有効である。

あなたの隣の労働者に、まず声をかけてみよう。

いずれにせよ、非正規労働者の組織化というテーマに近道はない。情けは人のためならず。あなたの隣の労働者に声をかけよう。仲間づくり、組織化はここから始まる。

（たかい　あきら）

解題

郡司正人

1

この本は、20年、30年後の若者にも手にとって欲しい。私が兄貴とも慕う社会・労働運動の活動家、高井晃が過去を振り返った単なる読物とはしないために。社会・労働運動の運動たるゆえんは、次の世代に繋げるという流れを絶やさないことだと思う。後継をつくり、ユニオン運動センターなど、運動が持続するような仕組みを仕掛けるという、ここで語られている高井の運動を繋げる強いエネルギーを後の世代にも感じ取ってもらえたらと思う。そして、ここから共感や連鎖が生まれたらと願う。未来の今とは違った時代状況で読む読者のために、本来なら不必要な補助線を引きたい。

高井晃が生まれた1947年は終戦後間もなく、日本社会はまさしく混乱の中にあった。戦地からの復員・引揚げ者は戦後4年間で630万人を数え、日本は短期間に人類史上最大とも言える人員移動を体験した。高井の父と同じ旧満州地域の在留日本人は約105万人、ソ連軍が進駐して60万人弱を抑留し、一部はシベリアやモンゴルなどに移送されて強制労働に就かされ、厳しい環境下で多くの死者を出した（約6万人）。

日本国憲法が施行されたのがこの年。GHQのマッカーサー元帥が、2・1ゼネスト中止を指令し、労働運動に対する占領政策の転換点となった年でもある。また、労働基準法が施行され、公共職業安定所が設けられた。サンフランシスコ講和条約が発効して、連合国の日本占領が終わったのは、5年後の1952年だ。

時代背景で、その人の人生が決まるわけではないが、価値観が大きく動く時代に成長したことは、その後の社会を見る目に少なからぬ影響を及ぼしたことは想像に難くない。大きな転換の中で生まれた社会の矛盾やひずみ、独立後も続く対米従属関係が、のちの政治の時代を招いた。団塊の世代の大学進学率は2割程度で、前の世代と比べて大きく上昇したとはいえ、まだ少数派のエリートだったといえる。そのことは、東大安田講堂の闘争で府中刑務所に拘置されていた高井に面会に来た父親の、とりあえず大学だけはやめるなという頼みにもうかがわれる。エリートたる自負などと言うと、何を言っているのかと笑われそうだが、競争に馴染み、努力は報われると考える気概に富む人物像が多いと思うがどうだろう。それは、ある種よい意味でのエリート意識に支えられていると思う。社会を何とかするというその意識は、政治の時代には社会問題に向かい、高度成長期には企業活動に向かった。高井の場合は、学園闘争をきっかけに大学を辞め、労働運動の活動家になるという決断が、より複雑な道を歩ませることになった。

私が労働組合活動家、組織オルグの仕事を認識するようになったのは、30数年前に労働関係の出版物発行などを行う会社に就職してからだった。職場の先輩に勧められて読んだスタッズ・ターケルの『仕事』（晶文社、一九八三年）にはアメリカで働く133人の様々な分野の人々の声が収録されていた。そのうちの3人が労働組合支部長、労組オルグ、組織オルガナイザーだった。まだ労組も労使関係にも、ましてや労働運動の活動家など、全く知らない身には、仕事の一つとして労働運動の活動家が取り上げられていることに、単純に驚いた記憶がある。これに触発され企画されたという鎌田慧の『日本人の仕事』（平凡社、一九八六年）でも、総評地区労のオルグが取り上げられている。1948年生まれで、大学を中退して労働運動に入った人物で、高井とも重なる部分がある。中小のおもちゃ工場を営んでいた職人気質の父親からは、モノを造るでもなく、売るでもない仕事が理解されずに、ちゃんとした仕事に就くように言われ続けたそうだ。本人も、「なければならない仕事なのに、なかなか社会的に認知されるにはまだ時間がかかる。子どもには（仕事を聞かれて）、今は見えないモノを造っているんだと話している」と語っている。

令和の今は、労働運動活動家の仕事は認知されるようになったのか。企業別の労組では、職場のレベルですらリーダーのなり手がいないと聞く。世間で、もっとも労働組合の露出が多くなる春の賃上げ交渉でも、ここ数年続けて、政府の賃上げ要請ばかりが目立ち、官製春闘などと揶揄されている。ことほど左様に、一般市民には労働組合はもとより、そこで働く活動家の姿は見えてこない。だからこそ、最先端の現場であらがう高井たちの活動の記録の価値は大きい。

大きな流れをつくるための連合への加盟、支え合う拠点となるユニオン運動センターの創設、現場労働者や活動家と研究者、弁護士等の専門家をつなぐ仕掛けとしての社会的労働運動を展望する研究会の展開など、いずれもが労働運動を社会運動として大きく捉えようという試みだ。

社会運動の機能の一つは、現場の生活の中にバラバラに存在する問題を可視化して、問題を社会化すること。その解決・改善のため、政治、経済、教育などそれぞれのシステムの中で、政策的オルタナティブを示す。そして重要なのは、運動と運動の目指す姿を次の世代、次の人間、隣の人に伝え、連鎖させ繋げること。社会運動は、目標とする社会像を未来に伝えられれば、その価値を倍化させることが出来る。目標の軸が定まっていれば、全く同じ運動が伝播しなくても、少々ぶれようがかまわない。

問題を社会化し、抽象度を上げることは、個々の現場労働者どうしの連携とともに、研究者などの専門家がともに活動できるプラットフォーム、運動体の構築につながる。個人的な事柄だと矮小化せずに、問題の社会化がうまくいけば、個々の自己責任論を打ち破ることにもつながるはずだ。

2

70年代後半から80年代以降、世界規模で景気が減速する中、新自由主義が台頭し、自己責任論が強調されるようになった。イギリスのサッチャー政権による民営化政策やアメリカのレーガン政権の市場原理主義などが推し進められ、規制緩和の大きなうねりが世界中に広がっていった。労働分野での規制緩和も加速度的に実施された。

日本で、新自由主義的な傾向が強まったのは、80年代の中曽根自民党政権あたりからか。小さな政府を志向し、民営化推進を叫んで国鉄を解体。強力な力を持ち、労働運動の中で絶大なる存在感を誇っていた国鉄労働組合を弱体化した。つづく橋本政権も構造改革を掲げて、規制緩和を進めた。中でも、郵政民営化をかかげた小泉純一郎自公政権は、行政改革を真正面に据え、官邸・政治主導の美名のもと、より知性とは縁遠い露骨な構造改革を押し進めた。骨太などというと、何か親しみやすい感じでもすると考えたのか、単純に暴力的な規制緩和ありきの政策が展開された。労働市場は格好のターゲットで、派遣労働の拡大などの雇用のカジュアル化とともに、解雇をしやすくする解雇法制の改悪など、労働関係法の規制緩和が矢継ぎ早に試みられた。80年代に2割程度だった非正規労働者は、今や約4割を占めるのが現状だ。

これらの動きに対抗して高井たちは、個別の争議とともに、労働組合だけでなく、幅広い知恵を集めて派遣問題に取り組むためのNPO派遣労働ネットワークを組織したり、海外ハゲタカファンドとの象徴的な闘いとして取り組んだ京品ホテル闘争や日比谷公園をゲリラ的に占拠した年越し派遣村に取り組むなど、運動の社会化に力を注いできた。それ以前から、そう思いつく人はいないであろう、争議相手の社前で屋台を出す屋台闘争をはじめ、倒産した縫製工場の自主営業・再建闘争など、まさに、「激しく、楽しくがモットー」だという高井の言葉通りの取り組みを続けてきた。神戸の大震災ではすぐさま支援に入って、現地の被災労働者を支える組織作りに奔走した。

何よりも前向きで、行動が早い。現在の到達点を踏まえて、現実的かつ具体的な戦略を立てる。すべて、大きな運動の流れを継続させることが目的だ。問題の社会化を通じて、運動を次につなげるための仕掛けを施すのが信条だ。

私も加わっている派遣労働ネットワークの活動も30年以上が経過した。派遣労働の問題を考え、社会に対案を示して改善に結びつけるため、労働組合だけではなく、派遣労働に関心のある弁護士、研究者、ジャーナリストなどを幅広く集め、様々な取り組みを展開してきた。当初、派遣労働に関心を示す労働組合はきわめて少なかった。派遣問題に特化した電話相談の派遣トラブルホットラインでは、人権を脅かされるような働き方に悩み苦しむ派遣労働者の声が多く集まった。現場の実態把握を背景に、厚生労働省の担当部署との交渉や業界団体である日本人材派遣協会との団体交渉（もちろんどちらも「交渉」とは呼んでいないが）を定期的に行い、改善のための下地をつくってきた。この運動の流れが、雇用契約申込みみなし制度の成立や日雇い派遣の原則禁止などの法改正につながった。スタート時の独自性は薄れたかも知れないが、派遣労働の問題を可視化し、社会化した役割は大きかったと自負できる。

東京大学社会科学研究所の水町勇一郎教授は、新聞のインタビューに答えて、「（今後の労働運動は）同じ価値観、同じ状況にある人たちが集まって、自分たちの利益を守るために活動するのではなく、いろいろな利益を持った人が、他の人と違うことを意識しながら、自分たちの価値や利益を守るために話し合う、そんな中間組織が求められる。多様な価値観をまとめつつ、全体として一つの方向に向かって正義を実現していくとすれば、市民生活や地域の共同体とつながることも選択肢となる。例えばアメリカのリビング・ウエイジ・キャンペーンなどもそうだ。ゆるやかにニーズを共有する人たちとタッグを組んで、個別の要素を柔軟に結び付けながら、広く連携していく。そういう形に生まれ変わることが、労働運動の一つの方法論となる」と述べて、運動の社会化が労働運動再生のカギだとしている。

労働運動の主流である企業別労働組合の姿が見えない。再生が必要だと言われて久しい。とにかく元気がない。必ずしも良い面とは言えなかったが、活力のバロメーターともとらえることができた権力闘争めいた話も聞こえてこない。仕事で労働運動にかかわるようになったばかりのころは、ギラギラした権力闘争に引いたこともあったが、今となれば、それも懐かしく思えてしまうほどだ。いろいろとその資質に批判も出ている現在の芳野友子連合会長個人はさておき、そもそも日本最大のナショナルセンターのトップを決める選挙に、手を挙げる者が誰も出てこなかったという状況が、今の労働運動の姿を如実にあらわしている。

あえて高井たちが産別として全国ユニオンを立ち上げて、連合加盟に踏み切ったとき、連合側にも、この機に運動の活性化、再生を図ろうという意図があったことは間違いない。もちろん、正式加盟がすんなりといったわけではなかったが。今思えば、引く力も、反発する力もあったということを、プラスに評価するべきだろう。政府の大がかりな規制緩和路線で労働市場は様変わりし、雇用のカジュアル化、多様化が推し進められ、労働組合のカバーから外れる労働者が激増した。労働者のニーズも複雑になり、これらをすくいとるためには社会全体に軸を置いた運動の展開が求められるようになった。その時、連合事務局では、高井と同世代の、思いを同じくする活動家が、それなりの地位に就き始めていたことが、プラスに作用した。彼らは、連合結成時に捨ててきた地域での運動の再構築に取り組み、すべての労働者を視野に入れた運動の展開を模索し始めていた。

このことが、高井に連合加盟を決心させた。社会的な運動の展開を成功させるためには、多様なニーズ、個別の課題に取り組むだけではなく、やはり、現在の労働運動の主流である企業別労組の意識改革が必要不可欠になる。意識が変わらなければ、運動を社会的に広げることは難しいからだ。

ただことは、そう簡単には運んでいない。企業別大手労組は、ますます企業に埋没する姿勢を強めているように思えてならない。そうであれば、企業別大手労組の集合体である産業別労働組合も社会的プレゼンスは自ずと小さくなる。春の賃上げ交渉を取材してきた身にはなじみ深い、全日本金属産業労働組合協議会（ＪＣＭ）がその役割を縮小して国際組織の窓口に限定することになったのも象徴的だ。各産業の産業別労働組合は折に触れ、記者会見などの場でマスメディア等を通じて、自分たちの考えを社会に発信してきた。その回数もめっきりと減ってしまっている。

では、連合で社会的労働運動を広げようとした試みは失敗してしまったのか。そうではない。このような状況だからこそ、高井たちの取り組み、連合内での存在の意味はより価値を増している。大企業の企業別労働組合の意識変革が進まず、逆に内向きになればなるほど、労働運動と社会を結びつける窓口としての運動が社会から求められるからだ。

戦略的非暴力論を唱え、世界の政治・社会運動に大きな影響を与えたアメリカの政治学者ジーン・シャープは『独裁体制から民主主義へ』（筑摩書房、二〇一二年）の中で、「時の権力は、それ自体で成立するものではなく、民衆の服従による支えを力の源泉としている。この力の源泉を不服従で断ち切ることが必要だ」と述べている。このことは社会運動にも当てはまる。ノーを言い続け、抗うことを辞めないことに意味がある。今となっては、構えただけでも十分に武闘派と言われるだろうが、『独裁体制から民主主義へ』では「ストライキ、ゼネストや同盟休業、順法減産闘争」を非暴力的不服従の一つとして挙げ、有力な経済的非協力だとしている。

3

SNSやWEBメディアなど、インターネット空間のインフラ整備が進んだことで、規模や力の大小に関わりなく、国境を越え、広範な強い影響力を及ぼすことが可能になった。近年のチュニジア、エジプトなどのアラブの春や、スペインの15M運動、ニューヨークのウオール街占拠、MeToo運動の広がりなどがよい例だ。社会問題を「発見」し、可視化し、概念化・抽象化することで、軽々と国境を超えた連鎖が生まれる。かつては考えられなかった状況が生まれている。グローバルに展開する資本に対抗する運動の連鎖を生み出すためには、国境を超える、統治機構としての国家を超えるアナーキズム的な運動の拡散が必要になると言うことだろう。越境と連帯。職域、性別、年齢、民族、人種を超え、地域・国を超える。どうです、アナーキーに越境する労働運動を想像してみてください。心が高揚感に満たされ、軽々とした気持ちになるように感じませんか。

権力を持たない普通の市井の人々が社会を動かすためには、他者と手をつなぎ、力を作り出す必要がある。個々の痛みや要求に基づいてあげた声が受け取る他者に影響を与え、共鳴、連鎖していく過程で社会化され大きなうねりとなる。企業別労働組合をベースにした日本労働運動の再生がかなわないなら、先に世界規模に越境した運動の連鎖を構想して、逆輸入で、既存の労働組合も含めて、日本の社会に火を付けるという発想もありえる。高井たちの運動の先にこそ、その可能性があるように思う。

一世紀以上前にアメリカの世界産業労働者組合（ＩＷＷ）が標榜した、すべての職種、産業、人種、性別、地域など社会全体をカバーする多様で広範な運動。国境を超えるインフラがそろっている現代こそ、その実現に現実味があるようにも思う。ＩＷＷが掲げた理想は、アナルコ・サンジカリズムを唱えた幸徳秋水も影響を受けたといわれている。初期総評を事務局長として率いた高野実の展開した、企業別労働組合の限界を乗り越えるための取り組みでもある「家族ぐるみ・地域ぐるみ闘争」はＩＷＷなどからの影響だと聞いたことがある。高野が労働運動に進むと決心したときに、早大時代からの師である猪俣津南雄から渡されたのが、ＩＷＷと同時代に活動していたサンジカリストW. Z. フォスターの『The Great Steel Strike and its Lesson』（大鉄鋼争議とその教訓、B. W. Huebsch、一九二〇年）だったそうだ。フォスターは「アメリカ労働総同盟（ＡＦＬ）という主流組合のほかに、ＩＷＷのような組合を作っても根本的な解決にはならない。ＡＦＬの中に入って内部からの変革を行うことが重要だ」と言っていたという。長い時間の隔たりを超えて連鎖したかのような動きに、希望を感じてしまうのは自分だけではないはずだ。

労働運動の始まりはイギリスのパブだったといわれているが、今こそまさに労働組合に求められているのは、インフォーマルな公共的空間として、みんなが安心して集まれる場所という機能かもしれない。「インフォーマル」と「公共」とは、いささか矛盾した取り合わせだが、職場でも、家庭でもない中間的な場所で、都市社会学では「サードプレイス」と呼ばれている。もっともわかりやすい例は、コミュニティの中で自然と人が集まっておしゃべりに興じるような場所、近代的なショッピングモールなどではない、個人経営のイギリスであればパブ、日本であれば地元の気の置けない大衆居酒屋と言ったところか。訪れる人に心地よさや愉しみを与えるだけでなく、それが社会全体によい影響を及ぼすような存在。実際の場所だが、その場所が持つ社会的インフラとしての役割が重要でコミュニティの中核となる。代表的な論者であるアメリカの都市社会学者レイ・オルデンバーグは、サードプレイスについて、「誰にでも門戸を開き、社会的身分差とは無縁な資質を重視する」空間で、人を平等にする場所だとしている。そのような場所もなくなりつつあり、コミュニティが成り立たなくなっていると言う。社会学的な意味でのサードプレイスとは違うかも知れないが、様々な事情やニーズを抱えた人でも出入り自由で、ひと息付ける場所、私生活にも仕事にも元気になって戻っていける中間地点の役割は、ひとりでも、誰でも仲間になれるという、高井たちが進めてきたコミュニティ・ユニオン運動の核心と重なる。

何が気に入ってもらえたのか、いまだに理解できないが、親しくお付き合いさせてもらい、折に触れ助言をもらうなど、ずいぶんと助けてもらってきた。専門誌記者の駆け出しだった30数年前、ユニオンの事務所が渋谷道玄坂に移ったばかりのころだったか、おっかなびっくり、なんの取材だったか、コミュニティ・ユニオン全国交流集会のフォロー記事のための取材だったかで訪ねたのが最初だった。最初は「業界君が何しにきたの?」とつれなかったが、めげずに通い、記事を書き続けているうちに、いろいろな話をしてもらえるようになった。その後も派遣労働ネットワークでともに活動するなど、教えを受けている。会議の後の酒の席がつきもので、今でもたのしみだ。私がタイ・バンコクのＩＬＯアジア太平洋総局に赴任していたときには、今はなくなってしまった旧中央駅ファランポーンの駅舎前の広場で夜更けまで、地べたにゴザを敷いたぼてふり屋台で、豚肉を糸が引くまで発酵させたソーセージやバッタの素揚げを肴に、トイレの水で薄めた謎の赤い酒をしこたま飲んだのも懐かしい思い出だ。さて、どこか、飯のうまいところにでも越境して、新しい運動の構想でも練りましょうよ。面白ければ、まだまだ引退なんてすることもないですからね。

（労働政策研究・研修機構リサーチフェロー／ぐんじ　まさと）

関連年表（1979〔昭和54〕年～2021〔令和3〕年）

年	政治	社会	ユニオン	労働
1979（昭和54）	大平内閣（1978・12・7～80・6・12）	共通一次学力試験始まる 東名日本坂トンネル事故 韓国朴大統領暗殺事件	総評—全国一般東京労連北部統一労働組合（現・東京ユニオン）結成（高井晃初代委員長） 神谷商事支部結成	新産別と中立労連が総連合を結成
1980（昭和55）	鈴木内閣（～82・11・27）	新宿バス放火事件 ジョン・レノン暗殺事件 イラン・イラク戦争開戦	神谷商事第一次争議開始（組合員全員解雇問題） 神谷商事第一次争議解決	民間6単産「労働戦線統一推進会」発足
1981（昭和56）		第二次臨時行政調査会発足 ポーランド連帯ワレサ議長訪日 英王室（チャールズ、ダイアナ結婚）	神谷商事第二次争議開始（職場閉鎖問題）	労働戦線統一準備会発足 北炭夕張炭鉱倒産
1982（昭和57）	中曽根内閣（～87・11・6）	日航機羽田沖墜落事故 ホテルニュージャパン火災 フォークランド紛争	アサヒ出版倒産争議—会社再建 いちふじ洋装倒産—自主生産闘争 KN企画印刷（キンカ堂子会社）争議開始	全民労協（全日本民間労働組合協議会）発足（41民間単産）
1983（昭和58）		第一次臨時行政改革推進審議会発足 国鉄人員削減計画提示 東京ディズニーランド開園	神谷商事争議—ホール占拠闘争 神谷商事第二次争議勝利解決—労働委員会和解 いちふじ洋装争議解決—自主生産継続	
1984（昭和59）		グリコ森永事件 教育臨調基本方針決定 全斗煥大統領・韓国元首として初来日	神谷商事第三次争議開始 光正倒産—職場占拠闘争 組合事務所を光正に移転	

年	政治	社会	ユニオン	労働
		インド・ガンジー首相暗殺		
1985（昭和60）		日航ジャンボ機墜落事故 ロス疑惑事件 つくば万博	いちふじ洋装自主再建―株式会社ニック設立 総評全国一般東京ユニオンに名称変更 組合事務所を渋谷道玄坂に移転	電電公社民営化でＮＴＴ発足 専売公社民営化で日本たばこ産業発足
1986（昭和61）		チェルノブイリ原発事故	パート＆バイト労働１１０番	男女雇用機会均等法施行 労働者派遣法施行 雇用促進特別措置法（60歳定年義務化）施行
1987（昭和62）	竹下内閣（〜89・6・3）	朝日新聞社神戸支局襲撃事件 ブラックマンデー	求人誌規制対策会議結成―リクルートとの闘い 日本語学校教職員ユニオン結成 としまユニオン発足 練馬パートユニオン発足	民間連合発足（会長：竪山利文） 国鉄民営化（11のＪＲ） 国鉄・清算事業団発足
1988（昭和63）		ソウルオリンピック イラン・イラク戦争停戦 リクルート事件	コミュニティ・ユニオン全国ネットワーク結成 神谷商事屋台闘争開始 城南病院支部倒産泊まり込み闘争	
1989（平成元）	宇野内閣（〜89・8・10） 海部内閣（〜91・11・5） 第15回参議院議員選挙・社会党大勝与野党逆転連合参議院11人当選	昭和天皇崩御 消費税導入 天安門事件 ベルリンの壁崩壊	労働組合東京ユニオンに名称変更 コミュニティ・ユニオン全国ネットワーク第一回全国集会（弘前）	総評解散 連合発足（初代会長：山岸章） 全労連発足 全労協発足 国労・最長72時間スト（解雇反対闘争）
1990（平成2）		平成天皇・即位の礼 東西ドイツ統一	コミュニティ・ユニオン全国ネットワーク第二回全国集会（大分）	

年	内閣	社会	ユニオン	労働
		イラク・クウェート侵攻（湾岸危機）		
1991（平成3）	宮沢内閣（〜93・8・9）	バブル景気崩壊（〜93） 証券損失補填問題 雲仙普賢岳噴火 湾岸戦争勃発 ソ連崩壊→ウクライナなど独立 カンボジア内戦終結	アリスの会結成	派遣労働ネットワーク結成 第一回派遣トラブルホットライン開催
1992（平成4）		複合不況→自動車産業などリストラ PKO協力法成立 佐川急便政治献金問題 ボスニア内戦勃発（〜95）		育児休業法施行
1993（平成5）	細川内閣（8党派連立、〜94・4・28）	リストラ進行・大手企業希望退職実施 就職氷河期（〜2005） ゼネコン汚職事件 北海道南西沖地震 イスラエル・PLO「暫定自治」合意	コミュニティ・ユニオン全国ネットワーク第三回全国集会（東京）（高井晃事務局長就任） 神谷商事屋台闘争―東京都労働委員会勝利命令「屋台闘争は正当な組合活動」と認定 代々木ゼミナール支部結成 代々木ゼミナール企業内労組と合併	パートタイム労働法施行 東京管理職ユニオン結成 中小連協結成
1994（平成6）	羽田内閣（〜94・6・30） 村山内閣（自社さ連立、〜96・1・11）	長野松本サリン事件 衆院小選挙区比例代表並立制導入 被爆者援護法成立 年金支給開始年齢65歳繰り延べ決定 南アフリカ非アパルトヘイト政権成立（マンデラ大統領）	コミュニティ・ユニオン全国ネットワーク第四回全国集会（秋田）・鷲尾悦也連合事務局長出席 代々木ゼミナール四名解雇―都労委・裁判闘争へ―争議連絡会結成 コミュニティ・ユニオン首都圏ネット初の春期一日行動	労基法改正・週40時間労働原則施行 国鉄・清算事業団損害賠償訴訟和解 連合第二代会長・芦田甚之助就任

		ルワンダ内戦終結		働く女性のための弁護団結成
１９９５（平成７）		金融破綻・大手金融機関倒産 阪神・淡路大震災 地下鉄サリン事件 村山談話「戦後50年に当たっての談話」 ＷＴＯ発足	全国ネット被災地支援・被災労働者ユニオン結成など	日経連「新時代の日本的経営」プラン発表
１９９６（平成８）	橋本内閣（自社さ連立→自民単独、～98・７・30）	初の小選挙区比例代表並立選挙 病原性大腸菌Ｏ‐１５７流行 住専債務問題（第１３６国会） アトランタオリンピック 在ペルー日本大使公邸占拠事件		有料職業紹介事業原則自由化 連合・地域ユニオンクラフトユニオン構想提起 丸子警報器判決（パート均等待遇）
１９９７（平成９）		消費税増税３％→５％ 日米防衛「新ガイドライン」合意 三井三池鉱山閉山 山一証券自主廃業 アジア通貨危機（～99）	労働基準法、派遣法改悪との闘い—四ネット共闘	連合第三代会長・鷲尾悦也就任 ＩＬＯ全医労申し立て承認（結社の自由）
１９９８（平成10）	小渕内閣（自自公連立→自公保連立、～00・４・５）	韓国大統領・金大中就任 和歌山毒入りカレー事件 貸し渋り問題 インドネシア・スハルト大統領退陣	フィルグラフィック支部結成—倒産自主営業	労基法改正：裁量労働性拡大 高齢法改正：定年60歳制義務化施行 中労委：セメダイン管理職労組適格の救済命令
１９９９（平成11）		金融大手企業再編 省庁再編法案閣議決定 欧州通貨統合（ユーロ発足）	アメリカの新しい労働運動視察のため訪米団派遣 組合事務所を新宿に移転	労働者派遣法規制緩和：原則自由化／ネガティブリスト化 労働者派遣法改悪反対共同行動（連合、全労連、全労協） 男女雇用機会均等法改正：差別禁止義務化 育児・介護休業法改正：介護休業

				制度開始 民間職業紹介原則解禁
2000 （平成12）	森内閣（自公保連立、～01・4・26）	雪印乳業集団食中毒事件 そごうグループなど相次いで大型倒産 台湾国民党一党統治体制終焉（民主進歩党陳政権）	企業組合スタッフフォーラム設立 繊維不況―ニック廃業 派遣労働者のプライバシー流出裁判	最高裁：中労委国鉄救済命令取り消し判決 紹介予定派遣解禁 電通過労死自殺裁判和解
2001 （平成13）	小泉内閣（自公保連立↓自公連立、06・9・26）	政府骨太方針「聖域なき構造改革」 BSE（狂牛病）問題 新しい歴史教科書問題 確定拠出年金法施行（日本版401K） アメリカ同時多発テロ	キェリエール西陣支部結成 スタッフフォーラムスタート	連合第四代会長・笹森清就任 個別労働関係解決促進法施行
2002 （平成14）		特殊法人改革 北朝鮮拉致被害者帰国	全国ユニオン結成（高井晃事務局長就任）	連合社会的労働運動方針「ニュー連合」「アクション―ルート47」 ワークシェアリング政労使合意
2003 （平成15）		アメリカイラク戦争勃発／イラク特措法（自衛隊派遣） 宮城県北部地震 新型肺炎SARS流行	全国ユニオン連合加盟	労組組織率初の20%割れ 初のベアゼロ春闘 連合評価委報告「国民の共感呼ぶ運動」求める 派遣期間を3年まで可能とする仕組みがスタート 改正労基法：「解雇ルール」法制化
2004 （平成16）		自衛隊イラク派遣 新潟県中越地震 鳥インフルエンザ流行 フリーター／ニート問題	全国ユニオン、連日の国会前行動	製造業派遣解禁―日雇い派遣急速拡大

		スマトラ島沖地震（巨大津波） アテネオリンピック		プロ野球選手会―球団併合でストライキ決行
2005（平成17）		郵政民営化焦点に総選挙：自民党圧勝 JR福知山線脱線事故 マンション耐震偽造事件	全国ユニオン鴨桃代会長・連合会長選に立候補し善戦	連合第五代会長・高木剛就任 次世代育成支援法施行：育休期間拡大など 日経連「ホワイトカラーエクゼンプションに関する提言」
2006（平成18）	安倍内閣（自公連立、～07・9・26）	ライブドア事件	フルキャストユニオン結成 派遣ネット「正社員登用マニュアル」発行	偽装請負問題 国際労働組合総連合（ITUC）結成：東西分裂解消 改正高齢法施行：65歳までの雇用義務化 日本版ホワイトカラーエグゼンプション導入阻止―「共同アピール運動」発足
2007（平成19）	福田内閣（自公連立、～08・9・24）	消えた年金記録問題 参院選：自民大敗―ねじれ国会 郵政民営化スタート	グッドウイルユニオン結成 グッドウイル―データ装備費返還訴訟提訴 シニアユニオン結成 日本マクドナルド―なんちゃって管理職闘争 武庫川ユニオン―官製派遣切りとの闘い	ホワイトカラーエグゼンプション政府法案、国会上程断念 反貧困ネットワーク結成
2008（平成20）	麻生内閣（自公連立、～09・9・16）	リーマン・ショック 派遣切り／日雇い派遣問題 名ばかり管理職問題 国家公務員制度改革基本法成立：幹部人事内閣一元化	京品実業支部結成・京品ホテル闘争―ハゲタカファンドとの闘い、廃業・解雇強行、自主営業闘争 KDDI国際オペレータ通話を守る会結成	年越し派遣村 労働契約法施行
2009	鳩山内閣（民社国連立	政策転換：労組との関係強化	京品ホテル闘争―強制執行	連合第六代会長・古賀伸明就任

（平成21）	→民国連立、〜10・6・8）	戦後最大の世界不況 事業仕分け（第一弾） 「雇用安定、創出の実現に向けた政労使合意」締結	神谷商事闘争終結 代々木ゼミナール闘争—中央労働委員会和解—係争事件全面和解 鴨川ヒルズホテル闘争（支配人・組合書記長解雇） サウナ王城闘争（廃業・解雇強行）—自主営業闘争	労働者派遣法—野党3党改正案国会提出—衆議院解散廃案
2010（平成22）	菅内閣（民国連立、〜11・9・2）	参院選で民主党議席減—衆参議院でねじれ 事業仕分け（第二弾、第三弾） 沖縄密約問題（核持ち込み） 普天間基地移設問題（社民党反対し政権離脱）	京品ホテル闘争和解 KDDI国際オペレータ通話存続決定 サウナ王城闘争—東京地裁和解解決	昭和シェル男女差別訴訟：高裁でも原告勝訴・和解成立
2011（平成23）	野田内閣（民国連立、〜12・12・26）	東日本大地震／福島原発事故→復興関連法成立 政策仕分け（行政刷新会議） アラブの春（チュニジア、エジプト、イエメン、リビア、シリア） ウォール街占拠運動		連合「将来的には脱原発社会」めざす方針
2012（平成24）	安倍内閣（自公連立、〜20・9・16）	改正労働者派遣法施行：「労働者保護・雇用安定」明記、日雇い派遣原則禁止 総選挙で自民党圧勝／政権交代		最高裁：ビクターエンジニアリング事件／労働者性認める判決
2013（平成25）		参議院議員選挙：自民党圧勝／衆参議員ねじれ解消 アベノミクス「三本の矢」 異次元の金融緩和／インフレターゲット2％ TPP参加表明		有期労働者の無期転換ルール施行

年				
		ブラック企業問題／追い出し部屋 規制改革会議復活 国家安全保障会議（ＮＳＣ）設置法成立		
２０１４（平成26）		閣議決定：集団的自衛権行使容認 エネルギー基本計画／原発はベース電源 改正派遣法案国会提出→廃案 ロシア・クリミア併合		連合国会前座り込み／改正派遣法反対・成立阻止
２０１５（平成27）		安全保障関連2法成立 日米ガイドライン協定成立／防衛協力強化 テロ頻発／イスラム過激派組織「イスラム国」 アメリカ・キューバ国交回復		連合第七代会長・神津里季生就任 市民ら安保関連法阻止で国会前行動 派遣法改悪阻止国会前共同行動（連合、全労連、全労協）
２０１６（平成28）		参院選：自民党大勝／単独過半数 働き方改革実現会議設置 パナマ文書 パリ協定（地球温暖化対策）		同一労働同一賃金ガイドライン案提起
２０１７（平成29）		米・トランプ大統領就任 森友学園国有地売却問題 加計学園学部新設問題 共謀罪法成立 天皇退位特例法成立		時間外労働の上限規制に関する労使合意 働き方改革実行計画
２０１８（平成30）		イラク派遣自衛隊日報問題 米国：中距離核戦力全廃条約破棄（「核なき世界」方針転換）／米イスラエル大使館エルサレム移転／イランとの核合意から離脱	『8時間働けば生活できる社会を』労働法制改悪を阻止するための全国運動」全国キャラバン（全国ユニオン、全国ＣＵネットワーク、全港湾、全日建）	働き方改革関連法（8本）成立（残業上限規制・勤務間インターバル・正非不合理な格差禁止・同一労働同一賃金促進・高度プロフェッショナル制度）

2019（平成31）		「桜を見る会」問題 不正統計問題 天皇生前退位（憲政史上初） 米軍・アフガニスタン、シリア撤退プロセスに着手 香港・「高度な自治」めぐり大規模デモ	郵政産業労働者ユニオン―賃上げなどでストライキ ユニオンみえ―フィリピン人労働者解雇問題などでストライキ ウーバーイーツユニオン結成 コンビニなどフランチャイズオーナーと本部の関係めぐり労働争議続発／ベルコ事件地労委命令	雇用類似の働き方めぐり検討会 副業の労働時間管理めぐり検討会 医師の働き方改革に関する検討会 改正出入国管理法施行／外国人労働者受入れ拡大
2020（令和2）	菅内閣（自公連立、～21・10・4）	全世界で新型コロナウイルス感染症大流行 日本学術会議任命拒否問題 イージスアショア配備断念 英・EU離脱 全米で「ブラック・ライブズ・マター」運動 中国・香港国家安全推進法施行	なのはなユニオン―東京ディズニーリゾートと非正規休業補償めぐり争議 年越し支援・コロナ被害相談村	コロナ流行で休業者過去最大・完全失業率11年ぶり増加最高 コロナ対策：雇用維持各種助成金制度新設・要件緩和（フリーランスへの支給など） 労働者協同組合法成立 裁判例：大阪医科薬科大事件・メトロコマース事件→処遇差不合理でない／日本郵政事件→格差不合理
2021（令和3）	岸田内閣（自公連立、～現在）	コロナ対策：産業雇用安定助成金制度創設 東京オリンピック 米・バイデン大統領就任 米・トランプ支持者議会襲撃事件 ミャンマー：国軍クーデター／軍政へ	東京管理職ユニオン―アマゾンジャパン支部支部長解雇無効地裁提訴 なのはなユニオン―富士そば労組委員長書記長解雇闘争	連合第八代会長・芳野友子就任 最高裁判例：建設アスベスト訴訟→国・建材会社責任認定 大阪地労委：共立メンテナンス組合委員雇い止無効命令 中労委：河合塾組合幹部講師雇い止無効命令

髙井 晃（たかい・あきら）

1947 年、石川県生まれ。大阪府立八尾高校「サッカー部」卒業。
1966 年、早稲田大学第一政経学部政治学科入学。69 年、東大安田講堂で逮捕、起訴される。早稲田大学中退し、東京北部で地域労働運動に参加。
1979 年、北部統一労働組合、現在の東京ユニオン結成に参加、初代委員長に。93 年コミュニティ・ユニオン全国ネットワーク事務局長、95 年阪神・淡路大震災で被災労働者ユニオン設立に尽力。
91年、派遣労働ネットワーク設立に参加。現在まで理事を務める。
2002 年、「全国ユニオン」設立、初代事務局長。
2015 年からシニアユニオン東京執行委員長、現在に至る。
酒と読書と山歩きをこよなく愛する。

★主な編・著作リスト
『ユニオン・にんげん・ネットワーク』第一書林・編著
『あなたの街の外国人』第一書林・編著
『大震災でクビをきられた』第一書林・編著
『ユニオン力で勝つ』旬報社・設楽清嗣と共著
『ワーキングプアの大逆襲』洋泉社・設楽清嗣らと共著
『どうする派遣切り 2009 年問題』旬報社・鴨桃代と共著
『「君、クビね」と言われたら読む本』PHP 研究所・鴨桃代と共著
『いのちを守る労働運動』論創社・設楽清嗣と共著
『闘うユニオン』旬報社・関口達矢と共著　その他、論文随筆多数。

反骨の争議屋——「東京ユニオン」物語

2023 年 11 月20日　初版第 1 刷印刷
2023 年 11 月30日　初版第 1 刷発行

著　者　髙 井 晃
発行者　森下紀夫
発行所　論 創 社
〒101-0051 東京都千代田区神田神保町 2-23　北井ビル
tel. 03（3264）5254　fax. 03（3264）5232　web. https://ronso.co.jp
振替口座　00160-1-155266
装幀／宗利淳一
印刷・製本／丸井工文社　組版／フレックスアート
ISBN978-4-8460-2314-0　